# A FORMAÇÃO DA CLASSE OPERÁRIA INGLESA

*E. P. Thompson*

# A FORMAÇÃO DA CLASSE OPERÁRIA INGLESA | 1

## A ÁRVORE DA LIBERDADE

*Tradução*

Denise Bottmann

15ª edição

Paz & Terra
Rio de Janeiro
2025

**Revisão**
*Joana Milli*

**Projeto Gráfico**
*Priscila Cardoso*

**Diagramação**
*Filigrana*

**Capa**
*Filigrana*

Editora Paz e Terra Ltda
Rua Argentina, 171, 3° andar — São Cristóvão — Rio de Janeiro
Tel: (21) 2585-2000
http://www.record.com.br

Seja um leitor preferencial Record.
Cadastr-se no site e receba informações sobre nossos lançamentos e nossas promoções.

Atendimento e venda direta ao leitor:
sac@record.com.br

Texto revisto pelo Acordo Ortográfico da Língua Portuguesa de 1990.

CIP-BRASIL. CATALOGAÇÃO NA FONTE
SINDICATO NACIONAL DOS EDITORES DE LIVROS, RJ.

F747d
15ª ed. Thompson, E. P.
A formação da classe operária inglesa, vol.1: a árvore da liberdade / E. P. Thompson ; tradução de Denise Bottmann. - 15ª. ed. -- Rio de Janeiro: Paz e Terra, 2025.
Título original: The making of the English Working class.
ISBN 978-85-7753-169-1

1. Trabalhadores - Grã-Bretanha I. Título.

11-03721 CDD-331.0941

"Vocês estão lutando contra os Inimigos da Raça humana, não simplesmente por vocês, pois podem não chegar a ver o pleno Dia da Liberdade, mas pela Criança que trazem ao Seio."

Instruções da Sociedade Londrina de Correspondência a seus delegados, 1796

"A Besta e a Prostituta governam desenfreadamente."

William Blake, 1798

# Sumário

# Prefácio

Este livro tem um título um tanto desajeitado, mas adequado ao seu propósito. *Fazer-se*,* porque é um estudo sobre um processo ativo, que se deve tanto à ação humana como aos condicionamentos. A classe operária não surgiu tal como o sol, numa hora determinada. Ela estava presente ao seu próprio fazer-se.

*Classe*, e não classes, por razões cujo exame constitui um dos objetivos deste livro. Evidentemente, há uma diferença. "Classes trabalhadoras" é um termo descritivo, tão esclarecedor quanto evasivo. Reúne vagamente um amontoado de fenômenos descontínuos. Ali estavam alfaiates e acolá tecelãos, e juntos constituem as classes trabalhadoras.

Por classe, entendo um fenômeno histórico, que unifica uma série de acontecimentos díspares e aparentemente desconectados, tanto na matéria-prima da experiência como na consciência. Ressalto que é um fenômeno *histórico*. Não vejo a classe como uma "estrutura", nem mesmo como uma "catego-

* O título original do livro é *The Making of the English Working Class*. Por várias razões, optou-se pelo título brasileiro *A formação da classe operária inglesa*. No entanto, a palavra "formação" perde em muito o conteúdo subjetivo e processual de "*making*": ao substantivar o gerúndio de "*to make*", o autor pretende, efetiva e conscientemente, ressaltar esse movimento de "autofazer-se" das classes sociais ao longo da história. Mantivemos "fazer-se" neste prefácio, no qual o leitor poderá captar melhor a intenção de Thompson e sua referência a "um título um tanto desajeitado". Outra opção de tradução que talvez mereça um esclarecimento é a de "*working class*": a expressão tem claramente o sentido determinado de "classe operária". Quando o autor se refere às "classes trabalhadoras" em sentido mais amplo e vago, emprega a expressão "*working classes*". [N.T.]

ria", mas como algo que ocorre efetivamente (e cuja ocorrência pode ser demonstrada) nas relações humanas.

Ademais, a noção de classe traz consigo a noção de relação histórica. Como qualquer outra relação, é algo fluido que escapa à análise ao tentarmos imobilizá-la num dado momento e dissecar sua estrutura. A mais fina rede sociológica não consegue nos oferecer um exemplar puro de classe, como tampouco um do amor ou da submissão. A relação precisa estar sempre encarnada em pessoas e contextos reais. Além disso, não podemos ter duas classes distintas, cada qual com um ser independente, colocando-as a seguir em relação recíproca. Não podemos ter amor sem amantes, nem submissão sem senhores rurais e camponeses. A classe acontece quando alguns homens, como resultado de experiências comuns (herdadas ou partilhadas), sentem e articulam a identidade de seus interesses entre si, e contra outros homens cujos interesses diferem (e geralmente se opõem) dos seus. A experiência de classe é determinada, em grande medida, pelas relações de produção em que os homens nasceram — ou entraram involuntariamente. A consciência de classe é a forma como essas experiências são tratadas em termos culturais: encarnadas em tradições, sistemas de valores, ideias e formas institucionais. Se a experiência aparece como determinada, o mesmo não ocorre com a consciência de classe. Podemos ver uma *lógica* nas reações de grupos profissionais semelhantes que vivem experiências parecidas, mas não podemos predicar nenhuma *lei*. A consciência de classe surge da mesma forma em tempos e lugares diferentes, mas nunca exatamente da mesma forma.

Existe atualmente uma tentação generalizada em se supor que a classe é uma coisa. Não era esse o significado em Marx, em seus escritos históricos, mas o erro deturpa muitos textos "marxistas" contemporâneos. "Ela", a classe operária, é tomada como tendo uma existência real, capaz de ser definida quase matematicamente — uma quantidade de homens que se encontra numa certa proporção com os meios de produção. Uma vez isso assumido, torna-se possível deduzir a consciência de classe que "ela" deveria ter (mas raramente tem), se estivesse adequadamente consciente de sua própria posição e interesses reais. Há uma superestrutura cultural, pela qual esse reconhecimento desponta sob formas ineficazes. Essas "defasagens" e distorções culturais constituem um incômodo, de modo que é mais fácil passar para alguma teoria substitutiva: o partido, a seita ou o teórico que desvenda a consciência de classe, não como ela é, mas como deveria ser.

Mas um erro semelhante é diariamente cometido do outro lado da divisória ideológica. Sob uma forma, é uma negação pura e simples. Como a tosca noção de classe atribuída a Marx pode ser criticada sem dificuldades, assume-se que qualquer noção de classe é uma construção teórica pejorativa, imposta às evidências. Nega-se absolutamente a existência da classe. Sob outra forma, e por uma inversão curiosa, é possível passar de uma visão dinâmica para uma visão estática de classe. "Ela" — a classe operária — existe, e pode ser definida com alguma precisão como componente da estrutura social. A consciência de classe, porém, é algo daninho, inventado por intelectuais deslocados, visto que tudo o que perturba a coexistência harmoniosa de grupos que desempenham diferentes "papéis sociais" (assim retardando o crescimento econômico) deve ser lamentado como um "sintoma de motim injustificado".[1] O problema consiste em determinar a melhor forma de condicioná-"la", para que aceite seu papel social, e de melhor "tratar e canalizar" suas queixas.

Se lembramos que a classe é uma relação, e não uma coisa, não podemos pensar dessa maneira. "Ela" não existe, nem

[1] Um exemplo que aborda o período referente a este livro pode ser encontrado no trabalho de um colega do professor Talcott Parsons: N. J. Smelser, *Social Change in the Industrial Revolution*. 1959.

para ter um interesse ou uma consciência ideal, nem para se estender como um paciente na mesa de operações de ajuste. Tampouco podemos inverter as questões, tal como fez uma autoridade no assunto que (num estudo de classe obsessivamente preocupado com questões metodológicas, excluindo o exame de qualquer situação real de classe num contexto histórico real) nos informou:

> As classes se baseiam nas diferenças de poder legítimo associado a certas posições, i.e., na estrutura de papéis sociais em relação a suas expectativas de autoridade. [...] Um indivíduo torna-se membro de uma classe ao desempenhar um papel social relevante do ponto de vista da autoridade. [...] Ele pertence a uma classe porque ocupa uma posição numa organização social; i.e., o pertencimento a uma classe é derivado da incumbência de um papel social.[2]

Evidentemente, a questão é como o indivíduo veio a ocupar esse "papel social" e como a organização social específica (com seus direitos de propriedade e estrutura de autoridade) aí chegou. Essas são questões históricas. Se detemos a história num determinado ponto, não há classes, mas simplesmente uma multidão de indivíduos com um amontoado de experiências. Mas se examinarmos esses homens durante um período adequado de mudanças sociais, observaremos padrões em suas relações, suas ideias e instituições. A classe é definida pelos homens enquanto vivem sua própria história e, ao final, essa é sua única definição.

Se mostrei um entendimento insuficiente das preocupações metodológicas de certos sociólogos, espero, no entanto, que este livro seja tomado como uma contribuição para a com-

[2] R. Dahrendorf, *Class and Class Conflict in Industrial Society*. Chicago: Chicago University, 1959, pp. 148-9.

preensão da classe. Pois estou convencido de que não podemos entender a classe a menos que a vejamos como uma formação social e cultural, surgindo de processos que só podem ser estudados quando eles mesmos operam durante um considerável período histórico. Nos anos entre 1780 e 1832, os trabalhadores ingleses, em sua maioria, vieram a sentir uma identidade de interesses entre si, e contra seus dirigentes e empregadores. Essa classe dirigente estava, ela própria, muito dividida, e de fato só conseguiu maior coesão nesses mesmos anos porque certos antagonismos se dissolveram (ou se tornaram relativamente insignificantes) diante de uma classe operária insurgente. Portanto, a presença operária foi, em 1832, o fator mais significativo da vida política britânica.

Assim está escrito o livro. Na Parte I, trato das tradições populares vigentes no século XVIII que influenciaram a fundamental agitação jacobina dos anos 1790. Na Parte II, passo das influências subjetivas para as objetivas — as experiências de grupos de trabalhadores durante a Revolução Industrial que me parecem de especial relevância. Tento também avaliar o caráter da nova disciplina industrial do trabalho e da posição, a esse respeito, da Igreja Metodista. Na Parte III, recolho a história do radicalismo plebeu, levando-a, através do luddismo, até a época heroica no final das Guerras Napoleônicas. Finalmente, discuto alguns aspectos da teoria política e da consciência de classe nos anos 1820 e 1830.

Este é antes um conjunto de estudos sobre temas correlatos do que uma narrativa sequenciada. Ao selecionar os temas, estava ciente de, por vezes, escrever contra o peso de ortodoxias predominantes. Há a ortodoxia fabiana, na qual os trabalhadores em sua grande maioria são vistos como vítimas passivas do *laissez-faire*, com a exceção de alguns organizadores com uma visão de longo alcance (especialmente Francis Place). Há a ortodoxia dos historiadores econômicos empíricos, na qual os trabalhadores são vistos como força de trabalho, migrantes ou dados de séries estatísticas. Há a ortodoxia do "*Progresso do Peregrino*", na qual aquele período é esquadrinhado em busca de pioneiros precursores do Estado do Bem-Estar Social, progenitores de uma Comunidade Socialista ou (mais recentemente) precoces exemplares de relações industriais racionais. Cada uma dessas ortodoxias tem uma certa validade. Todas contribuíram para nosso conhecimento. Discordo das duas primeiras porque tendem a obscurecer a atuação dos trabalhadores, e o grau com que contribuíram com esforços conscientes, no fazer-se da história. Discordo da terceira porque lê a história à luz de preocupações posteriores, e não como de fato ocorreu. Apenas os vitoriosos (no sentido daqueles cujas aspirações anteciparam a evolução posterior) são lembrados. Os becos sem saída, as causas perdidas e os próprios perdedores são esquecidos.

Estou tentando resgatar o pobre tecelão de malhas, o meeiro luddita, o tecelão do "obsoleto" tear manual, o artesão "utópico" e mesmo o iludido seguidor de Joanna Southcott, dos imensos ares superiores de condescendência da posteridade. Seus ofícios e tradições podiam estar desaparecendo. Sua hostilidade diante do novo industrialismo podia ser retrógrada. Seus ideais comunitários podiam ser fantasiosos. Suas conspirações insurrecionais podiam ser temerárias. Mas eles viveram nesses tempos de aguda perturbação social, e nós não. Suas aspirações eram válidas nos termos de sua própria experiência; se foram vítimas acidentais da história, continuam a ser, condenados em vida, vítimas acidentais.

Não deveríamos ter como único critério de julgamento o fato de as ações de um homem se justificarem, ou não, à luz da evolução posterior. Afinal de contas, nós mesmos não estamos no final da evolução social. Podemos descobrir, em algumas das causas perdidas do povo da Revolução Industrial, percepções de males sociais que ainda estão por curar. Além disso, a maior parte do mundo ainda hoje passa por problemas de industrialização e de formação de instituições democráticas, sob muitos aspectos semelhantes à nossa própria experiência durante a Revolução Industrial. Causas que foram perdidas na Inglaterra poderiam ser ganhas na Ásia ou na África.

Finalmente, uma nota de desculpas aos leitores escoceses e galeses. Negligenciei essas histórias, não por chauvinismo, mas por respeito. Visto que a classe é uma formação tanto cultural como econômica, tive o cuidado de evitar generalizações para além da experiência inglesa. (Tratei dos irlandeses não na Irlanda, mas como imigrantes na Inglaterra.) O registro escocês, em particular, é tão dramático e atormentado como o nosso. A agitação jacobina escocesa foi mais intensa e mais heroica. Mas a história escocesa é significativamente diferente. O calvinismo não foi o mesmo que o metodismo, embora seja difícil dizer qual dos dois era o pior no início do século XIX. Não tivemos na Inglaterra nenhum campesinato comparável aos migrantes das Terras Altas. E a cultura popular era muito diferente. É possível, pelo menos até os anos 1820, considerar como distintas as experiências inglesa e escocesa, visto que os laços sindicais e políticos eram inconstantes e imaturos.

Este livro foi redigido em Yorkshire, e vem por vezes tingido pelas fontes de West Riding. Devo meus agradecimentos à Universidade de Leeds e ao professor S. G. Raybould por me permitirem, alguns anos atrás, iniciar a pesquisa que aqui desembocou; e aos membros da Fundação Leverhulme pela concessão de uma bolsa de pesquisa, que me permitiu concluir a obra. Também aprendi muito com estudantes de minhas turmas, com quem discuti muitos dos temas aqui tratados. Devo agradecimentos também às entidades que me permitiram citar fontes manuscritas e impressas: os agradecimentos específicos se encontram no final da primeira edição.

Também tenho de agradecer a muitas outras pessoas. Christopher Hill, professor Asa Briggs e John Saville fizeram críticas a partes do rascunho, embora não sejam de modo algum responsáveis pelos meus julgamentos. R. W. Harris demonstrou uma grande paciência editorial, quando o livro ultrapassou os limites de uma série em que inicialmente se incluiria. Perry Anderson, Denis Butt, Richard Cobb, Henry Collins, Derrick Crossley, Tim Enright, dr. E. P. Hennock, Rex Russell, dr. John Rex, dr. E. Sigsworth e H. O. E. Swift me ajudaram em diversos pontos. Agradeço também a Dorothy Thompson, historiadora com quem estou ligado pelo acidente do casamento. Cada capítulo foi discutido com ela, e eu estava numa boa posição para tomar de empréstimo não só suas ideias, como o material de suas anotações. Sua colaboração se encontra, não neste ou naquele ponto em particular, mas na forma de encarar todo o problema.

Halifax, agosto de 1963

# 1
# Número ilimitado de membros

"Que o número de nossos membros seja ilimitado." Essa é a primeira das "diretrizes" da Sociedade Londrina de Correspondência (*London Corresponding Society*), assim citada pelo seu secretário, ao iniciar correspondência com uma sociedade similar em Sheffield, em março de 1792.[1] O primeiro encontro da sociedade londrina ocorrera dois meses antes, numa taverna nos arredores da Strand (O Sino, em Exeter Street), com a presença de nove "homens bem-intencionados, sóbrios e industriosos". Mais tarde, seu fundador e primeiro secretário, Thomas Hardy, rememorava o encontro:

> Após terem jantado pão, queijo e cerveja, como de hábito, e fumado seus cachimbos, com um pouco de conversa sobre a dureza dos tempos e o alto preço de todas as coisas necessárias à vida [...] veio à tona o assunto que ali os reunira — a *Reforma Parlamentar* —, um tema importante a ser tratado e deliberado por tal tipo de gente.

Naquela noite, oito dos nove presentes se tornaram membros fundadores (o nono refletiu e se uniu a eles na semana seguinte) e pagaram sua primeira subscrição semanal de um *penny*. Hardy (que era também o tesoureiro) voltou para sua casa, no número nove da Piccadilly, com todos os fundos da

[1] *Memoir of Thomas Hardy... Written by Himself.* Londres: 1832, p. 16.

organização em seu bolso: oito *pennies* para o papel destinado à correspondência com grupos de ideias semelhantes no país.

Ao cabo de uma quinzena, estavam registrados 25 membros, e a soma em mãos do tesoureiro subia a quatro xelins e um *penny*. (Seis meses depois, a associação anunciava ter mais de 2 mil membros.) A admissão era simples, e o teste consistia numa resposta afirmativa a três perguntas, das quais a mais importante era:

> Você está totalmente convencido de que o bem-estar destes reinos exige que cada adulto, em posse de sua razão e sem impedimento criminal, possa votar para um membro do Parlamento?

No primeiro mês de sua existência, a sociedade, por cinco noites seguidas, debateu a questão: "Nós, que somos artesãos, lojistas e artífices mecânicos, temos algum direito a obter uma reforma parlamentar?", tomando-a "de todos os pontos de vista de que somos capazes de apresentar o tema a nossas mentes". Decidiram que tinham tal direito.

Dois anos depois, a 12 de maio de 1794, o mensageiro real, dois oficiais de justiça, o secretário particular do ministro do Interior, Dundas, e outros dignitários chegaram ao número nove da Piccadilly, para prender Thomas Hardy, sapateiro, sob acusação de alta traição. Os Hardy ficaram a olhar, enquanto os agentes públicos revistavam a sala, arrombavam um escritório, remexiam nas roupas da sra. Hardy (ela estava grávida e permaneceu no leito) e enchiam quatro grandes lenços de seda com cartas e um saco com panfletos, livros e manuscritos. No mesmo dia, foi enviada uma mensagem especial do rei para a Câmara dos Comuns, relativa às práticas sediciosas das Sociedades de Correspondência; dois dias depois, foi designada uma Comissão de Assuntos Confidenciais da Câmara para o exame dos papéis do sapateiro.

O sapateiro foi interrogado várias vezes pelo próprio Conselho Privado. Hardy pouco registro deixou desses encontros; mas um de seus companheiros de prisão entreteve seus leitores com uma reconstrução dramática do seu próprio interrogatório pelo conselho mais elevado da região. "Fui chamado a entrar", contava John Thelwall, "e contemplei o elenco de *Dramatis Personae* entrincheiradas e afundadas até o queixo em leituras e manuscritos [...] todos espalhados na maior confusão". O lorde chanceler, o ministro do Interior e o primeiro-ministro (Pitt) estavam todos presentes:

> Procurador-geral (*piano*): Sr. Thelwall, qual é seu nome de batismo?
> T. (um tanto soturnamente): John.
> P.G. (ainda *piano*): [...] E o sobrenome, com um ou dois eles no final?
> T: Com dois, mas isso não importa. (Com indiferença, ou antes mau humor, ou algo assim.) Você não precisa se dar ao trabalho. Não pretendo responder a nenhuma pergunta.
> Pitt: O que diz ele? (Disparando furiosamente do outro lado da sala e vindo se sentar ao lado do chanceler.)
> Lorde chanceler (com uma suavidade persuasiva, quase se dissolvendo num sussurro): Ele não tenciona responder a nenhuma pergunta.
> Pitt: O que é isso? O que é isso? O quê? (furiosamente) [...][2]

John Thelwall, então, deu as costas à augusta companhia e "comecei a contemplar uma aquarela". O primeiro-ministro o

[2] *Tribune*, 4 de abril de 1795. Compare-se com a ata do Conselho Privado sobre o interrogatório de Thelwall: "Sendo indagado pelo escrivão do Conselho sobre como se soletrava o seu nome, respondeu: ele podia soletrar como bem quisesse, pois ele não responderia a perguntas de nenhuma espécie [...]", T. S. 11.3509, f. 83.

dispensou e intimou para o interrogatório um rapaz de catorze anos, Henry Eaton, que vivera com os Thelwall. Mas o garoto se manteve firme e "começou uma arenga política em que usou uma linguagem muito áspera contra o sr. Pitt, censurando-o por ter lançado enormes impostos sobre o povo [...]".[3]

Pelos padrões dos cem anos seguintes, os antagonistas parecem ter sido estranhamente amadores e incertos quanto ao seu papel, ensaiando em confrontos curiosamente pessoais o que seriam os embates massivos impessoais do futuro.[4] Misturam-se civilidade e malignidade; ainda há espaço para atos de gentileza pessoal, ao lado da malícia do ódio de classe. Thelwall, Hardy e dez outros prisioneiros foram encaminhados para a Torre e depois para Newgate. Enquanto esteve lá, Thelwall ficou por um tempo confinado no ossuário, e a sra. Hardy morreu durante o parto, em consequência do choque sofrido ao ter sua casa sitiada por uma turba aos gritos de "Igreja e Rei". O Conselho Privado determinou que se insistisse na acusação de alta traição: a pena máxima para um traidor era a de ser pendurado pelo pescoço, retirado ainda vivo, estripado (e as entranhas queimadas à sua frente) e então decapitado e esquartejado. Um Grande Júri de cidadãos respeitáveis não teve estômago para isso. Após nove dias de julgamento, Hardy foi absolvido (no Dia de Guy Fawkes de 1794). O primeiro jurado desmaiou após pronunciar o seu "Não Culpado", e a multidão londrina foi tomada de um entusiasmo selvagem e carregou Hardy em triunfo pelas ruas. Seguiram-se as absolvições de Horne Tooke e Thelwall, e a anulação dos outros processos. Mas as comemorações da multidão eram prematuras. No ano seguinte, renovou-se a dura repressão contra os reformadores (ou "jacobinos"). E, no final

3 *Morning Post*, 16 de maio de 1794.

4 Mais tarde, quando o jacobino John Binns foi preso sem julgamento, no castelo de Gloucester, o ministro do Interior, sua esposa e duas filhas fizeram-lhe uma visita de cortesia.

da década, era como se toda a agitação tivesse se dispersado. A Sociedade Londrina de Correspondência fora proscrita. *Direitos do Homem* de Tom Paine foi proibido. Proibidas também as reuniões. Hardy dirigia então uma sapataria perto de Covent Garden, recorrendo a antigos reformadores para que o ajudassem em paga de seus serviços passados. John Thelwall havia se retirado para uma chácara isolada, na Gales do Sul. No final das contas, parecia que "artesãos, lojistas e artífices mecânicos" não tinham o direito de obter uma reforma parlamentar.

Muitas vezes a Sociedade Londrina de Correspondência foi apresentada como a primeira organização política de perfil operário definido da Grã-Bretanha. Pedantismo à parte (as sociedades de Sheffield, Derby e Manchester foram formadas antes da de Londres), essa afirmação requer um esclarecimento. Por um lado, sociedades de debate com a participação de trabalhadores existiam esporadicamente em Londres desde a época da Guerra Americana. Por outro lado, talvez seja mais preciso pensar a SLC como uma sociedade antes "radical popular" do que "operária".

Hardy certamente era um artesão. Nascido em 1752, foi aprendiz de sapateiro em Stirlingshire; teve mostras do novo industrialismo como pedreiro na Fundição de Ferro Carron (quase morreu quando despencou o andaime onde trabalhava, na casa de Roebuck, o mestre de fundição); e veio jovem para Londres, logo antes da Guerra Americana. Lá trabalhou num desses numerosos ofícios em que o artesão aspira a se tornar independente e, com sorte, a se tornar ele mesmo um mestre — tal como finalmente aconteceu com Hardy. Casou-se com a filha de um carpinteiro e construtor. Um de seus colegas, presidente da SLC, era Francis Place, em vias de se tornar mestre alfaiate. Muitas vezes cruzava-se a fronteira entre o oficial e os pequenos mestres. Os oficiais botoeiros e sapateiros foram contra Hardy, em seu novo papel de pequeno patrão, em 1795, ao passo que Francis Place, antes de se tornar mestre alfaiate, ajudou a organizar uma greve dos oficiais calceiros em 1793. E a fronteira entre o artesão com estatuto independente (cuja oficina era ao mesmo tempo sua "loja") e o pequeno lojista era ainda mais indistinta. Havia um outro passo daí até o mundo dos gravadores por conta própria, como William Sharp e William Blake, dos impressores e boticários, dos professores e jornalistas, dos cirurgiões e clérigos dissidentes.

Assim, por um lado, a Sociedade Londrina de Correspondência alcançava os cafés, tavernas e igrejas dissidentes nos arredores de Piccadilly, Fleet Street e Strand, onde o oficial autodidata podia se ladear ao impressor, ao lojista, ao gravador ou ao jovem advogado. Por outro lado, a leste e ao sul do rio, ela atingia as comunidades operárias mais antigas: os trabalhadores ribeirinhos de Wapping, os tecelões em seda de Spitalfields, o antigo baluarte dissidente de Southwark. Por duzentos anos, a "Londres Radical" sempre foi mais heterogênea e fluida em seu perfil social e profissional do que os centros das Midlands ou do Norte, agrupados em torno de duas ou três indústrias básicas. Aos movimentos populares em Londres muitas vezes faltaram a coerência e o vigor resultantes do envolvimento de toda uma comunidade em tensões sociais e profissionais coletivas. Em contrapartida, de modo geral estavam mais sujeitos a motivações "ideais" e intelectuais. Em Londres, a propaganda ideológica teve maior audiência do que no Norte. O radicalismo londrino logo adquiriu maior sofisticação, devido à necessidade de unir várias agitações num movimento comum. Teorias novas e novos argumentos em geral se uniam antes ao movimento popular em Londres, e então de lá se difundiam para os centros provinciais.

A SLC foi um desses pontos de junção. Lembremos que seu primeiro organizador vivia em Piccadilly, e não em Wapping ou em Southwark. Mas há traços, mesmo na rápida descrição de seus primeiros encontros, que indicam o surgimento de um novo tipo de organização — traços que nos ajudam a esclarecer (no contexto de 1790-1850) a natureza de uma "organização operária". Eis o trabalhador como secretário. Eis a baixa subscrição semanal. Eis o entrecruzamento de temas políticos e econômicos — "a dureza dos tempos" e a Reforma Parlamentar. Eis a função da reunião, tanto como ocasião social quanto como centro para a atividade política. Eis a atenção realista para as formalidades de procedimento. Eis, acima de tudo, a determinação de propagar opiniões e de organizar os adeptos, contida na diretriz: "Que o número de nossos membros seja ilimitado."

Hoje poderíamos passar por tal norma como se fosse um lugar-comum: no entanto, é um dos eixos onde gira a história. Significa o término de qualquer noção de exclusividade, de política como reserva de uma elite hereditária ou de um grupo proprietário. Assentir a essa norma significava que a SLC voltava as costas à identificação secular entre direitos políticos e direitos de propriedade — voltava-se também contra o radicalismo do tempo de "Wilkes e liberdade", quando "a turba" não *se* organizava em busca de seus próprios fins, mas era chamada à ação espasmódica por uma facção — ainda que uma facção radical —, para fortalecer sua posição e atemorizar as autoridades. Abrir as portas à propaganda e à agitação, dessa forma "ilimitada", implicava uma nova noção de democracia, que punha de lado as velhas inibições e confiava nos processos de autoativação e auto-organização da gente simples. Tal desafio revolucionário estava destinado a levar à acusação de alta traição.

Tal desafio certamente havia sido levantado antes — pelos *levellers* do século XVII. E a questão fora suscitada entre os oficiais de Cromwell e os agitadores do Exército, em termos que prenunciavam os conflitos da década de 1790. No debate decisivo de Putney,[5] os representantes dos soldados sustentavam que, visto terem obtido a vitória, eles mereciam se beneficiar

---

[5] A. S. P. Woodhouse, *Puritanism and Liberty*. 1938, p. 53 ss.

de amplo sufrágio popular. É bem conhecida a reivindicação do coronel *leveller* Rainborough:

> Pois eu realmente acho que o homem mais pobre que há na Inglaterra tem uma vida para viver, assim como o mais rico; e portanto verdadeiramente penso, senhor, que cada homem que vem a viver sob um governo deveria antes de tudo se pôr, com seu próprio consentimento, sob tal governo [...] Eu duvidaria que ele fosse um inglês, caso tivesse alguma dúvida sobre tais coisas.

A resposta do genro de Cromwell, general Ireton — o porta-voz dos "Grandes" — foi a de que "nenhuma pessoa tem direito a interesse ou participação na disposição dos negócios do reino [...] se não tiver um interesse permanente estabelecido neste reino". Quando Rainborough o pressionou, Ireton subiu o tom:

> Em todas as principais coisas que defendo, estou muito atento à propriedade. Espero que não venhamos a disputar a vitória — mas que cada homem considere consigo mesmo que não pretenderá eliminar toda a propriedade. Pois este é o caso da parte mais fundamental da constituição do reino, e se vocês a eliminam, com isso eliminam tudo o mais.

"Se se admitisse qualquer homem que viva e respire", continuou ele, poderia se eleger para os Comuns uma maioria sem "interesse local permanente". "Por que tais homens não votariam contra toda propriedade? [...] Mostrem-me a que ponto vocês se deteriam e, sob tal governo, protegeriam algum proprietário."

Essa identificação irrestrita entre direitos políticos e direitos de propriedade suscitou ásperas discussões. De Sexby:

> Muitos milhares dentre nós, soldados, arriscamos nossas vidas; como terras nossas, pouca propriedade temos tido no reino, mas

tivemos o direito de nascimento. Contudo, agora parece que um homem, a não ser que tenha uma fazenda estabelecida neste reino, não tem direito algum. [...] Creio que estávamos muitíssimo enganados.

E Rainborough reforçou com ironia:

Senhor, vejo que é impossível haver liberdade a não ser que se elimine toda a propriedade. Se ela é reconhecida por um governo [...] que assim seja. Mas então eu gostaria de saber pelo que tem lutado o soldado durante todo esse tempo. Ele luta para se escravizar, para dar poder aos homens de fortuna e terras, para fazer de si um eterno escravo.

A isso, Ireton e Cromwell responderam com argumentos que parecem uma antevisão da apologética do compromisso de 1688. O soldado raso lutara por três coisas: a limitação da prerrogativa da Coroa de violar seus direitos pessoais e liberdade de consciência; o direito de ser governado por representantes, ainda que não participasse da sua escolha; e a "liberdade de comerciar para ganhar dinheiro e adquirir terras" — dessa forma adquirindo direitos políticos. Em tais termos, "Pode haver liberdade e não se destruir a propriedade".

Após 1688, esse compromisso — entre as oligarquias comercial e fundiária — se manteve inconteste por cem anos, embora com uma tessitura cada vez mais espessa de corrupção, interesses e aquisições cujas complexidades foram carinhosamente narradas por sir Lewis Namier e sua escola. O desafio *leveller* se dissolveu totalmente — embora frequentemente se invocasse o espectro de uma revivescência *leveller*, como a Cila para a Caribde dos papistas e jacobistas, por onde o belo barco da Constituição guiaria seu curso. Mas, até o último quartel do século XVIII, os moderados impulsos republicanos e libertários do republicanista (*Commonwealthsman*) parecem ter se imobilizado nos limites definidos por Ireton.[6] Ler as controvérsias dos anos 1790 entre reformadores e autoridades, e entre os diferentes grupos reformadores, é ver ressuscitarem os Debates de Putney. O "homem mais pobre" da Inglaterra, o homem com o "direito de nascimento" se converte nos *Direitos do Homem*, enquanto a agitação de um "número ilimitado" de membros é vista por Burke como a ameaça da "multidão porca". A grande organização semioficial para a intimidação dos reformadores se chamava "Associação para a Proteção da Liberdade e Propriedade contra Republicanos e *Levellers*". O moderado reformador de Yorkshire, reverendo Christopher Wyvill, sobre cuja piedade não cabem dúvidas, acreditava, contudo, que uma reforma fundada no princípio do voto universal "não poderia se efetivar sem uma guerra civil":

> Em épocas de debate político aceso, o direito de voto dado a um populacho feroz e ignorante levaria ao tumulto e à confusão. [...] Depois de uma série de eleições desvirtuadas pela corrupção mais vergonhosa, ou perturbadas pela mais furiosa comoção, esperaríamos que a turbulência ou venalidade do populacho inglês finalmente desagradasse tanto à nação que, para se livrar dos males intoleráveis de uma democracia devassa, eles se refugiariam [...] sob a proteção do poder despótico.[7]

"Se o sr. Paine fosse capaz de despertar as classes baixas", escreveu ele em 1792, "a sua intervenção provavelmente seria marcada pela ação selvagem, e tudo o que agora possuímos,

---

6 Ver Caroline Robbins, *The Eighteenth-Century Commonwealthsman*. Cambridge: Harvard University Press, 1959.

7 C. Wyvill a John Cartwright, 16 de dezembro de 1797, in Wyvill, *Political Papers*, v. 5. Nova York: 1884, pp. 381-2.

seja como propriedade privada ou como liberdade pública, estaria à mercê de uma gentalha furiosa e sem lei".[8]

É a continuação do velho debate. Aí estão as mesmas aspirações, temores e tensões: mas surgem num novo contexto, com nova linguagem e argumentos e num equilíbrio de forças modificado. Tentemos entender ambas as coisas — a continuidade das tradições e o contexto que se alterou. É muito frequente, visto que toda narrativa tem que começar de algum ponto, que vejamos apenas as coisas novas. Começamos em 1789, e o jacobinismo inglês aparece como subproduto da Revolução Francesa. Ou começamos em 1819, com Peterloo, e o radicalismo inglês aparece como geração espontânea da Revolução Industrial. A Revolução Francesa certamente precipitou uma nova agitação, e certamente essa agitação se enraizou entre o operariado, modelado por novas experiências, nos distritos manufatureiros em desenvolvimento. Mas a questão permanece: quais eram os elementos tão prontamente precipitados por esses acontecimentos? Imediatamente encontramos as longas tradições dos artesãos e artífices urbanos, tão semelhantes ao *menu peuple*, que George Rudé mostrou ser o elemento revolucionário mais volátil na multidão parisiense.[9] Talvez possamos perceber um pouco das complexidades dessas tradições persistentes se isolarmos três problemas: a tradição da Dissidência e sua modificação pelo revivalismo metodista; a tradição composta por todas aquelas vagas noções populares que se combinam na ideia do "direito de nascimento" do homem inglês; e a ambígua tradição da "turba" do século XVIII, temida por Wyvill, e que Hardy tentou organizar em comitês, seções e manifestações responsáveis.

[8] Ibid., v. 5, p. 23.

[9] Ver G. Rudé, *The Crowd in French Revolution*. 1959.

# 2

# O CRISTÃO E O DEMÔNIO

"DISSIDÊNCIA"* É UM TERMO ENGANADOR. Compreende muitas seitas, muitas tendências intelectuais e teológicas conflitantes, encontra muitas formas diferentes em diferentes meios sociais. Os velhos grupos dissidentes, quacres e batistas, apresentam certas semelhanças no seu desenvolvimento após a Revolução Gloriosa. Quando à perseguição se sucedeu uma maior tolerância, as congregações se tornaram menos ciosas e mais prósperas. No local onde os roupeiros e chacareiros do vale Spen se encontravam na calada da noite, em 1670, numa casa de fazenda chamada Os Secretos ou "no celeiro perto de Chapel Fold", cem anos depois encontramos uma sólida igreja com um próspero diácono, Joseph Priestley, que confiava a seu diário íntimo coisas como esta:

> O mundo sorri. Consegui alguns negócios agradáveis com este posto. O que darei ao meu Senhor, era o que eu me dizia quando fui a Leeds. Resolvi dar quatro ou cinco carregamentos de trigo aos pobres de Cristo. Neste dia, tive muita razão em lamentar não ter posto Deus frente a mim em todos os meus pensamentos. Acho difícil na correria dos negócios [...]

E na semana seguinte:

---

* Dissidência aqui entendida como o conjunto de seitas religiosas desvinculadas da Igreja Anglicana (*Established Church*). [N. T.]

Esta manhã [...] almocei com uma companhia de oficiais que pareciam todos ignorar o caminho da salvação. Senti certo prazer em ler-lhes Isaías, 45. [...] Ordenei ao irmão Obadiah que distribuísse uma carga de trigo entre os pobres de Cristo.[1]

O tal Priestley ainda era um calvinista, se bem que com um pouco de sentimento de culpa. (O "irmão Obadiah", sem dúvida, também era um calvinista.) Mas seu primo mais novo, também Joseph Priestley, estudava na época na Academia Daventry, onde desapontou e entristeceu família e igreja, ao ser tocado pelo espírito do Iluminismo, tornando-se unitarista, cientista e reformador político. Era aquele dr. Priestley cujos livros e laboratório foram destruídos em 1791 por uma turba aos gritos de "Igreja e Rei", em Birmingham.

Este é um esboço resumido de uma parte da tradição dissidente. Tendo tolerância para com sua liberdade de consciência, mas ainda impedidos de participar da vida pública, devido às Leis de Critério e Corporações, os dissidentes continuaram, ao longo do século, a trabalhar pelas liberdades civis e religiosas. Em meados do século, muitos dos ministros cultos mais jovens se orgulhavam de sua teologia racional aberta. A confiança calvinista na justeza de sua perseguida seita fora abandonada, e agora eram atraídos para o unitarismo, através das "heresias" ariana e sociniana. Do unitarismo para o deísmo era apenas um passo, embora até 1790 poucos tivessem dado esse passo; e foram ainda menos aqueles que, na segunda metade do século XVIII, quiseram ou ousaram fazer uma declaração pública de ceticismo — em 1763, o mestre-escola Peter Annet, com setenta anos de idade, foi preso e posto no cepo por traduzir Voltaire e publicar em forma popular textos "livres-pensadores", e logo depois a sociedade de debates céti-

[1] Frank Peel, *Nonconformity in Spen Valley*. Heckmondwike: Senior, 1891, p. 136.

ca Robin Hood foi fechada. Era a partir das posições socinianas ou unitaristas que se sustentavam os princípios liberais: as figuras famosas são dr. Price, cujas *Observações sobre a Liberdade Civil* (1776), na época da Guerra Americana, atingiram a venda considerável de 60 mil exemplares em poucos meses, e enfureceu Burke com seu sermão de boas-vindas à Revolução Francesa; o próprio dr. Priestley, e um elenco de figuras menores, das quais muitas — Thomas Cooper de Bolton e William Frend de Cambridge — participaram ativamente da agitação reformista dos anos 1790.[2]

Por enquanto, a história parece clara. Mas isso é ilusório. Essas noções liberais prevaleceram amplamente entre o clero dissidente, professores e comunidades urbanas cultas. No entanto, muitos ministros haviam abandonado suas congregações. A Igreja Presbiteriana, na qual se sentia mais fortemente o impulso para o unitarismo, era a que declinava com maior intensidade, em comparação com outros grupos dissidentes. Em meados do século XVIII, os presbiterianos e os independentes (tomados em conjunto) eram os mais fortes no sudoeste (Devonshire, Dorset, Gloucestershire, Hampshire, Somerset, Wiltshire), no norte industrial (principalmente Lancashire, Northumberland e Yorkshire), em Londres e no sudeste (East Anglia, principalmente Essex e Suffolk). Os batistas disputavam alguns desses bastiões e também estavam bem radicados em Bedfordshire, Buckinghamshire, Kent, Leicestershire e Northamptonshire. Assim, os presbiterianos e independentes pareceriam ser mais fortes nos centros comerciais e manufatureiros de lã, ao passo que os batistas se assentavam em áreas onde parte de suas congregações devia se compor de pequenos comerciantes, si-

[2] Ver Anthony Lincoln, *Social and Political Ideas of English Dissent, 1763-1830*. Cambridge: 1938; e R. V. Molt, *The Unitarian Contribution to Social Progress in England*. 1938. Para estudos mais breves, ver Robbins, op. cit., cap. 7, e H. W. Carless Davis, *The Age of Grey and Peel*. Oxford: 1929, pp. 40-58.

tiantes e trabalhadores rurais.[3] Foi no maior dos antigos centros laníferos, West Country, que a religião "racional" aberta, que se inclinava para a negação da divindade de Cristo e para o unitarismo, realizou seus avanços mais rápidos e também perdeu a fidelidade de suas congregações. Em Devonshire, no final do século XVIII, haviam se fechado mais de vinte centros de reunião presbiterianos, e os historiadores da Dissidência, escrevendo em 1809, declaravam:

> Devonshire, o núcleo do arianismo, foi o túmulo dos dissidentes arianos; naquele populoso distrito, não restou nem uma vigésima parte dos presbiterianos que lá deviam se encontrar na época do seu surgimento.[4]

Mas em outros lugares a história foi diferente. Em matéria de organização eclesial, as seitas dissidentes muitas vezes levaram os princípios da autogestão e da autonomia local aos limites da anarquia. Qualquer autoridade centralizada — até mesmo a consulta e a associação entre igrejas — era vista como "produtora da grande apostasia anticristã",

> uma apostasia tão fatal para as liberdades civis e religiosas da humanidade, e particularmente para as dos velhos e bravos puritanos e não conformistas, que as meras palavras sínodo e conferência, conselho e cânone fazem formigar as orelhas de um bom dissidente protestante.[5]

---

[3] D. Bogue e J. Bennett, *History of Dissenters*, v. 3 (1809, p. 333), estimam que, em 1760, a "principal força" da Dissidência em todas as suas variantes se encontrava entre comerciantes e sitiantes de alguns distritos, ao passo que "artífices de todos os tipos compunham grande parte das congregações nas cidades, e trabalhadores agrícolas nas vilas rurais".

[4] Ibid., v. 4, p. 319.

[5] J. Ivimey, *History of the English Baptists*, v. 4. 1830, p. 40.

Onde a tradição calvinista era forte, como em certas partes de Lancashire e Yorkshire, as congregações reagiram contra a tendência para o unitarismo; diáconos, curadores e obadiahs obstinados atormentaram as vidas de seus ministros, investigando suas heresias, expulsando-os ou se dividindo para formar seitas mais virtuosas. (Thomas Hardy obteve algumas de suas primeiras experiências de organização nas lutas entre facções de congregação presbiteriana em Crown Court, nas proximidades de Russell Street.) E os "pobres de Cristo", a quem dr. Price oferecia as luzes da razão e o diácono Priestley carregamentos de trigo? O vale Spen se situava no centro de um distrito manufatureiro densamente povoado e em expansão — aí se poderia esperar que as igrejas dissidentes finalmente colhessem os frutos da sua pertinácia durante os anos de perseguição. E, no entanto, os "pobres de Cristo" pareciam pouco afetados seja pela Igreja Anglicana, seja pela antiga Dissidência. "Nunca vi um povo mais selvagem na Inglaterra", observou John Wesley em seu *Diário*, quando viajou pelas vizinhanças de Huddersfield em 1757; "os homens, mulheres e crianças enchiam as ruas quando passávamos por elas, e pareciam prestes a nos devorar".

O cristianismo radical dos unitaristas, com sua preferência pela "candura" e sua desconfiança diante do "entusiasmo", atraía alguns artesãos e lojistas em Londres e grupos semelhantes nas cidades grandes. Mas ele parecia frio demais, distante e polido demais, e por demais associado aos valores confortáveis de uma classe em prosperidade para que conseguisse atrair a cidade ou aldeia pobre. Sua própria linguagem e tom eram um obstáculo: "Nenhuma pregação serve em Yorkshire", contou John Nelson a Wesley, "a não ser o velho estilo que cai como um trovão sobre a consciência. Aqui, uma pregação refinada é mais prejudicial do que benéfica". E no entanto o velho calvinismo construíra suas próprias barreiras, que inibiam qualquer ardor evangélico. A seita perseguida, com excessiva facilidade, fez de seu exclusivismo virtude, o que, por sua vez, reforçou os princípios mais rígidos dos dogmas calvinistas. "A eleição", rezava um artigo da Confissão de Savoy (1658), "foi prevista sem excluir a massa ou o amontoado corrupto da humanidade". Os "pobres de Cristo" e o "amontoado corrupto" eram, evidentemente, a mesma gente; por outro lado, a "selvageria" dos pobres era um sinal de que viviam fora do âmbito da graça. O calvinista eleito tendeu pois a se fechar num grupo de parentesco.

E houve outras razões para esse processo. Algumas remontam à derrota dos *levellers* na *Commonwealth*. Quando se desmoronaram as esperanças milenaristas num governo dos santos, seguiu-se uma aguda dissociação entre as aspirações temporais e espirituais do puritanismo do homem pobre. Já em 1654, antes da Restauração, a Associação Geral dos Batistas da Salvação Geral lançou um manifesto (dirigido aos homens da Quinta Monarquia adeptos da seita), declarando que não "conheciam nenhuma razão pela qual os santos, enquanto tal, esperassem que a ordem e o governo do mundo ficassem em suas mãos" antes do Juízo Final. Até lá, cabia a eles "pacientemente sofrer no mundo [...] do que alhures atingir a ordem de governo dele".[6] No final da *Commonwealth*, a tradição rebelde do antinomianismo "renunciou a todas as suas reivindicações". Ali onde os ardentes sectários tinham se mostrado zelosos — na verdade cruéis — jardineiros sociais, agora se contentavam em dizer: "que fique o joio (se o há) em paz com o trigo".[7] O *digger* Gerrard Winstanley nos ajuda a entender a alteração dos sentimentos, voltando-se do "reino exterior" para o "reino interior":

> A alma vivente e o espírito criador não são unos, mas sim divididos, uma buscando um reino fora de si, o outro levando-a a olhar

[6] A. C. Underwood, *History of the English Baptists*. Londres: Kingsgate Press, 1947, pp. 84-5.

[7] G. Huehns, *Antinomianism in English History*. Londres: 1951, p. 146.

> e esperar por um reino dentro de si, que não se corrompe com a traça ou a ferrugem e onde os ladrões não podem entrar e roubar. É um reino onde habita a vontade, o reino exterior tem que ser tirado de você próprio.[8]

É crucial a compreensão deste retraimento — e daquilo que, apesar dele, se preservou — para a compreensão do século XVIII e de um elemento que se manteve na política operária posterior. Num certo sentido, pode-se ver a mudança nas diferentes associações evocadas por duas palavras: a energia positiva do *puritanismo*, o recuo defensivo da *Dissidência*. Mas devemos ver também como a resolução das seitas em "pacientemente sofrer no mundo", enquanto se abstinham de esperar atingir sua "ordem e governo", permitiu-lhes combinar o quietismo político com uma espécie de radicalismo adormecido — preservado nas imagens de sermões e versículos cantados e na forma democrática de organização —, que poderia, num contexto mais promissor, se reavivar uma vez mais. Poder-se-ia esperar encontrar essa atitude de modo mais pronunciado entre os quacres e os batistas. Nos anos 1790, porém, os quacres — que não chegavam a 20 mil no Reino Unido — pouco se assemelhavam à seita que outrora contara com homens como Lilbourne, Fox e Penn. Haviam prosperado demais; tinham perdido alguns de seus espíritos mais enérgicos nas emigrações sucessivas para a América do Norte; sua hostilidade em relação ao Estado e às autoridades se reduzira a símbolos formais — a recusa de prestar juramento ou de descobrir a cabeça; a tradição existente, na melhor das hipóteses, contribuía mais para a consciência social da classe média do que para o movimento popular. Em meados do século, ainda existiam congregações humildes, como aquela que se encontrava na casa de culto em Cage Lage, Thetford —

[8] *Fire in the Bush*, in L. Hamilton (org.), *Selections from Gerrard Winstanley*. 1944, pp. 30-1.

vizinha à prisão, com seu pelourinho e cepo —, onde o jovem Tom Paine recebeu (segundo sua própria declaração) "uma educação moral extremamente boa". Mas poucos quacres parecem ter se apresentado quando Paine, em 1791, combinou algumas noções deles acerca do serviço pela humanidade com o tom intransigente dos *Direitos do Homem*. Em 1792, a Reunião Trimestral de Amigos de Yorkshire recomendou enfaticamente "a verdadeira serenidade da mente" no "estado de desordem que existe atualmente na nossa nação". Eles não deviam se unir em associações políticas, nem promover "um espírito de descontentamento contra o rei e o governo sob o qual vivemos e desfrutamos de muitos privilégios e favores que merecem nossa grata submissão".[9]

Seus fundadores não tinham aceitado a *submissão*, nem teriam admitido a palavra *grata*. A tensão entre os reinos "exterior" e "interior" implicava uma *rejeição* dos poderes dirigentes, exceto nos pontos em que era inevitável a coexistência: e muitos argumentos hábeis haviam outrora se voltado para o que era e o que não era "legítimo" para a consciência. Os batistas mostraram talvez a maior coerência: permaneceram os mais calvinistas em sua teologia e os mais plebeus quanto aos adeptos. E é sobretudo em Bunyan que encontramos o radicalismo adormecido que se preservara ao longo do século XVIII e que irrompe, vez após outra, no século XIX. *Progresso do Peregrino* é, com *Direitos do Homem*, um dos dois textos de fundação do movimento operário inglês: Bunyan e Paine, com Cobbett e Owen, foram os que mais contribuíram para o conjunto de ideias e atitudes que compõem a matéria-prima do movimento de 1790 a 1850. Muitos milhares de jovens encontraram no *Progresso do Peregrino* sua primeira história de aventuras, e concordariam com o cartista Thomas Cooper que este era seu "livro dos livros".[10]

---

9 Rufus M. Jones, *The Later Periods of Quakerism*, v. 1. 1921, p. 315.

10 Ver Q. D. Leavis, *Fiction and Reading Public*. 1932, cap. 2.

"Busco um patrimônio incorruptível, imaculado e que não se desgaste [...] guardado no céu e lá seguro [...] para ser concedido, no tempo indicado, àqueles que diligentemente o buscam. Leiam-no, se quiserem, em meu livro." Eis o reino de Winstanley, que "não se corrompe com a traça e a ferrugem", eis o milênio do outro mundo dos santos, que devem "pacientemente sofrer" neste mundo. Eis o "lastimoso grito" — "O que farei?" — daqueles derrotados em Putney e que não tiveram participação no acordo de 1688. Eis o Papa Ancião, que o cristão sente ter sido domesticado por *seus* seguidores e que agora "se tornou tão louco e entrevado" que pouco pode fazer além de se sentar à entrada de sua gruta, dizendo aos peregrinos: 'Vocês nunca se corrigirão até que mais alguns sejam queimados', arreganhando os dentes [...] quando se vão, e mordendo as unhas por não poder ir até eles". Eis a paisagem espiritual interior da Dissidência do homem pobre — dos "alfaiates, curtidores, saboeiros, cervejeiros, tecelãos e tintureiros" que estavam entre os pregadores batistas[11] —, uma paisagem acima de tudo violenta, tingida com energia e conflito apaixonados, pela frustração dessas paixões no mundo exterior: o Castelo de Belzebu, os gigantes sangrentos, Marreta e Bom Matador, a Montanha da Dificuldade, o Castelo da Dúvida, a Feira da Vaidade, a Terra Encantada; um caminho "cheio de armadilhas, poços, ciladas e arapucas." Eis os inimigos aristocráticos do cristão: "o Lorde Prazer Carnal, o Lorde Luxo, o Lorde Desejo de Vanglória, meu velho Lorde Luxúria, Sir Cupidez, com todo o resto de nossa nobreza." E eis o Vale da Humilhação onde se encontrariam os leitores de Bunyan: "um vale por onde ninguém passa, a não ser os que amam uma vida peregrina." É a MISERICÓRDIA quem diz:

---

[11] R. M. Jones, *Studies in Mystical Religion*. 1923, p. 418. Ver também J. Lindsay, *John Bunyan*. 1937.

> Amo estar nos lugares onde não há a trepidação dos coches nem o estrondo das rodas; creio que aqui uma pessoa pode, sem ser muito molestada, pensar sobre o que ela é, donde veio, o que tem feito [...] aqui alguém pode pensar, abrir o coração e se fundir com seu espírito, até que seus olhos se tornem como "os tanques de peixes de Heshbon".

E é o GRANDE CORAÇÃO que responde, com o orgulho espiritual dos perseguidos e fracassados: "É verdade [...] Estive neste vale muitas vezes, e nunca foi melhor do que então."

Mas o mundo do espírito — da correção e da liberdade espiritual — é constantemente ameaçado pelo outro mundo. Em primeiro lugar, ele é ameaçado pelos poderes do Estado; quando encontramos O DEMÔNIO, parecemos estar num mundo de fantasia:

> Ele era coberto de escamas, como um peixe (e delas se orgulhava), tinha asas como um dragão, pés de urso e do seu ventre saía fogo e fumaça [...]

Mas quando esse monstro se volta para o CRISTÃO ("com uma expressão desdenhosa"), ele se mostra muito semelhante aos perplexos magistrados rurais que tentaram, alternando argumentos e ameaças, que Bunyan prometesse desistir de pregar no campo. O DEMÔNIO abre sua boca — que era "como a boca de um leão" —, com um rugido muito abafado: "Estou disposto a deixar passar tudo isso, se agora você se voltar e partir." É apenas quando a persuasão falha que ele se escarrancha "sobre toda a largura do caminho" e declara: "Juro por meu antro infernal que você não passará." E é a sutileza do DEMÔNIO que lhe permite encontrar aliados entre os próprios companheiros e amigos peregrinos do CRISTÃO. Estes — e são de longe os mais numerosos e enganadores — são a segunda fonte de ameaças para o patrimônio incorruptível do CRISTÃO: Bunyan apresenta, um a um, todos os argumentos escorregadios sobre o conforto e o compromisso, preparando o terreno para uma acomodação entre o DEMÔNIO e a Dissidência. Eis o Sr. Segundas Intenções da Fala Clara, o Sr. Apegado ao Mundo, o Sr. Amor ao Dinheiro e o Sr. Poupa Tudo, todos alunos de "um mestre-escola em Amor ao Ganho, uma cidade comercial no distrito de Covening, no norte". É o Sr. Segundas Intenções que condena aqueles "que são demasiado corretos":

> Segundas Intenções: Bem, eles [...] em sua jornada desatam todos os temporais; e eu sou por esperar o vento e a maré. Eles são por arriscar tudo de uma só vez por Deus; e eu sou por tomar todas as precauções em assegurar minha vida e posses. Eles são por sustentar suas opiniões, embora todos os outros homens estejam contra eles; mas eu sou pela religião onde, como e quando minha segurança possa sustentá-la. Eles são pela religião em trapos e desdém; mas eu sou por ela quando caminha em sandálias douradas, ao sol e sob aplausos.
> Sr. Apegado ao Mundo: Certamente, e mantenha-se assim, caro Sr. Segundas Intenções. [...] Sejamos espertos como as serpentes; o melhor é aproveitar a oportunidade [...]
> Sr. Poupa Tudo: Creio que estamos todos de acordo quanto a isso, e portanto não é mais preciso falar disso.
> Sr. Amor ao Dinheiro: Não, na verdade não é mais preciso falar disso; pois aquele que não crê nem na Escritura nem na razão (e vocês veem que temos ambas do nosso lado) não conhece sua própria liberdade nem busca sua própria segurança.

É uma passagem magnífica, pressagiando muito do desenvolvimento da Dissidência no século XVIII. Bunyan sabia que, num certo sentido, os amigos do Sr. Segundas Intenções *tinham* a seu lado a Escritura e a razão: ele explorou em sua apologia argumentos sobre a segurança, o conforto, a ilustração e a liberdade. O que eles perderam foi sua integridade moral e sua compaixão; ao que parece, o patrimônio incorruptível do espírito não poderia se preservar se se esquecesse o patrimônio das lutas.

O *Progresso do Peregrino* não se encerra aí. Como observou Weber, a "atmosfera básica" do livro é aquela em que "o além não só era mais importante, mas em muitos sentidos mais seguro do que todos os interesses da vida neste mundo".[12] E isso nos lembra que a fé numa vida do além serviu não só como um consolo para os pobres, mas também como um pouco de compensação emocional pelos sofrimentos e injustiças atuais: era possível imaginar a "recompensa" dos humildes e ainda gozar de uma certa vingança sobre seus opressores, ao imaginar seus tormentos futuros. Além disso, ao acentuar os pontos positivos da imagística de Bunyan, pouco falamos dos negativos — a unção, a sujeição temporal, a busca egocêntrica da salvação pessoal —, àqueles inextricavelmente mesclados; e essa ambivalência persiste na linguagem do não conformismo humilde por muito tempo ao longo do século XVIII. A história parecia a Bamford "tristemente lenitiva, como uma luz vinda de um sol eclipsado". Quando o contexto é favorável e surgem as agitações de massa, evidenciam-se melhor as energias ativas da tradição: o cristão luta contra o Demônio no mundo real. Em tempos de derrota e apatia de massa, o quietismo ascende, reforçando o fatalismo dos pobres: o cristão sofre no Vale da Humilhação, longe da trepidação dos coches, abandonando a Cidade da Destruição e buscando o caminho para uma espiritual Cidade do Sião.

Além disso, Bunyan, temendo a erosão do patrimônio espiritual por atitudes de compromisso, acrescentou à infelicida-

---

12 M. Weber, *The Protestant Ethic and the Spirit of Capitalism*. 1930, pp. 109-10, 227. Ver também A. Kettle, *Introduction to the English Novel*. 1951, pp. 44-5.

de ameaçadora dos puritanos seu próprio esboço figurativo do caminho "reto e estreito", o que acentuou o sectarismo cioso do eleito calvinista. Em 1750, as mesmas seitas que haviam aspirado a ser as mais leais aos "pobres de Cristo" eram as mais inóspitas para os novos conversos e as de têmpera menos evangélica. A Dissidência se tornou presa da tensão entre tendências opostas, ambas desprovidas de qualquer força de atração popular: de um lado, a tendência para o humanitarismo racional e a pregação refinada — por demais intelectual e culta para os pobres; de outro, o rígido Eleito, que não podia se casar fora da sua igreja, que expulsava todos os apóstatas e heréticos e que se mantinha à parte de toda a "massa corrupta" predestinada à danação eterna. "O calvinismo daqueles", observou Halévy, "estava se decompondo, e o destes, se petrificando".[13]

Mesmo os batistas de Bunyan estavam profundamente divididos, dessa forma, com os batistas gerais "arminianos", perdendo terreno para os batistas particulares ciosamente calvinistas (com seus bastiões em Northamptonshire, Bedfordshire, Lincolnshire), cujo próprio calvinismo, porém, impedia a propagação da seita.[14] Foi apenas em 1770 que a Congregação Batista Particular começou a romper as cadeias dos seus dogmas, lançando uma circular (de Northamptonshire) que oferecia uma fórmula em que podiam se reconciliar o evangelismo e a noção de eleição: "Toda alma que vem a Cristo para ser salva [...] deve ser encorajada [...] A alma que assim vem não precisa temer não ser um eleito, pois apenas um eleito desejaria vir." Mas o redespertar foi lento, e esse retorno dos batistas para os pobres se deveu, mais do que à sua dinâmica interna, à sua concorrência com os metodistas. Quando, na década de 1760, Dan Taylor, um carvoeiro de Yorkshire que desde os cin-

---

[13] Ver o excelente compêndio de Halévy, *A History of the English People in 1815*, v. 3. Penguin, pp. 28-32, 40-8.

[14] Bogue e Bennett, op. cit., v. 3, pp. 332-3; Ivimey, op. cit., v. 3, p. 160 ss.

co anos de idade trabalhava nas minas e fora convertido pelos metodistas, procurou uma seita batista com atitudes evangélicas, nada conseguiu encontrar. Ele construiu sua própria casa de culto, retirando as pedras das charnecas acima de Hebden Bridge e carregando-as em suas próprias costas;[15] desceu então do centro têxtil de Heptonstall (um centro puritano durante a Guerra Civil) até Lincolnshire e Northamptonshire, fazendo contatos com grupos batistas indóceis e, finalmente, formando (em 1770) a Nova União Batista. Viajando nos anos seguintes cerca de 40 mil quilômetros e pregando 20 mil sermões, Taylor é um indivíduo a ser lembrado ao lado de Wesley e Whitefield; mas ele não provinha da sociedade batista geral nem da particular: espiritualmente, proveio do legado de Bunyan, embora literalmente tivesse surgido das entranhas da terra.

São de se lembrar também dr. Price e Dan Taylor, sem esquecer que eles desfrutaram de liberdade de consciência, sem a ameaça da Inquisição ou da "masmorra da Prostituta Vermelha da Babilônia".[16] A própria anarquia da antiga Dissidência, com seus cismas e igrejas autogeridas, significava que podiam surgir subitamente as ideias mais inesperadas e menos ortodoxas — numa aldeia de Lincolnshire, no mercado das Midlands, numa mina de Yorkshire. Observou Wesley em seu *Diário*, em 1768, que em Frome, uma cidade lanífera de Somerset, havia "uma mistura de homens de todas as opiniões, anabatistas, quacres,

[15] John Wesley nota em seu *Diário* (31 de julho de 1766) que "metodistas renegados, primeiro se tornando calvinistas e depois anabatistas, provocaram confusão em Heptonstall".

[16] Termo da Dissidência para o Erastianismo — em primeiro lugar, o papado e a Igreja Romana, mas frequentemente aplicado à Igreja Anglicana ou a *qualquer* igreja acusada de prostituir sua virtude espiritual por razões de Estado ou poder temporal. Cobbett lembrava: "Eu acreditava firmemente, quando era menino, que o papa era uma mulher monstruosa, vestida com roupas medonhas, que tinham se tornado vermelhas por serem mergulhadas no sangue dos protestantes." *Political Register*, 13 de janeiro de 1821.

presbiterianos, arianos, antinominianos, moravianos e tudo o mais". Os artesãos e comerciantes escoceses trouxeram outras seitas para a Inglaterra; nas últimas décadas do século XVIII, os glasistas ou sandemanianos conseguiram algum sucesso com sua estrita disciplina eclesial, sua crença de que as "distinções da vida civil (eram) anuladas na igreja", e que a adesão a ela implicava uma certa comunidade dos bens, e — na opinião dos críticos — seu excessivo orgulho espiritual e "a negligência em relação à multidão pobre, ignorante e corruptível".[17] No final do século, havia sociedades sandemanianas em Londres, Nottingham, Liverpool, Whitehaven e Newcastle.

A história intelectual da Dissidência é composta de choques, cismas, mutações; muitas vezes sentem-se nela os germes adormecidos do radicalismo político, prontos para germinar logo que semeados num contexto social promissor e favorável. Thomas Spence, criado numa família sandemaniana, apresentou uma palestra na Sociedade Filosófica de Newcastle, em 1775, contendo em esboço toda sua doutrina sobre o socialismo agrário; e não foi senão nos anos 1790 que ele começou a sério sua propaganda pública. Tom Paine, com sua base quacre, poucas mostras dera de suas concepções políticas escandalosamente heterodoxas durante sua vida monótona de coletor de impostos em Lewes; o contexto era desanimador e a política parecia uma simples espécie de "logro manobrista". Um ano depois da sua chegada à América (novembro de 1774), ele publicou *Senso Comum* e artigos de *Crise*, que contêm todos os pressupostos de *Direitos do Homem*. "Tenho aversão pela monarquia, por ser excessivamente degradante para a dignidade do homem", escreveu ele. "Mas nunca incomodei os outros com as minhas concepções até muito tempo depois, nem jamais publiquei na

[17] Bogue e Bennett, op. cit., v. 4, pp. 107-24. Apesar do seu rigor, os sandemanianos eram menos intolerantes que outros dissidentes a respeito de alguns costumes sociais, e aprovavam o teatro.

minha vida uma sílaba na Inglaterra." O que mudou não foi Paine, mas o contexto em que ele escreveu. A semente dos *Direitos do Homem* era inglesa: mas apenas a esperança trazida pelas Revoluções Americana e Francesa permitiu-lhe brotar.

Se algumas seitas da antiga Dissidência tivessem assumido a via do revivalismo evangélico — ao contrário de John Wesley —, o Não Conformismo do século XIX poderia ter assumido uma forma mais intelectual e democrática. Mas foi Wesley — ultraconservador em política e sacerdotal em questões de organização — o primeiro a chegar aos "pobres de Cristo", quebrando o tabu calvinista com a simples mensagem: "A única coisa a fazer é salvar almas."

> Párias entre os homens, a vocês eu invoco,
> Prostitutas, e taberneiros, e ladrões!
> Ele distende seus braços para envolver todos vocês;
> Apenas pecadores Sua graça recebe:
> Nenhuma necessidade dele tem o correto;
> Ele veio buscar e salvar os perdidos.
>
> Venham, ó meus irmãos em culpa, venham,
> Gemendo sob a carga de pecados!
> Seu coração sangrento abrirá espaço a vocês,
> Sua chaga aberta receberá a vocês;
> Ele os chama agora, convida-os à casa:
> Venham, ó meus irmãos em culpa, venham.

Há, evidentemente, uma certa lógica no fato de que o ressurgimento evangélico devesse aparecer no interior da Igreja Oficial. A ênfase puritana sobre o "chamado", como Weber e Tawney mostraram, estava particularmente bem adaptada à experiência de grupos pequeno-burgueses ou de classe média prósperos e industriosos. As tradições mais luteranas do protestantismo anglicano adaptavam-se menos às doutrinas exclusivistas da "eleição"; como Igreja Oficial, ela tinha uma tarefa específica em relação às almas dos pobres — em verdade, o dever de lhes inculcar as virtudes da obediência e da laboriosidade. A letargia e o materialismo da Igreja Anglicana do século XVIII eram tais que, ao final e contra os desejos de Wesley, o ressurgimento evangélico resultou na Igreja Metodista. E ainda assim o metodismo vinha profundamente marcado pelas suas origens; a Dissidência dos homens pobres de Bunyan, Dan Taylor e — posteriormente — dos metodistas primitivos era uma religião dos pobres; o wesleyanismo ortodoxo se manteve tal como iniciara, isto é, uma religião para os pobres.

Como pregadores e evangelistas, Whitefield e outros pregadores itinerantes anteriores impressionavam mais que Wesley. Mas foi Wesley o organizador, administrador e ordenador mais enérgico e hábil. Conseguiu combinar nas proporções exatas democracia e disciplina, doutrina e emotividade; seu sucesso não se encontrava tanto nos encontros revivalistas históricos (que não eram infrequentes no século de Tyburn), mas na organização de sociedades metodistas autossubsistentes em centros comerciais e comunidades mineiras, têxteis e operárias em geral, com uma participação democrática de seus membros na vida da igreja, tanto estimulada, quanto estritamente vigiada e disciplinada. Ele facilitou a admissão a essas sociedades, derrubando todas as barreiras das doutrinas sectárias. A fim de obter admissões, escreveu ele, os metodistas

> não impõem [...] quaisquer opiniões. Deixem-nos sustentar a redenção geral ou particular, sentenças absolutas ou condicionais; deixem-nos ser fiéis da Igreja ou dissidentes, presbiterianos ou independentes, isso não é obstáculo. [...] O independente ou o anabatista (pode) usar seu próprio modo de adoração; assim tam-

bém o quacre, e ninguém discutirá com ele sobre isso. [...] Uma condição, e apenas uma, é necessária — um desejo real de salvar suas almas.[18]

Mas, uma vez dentro das sociedades metodistas, os conversos eram submetidos a uma disciplina que desafia qualquer comparação com as seitas calvinistas mais rigorosas. Wesley pretendia que os metodistas constituíssem um "povo singular", abstivessem-se de casar fora das sociedades, distinguissem-se pelos trajes e pela gravidade da linguagem e maneiras, evitassem a companhia até mesmo de parentes que ainda permaneciam no "reino de Satanás". Os membros eram expulsos por leviandade, profanação ou blasfêmia, e por falta de atenção nas sessões de culto. As sociedades, com seus encontros, aulas, vigílias e visitas, constituíram uma ordem leiga na qual, como observou Southey, havia uma "polícia espiritual" constantemente alerta a qualquer sinal de relapsia.[19] A democracia "do povo", segundo a qual as sociedades eram dirigidas por artesãos e trabalhadores em geral, não se estendia de modo algum a questões de doutrina e governo da Igreja. Em nada Wesley rompeu mais violentamente com as tradições da Dissidência do que na sua oposição à autonomia local e na direção autoritária sua e de seus ministros nomeados.

E, no entanto, foi justamente em áreas com uma longa tradição dissidente — Bristol, West Riding, Manchester, Newcastle — que o metodismo conseguiu seus mais rápidos êxitos entre os pobres. Na década de 1760, a três quilômetros de Heckmondwike, onde o diácono Priestley e Obadiah ainda mantinham uma igreja dos calvinistas independentes, John Nelson, um pedreiro de Birstall, já estava reunindo grandes congregações de mineiros e operários de confecção, para ouvir a nova mensa-

---

[18] R. Southey, *Life of Wesley and the Rise and Progress of Methodism*. 1890, p. 545.

[19] Ibid., pp. 382, 545.

gem de salvação pessoal. A caminho do seu trabalho na pedreira, Nelson podia passar pela casa do ministro antigo dissidente, trocar textos e discutir as doutrinas do pecado, redenção pela graça e predestinação. (Tais discussões escassearam nos anos seguintes, quando a teologia metodista ortodoxa se tornou mais oportunista, anti-intelectual e ociosa.) Nelson se convertera em Londres, ao ouvir a pregação de John Wesley em Moorfields. Seu *Diário* era muito diferente do do diácono Priestley:

> Uma noite [...] sonhei que estava em Yorkshire, indo para casa em roupa de trabalho; e quando passava pela casa de Paul Champion, ouvi uma enorme gritaria, como de uma multidão em dor. [...] De repente, começaram a se insultar e a rolar uns sobre os outros; perguntei o que acontecia, e me disseram que Satanás andava à solta entre eles. [...] Então imaginei vê-lo em forma de um touro vermelho, correndo entre o povo, como corre uma fera entre o trigal, mas já não o atacava e sim veio diretamente a mim, como se fosse cravar seus chifres em meu coração. Então gritei "Senhor, ajuda-me!", e imediatamente agarrei-o pelos chifres, girei-o sobre suas costas, pondo meu pé direito em seu pescoço, na presença de um milhar de pessoas [...]

Ele despertou desse sonho suado e exausto. Noutra noite, "minha alma estava tão cheia de amor a Deus que chorei diante d'Ele":

> Sonhei que estava em Yorkshire, indo de Gomersal-Hill-Top a Cleckheaton; e na metade do caminho imaginei ver Satanás vindo a mim na forma de um homem negro e alto, e os cabelos de sua cabeça eram como cobras; [...] Mas continuei, rasguei minhas roupas e lhe mostrei meu peito desnudo, dizendo "Veja, eis o sangue de Cristo". Então imaginei que ele fugia de mim tão rápido como uma lebre.

John Nelson era um homem de muito boa-fé. Foi convocado para o Exército, recusou-se a servir, e ele e sua esposa foram insultados pela turba e apedrejados no trabalho. No entanto, o Satanás de Nelson parece mais fantástico que o Demônio de Bunyan, apesar de todo seu fogo e escamas. E essa fantasia tem matizes de histeria e de sexualidade frustrada ou reduzida que — juntamente com os paroxismos que muitas vezes acompanhavam a conversão — são algumas das características do revivalismo metodista.[20] Bunyan expôs o desafio do Demônio num mundo de magistrados, apóstatas e justificativas mundanas do compromisso, ao passo que esse Satanás metodista é uma força desencarnada, situada em algum lugar da psique, descoberta pela introspecção ou trazida à tona como uma imagem fálica, oposta à imagística feminina do amor a Cristo, nos acessos de histeria coletiva, levando ao clímax as campanhas revivalistas.

Sob um aspecto, este Satanás pode ser visto como uma emanação da miséria e desespero dos pobres do século XVIII; sob outro, podemos ver as energias, impedidas de se manifestar efetivamente na vida social e reprimidas pelos princípios puritanos negadores da vida, a executar uma monstruosa vingança sobre o espírito humano. Podemos ver o metodismo como uma variação daquela tradição que remonta aos *ranters* do século XVII, cujos primos, os moravianos, influenciaram Wesley tão profundamente. Mas o culto do "Amor" foi levado a um ponto de equilíbrio entre as afirmações da "religião social" e as aberrações patológicas de impulsos sexuais e sociais frustrados. De um lado, a compaixão genuína pelas "prostitutas, e taberneiros, e ladrões"; de outro lado, a preocupação mórbida com o pecado e a confissão do pecador. De um lado, o remorso

[20] Ver W. E. H. Lecky, *History of the English People in the 18th century*, v. 3. 1891, pp. 582-8. Apesar de tudo o que se escreveu neste século, os estudos de Lecky e Southey sobre o metodismo continuam a ser de leitura fundamental.

real pela má conduta real; de outro lado, refinamentos rebuscados de culpa introspectiva. De um lado, o autêntico companheirismo de algumas sociedades metodistas antigas; de outro lado, energias sociais bloqueadas na vida pública, aliviadas com um onanismo emocional santificado. De um lado, uma religião que encontrava espaço entre os homens humildes, como pregadores locais e líderes de classe, que os ensinava a ler e lhes proporcionava autorrespeito e experiência oratória e organizativa; de outro lado, uma religião hostil à investigação intelectual e aos valores artísticos, que lastimavelmente abusava da sua confiança intelectual. Aí estava um culto do "Amor" que temia uma expressão efetiva do amor, seja como amor sexual ou sob qualquer forma social que pudesse incomodar as relações com a Autoridade. Sua autêntica linguagem de devoção era a de sublimação sexual mesclada de masoquismo: o "amor sangrento", a chaga aberta, o sangue do Cordeiro:

Previne-me de toda agradável armadilha
Para guardar as saídas do meu coração.
Sê tu meu amor, minha alegria, meu temor!
Tu és minha eterna porção.
Sê tu meu amigo sempre fiel.
E ama, ó, ama-me até o fim.

Em Londres, um gravador jacobino foi ao "Jardim do Amor" e encontrou "uma capela [...] construída no centro,/ Onde eu costumava brincar na grama":

E os portões da capela, estavam fechados,
E "Tu não podes" escrito sobre a porta [...]

No Jardim, "onde deviam estar as flores (havia) pedras sepulcrais":

E sacerdotes em negras túnicas faziam suas rondas,
E atavam com urzes minhas alegrias e desejos.

Tanto se falou, nos últimos anos, da contribuição positiva do metodismo ao movimento operário que se faz necessário lembrar que Blake e Cobbett, Leigh Hunt e Hazlitt viam a questão com outros olhos. Poderíamos supor, a partir de alguns relatos populares, que o metodismo foi apenas uma base inicial para os organizadores radicais e sindicalistas, todos formados pela imagem do mártir de Tolpuddle, George Loveless, com sua "pequena biblioteca teológica" e sua franca independência. A questão é muito mais complexa. A um certo nível, pode-se reconhecer sem a menor dificuldade o caráter reacionário — na verdade, odiosamente subserviente — do wesleyanismo oficial. As poucas intervenções políticas ativas de Wesley incluíam panfletos contra o dr. Price e os colonos americanos. Raramente deixou passar a oportunidade de impor a seus seguidores as doutrinas de submissão, expressas menos como ideias e sim como superstições.[21] Sua morte (1791) coincidiu com o entusiasmo inicial pela Revolução Francesa; mas as Conferências Metodistas subsequentes continuaram a tradição do seu fundador, reafirmando sua "lealdade espontânea ao rei e adesão sincera à Constituição" (Conferência de Leeds, 1793). Os estatutos redigidos um ano após a morte de Wesley eram explícitos: "Nenhum de nós, verbalmente ou por escrito, falará leviana ou irreverentemente do governo".[22]

---

21 Para um estudo sucinto dos preconceitos políticos de Wesley, ver Maldwyn Edwards, *John Wesley and the Eighteenth Century*. 1933.

22 Citado em Halévy, op. cit., v. 3. p. 49. Halévy acrescenta o comentário: "Tal conduta assegurava que a impopularidade dos princípios jacobinos não prejudicaria a propaganda metodista." Contudo, visto que os princípios jacobinos em 1792 vinham ganhando popularidade (ver adiante), é mais verdadeiro dizer que a propaganda metodista se destinava a *tornar* esses princípios impopulares, e que isso foi prejudicial para as liberdades do povo inglês. Ver também a crítica de Hobsbawm a Halévy, "Methodism and the Threat of Revolution". *History Today*, fevereiro de 1957.

Assim, a esse nível, o metodismo surge como uma influência politicamente regressiva ou "estabilizadora", e temos algumas confirmações da famosa tese de Halévy de que o metodismo impediu a revolução na Inglaterra nos anos 1790. Mas, a outro nível, é-nos conhecido o argumento de que o metodismo foi indiretamente responsável por um aumento na autoconfiança e capacidade de organização do operariado. Esse argumento foi sustentado, já em 1820, por Southey:

> Talvez o modo como o metodismo familiarizou as classes baixas com o trabalho de se reunirem em associações, elaborando regras para seu próprio governo, levantando fundos e se comunicando de uma a outra parte do reino, possa ser incluído entre os males incidentais dele resultantes [...]

E, mais recentemente, isso foi documentado nos interessantes livros de dr. Wearmouth, embora seus leitores fizessem bem em se lembrar de uma importante observação de Southey: "mas, a esse respeito ele [o metodismo] apenas facilitou um processo já iniciado por outras causas".[23] A maioria das "contribuições" do metodismo ao movimento operário veio, não por causa, mas apesar da Conferência Wesleyana.

Na verdade, ao longo da história inicial do metodismo, podemos ver um espírito democrático em formação, que lutava contra as doutrinas e as formas organizativas impostas por Wesley. Pregadores leigos, ruptura com a Igreja Estabelecida, formas de autogoverno no interior das sociedades — em todas essas questões, Wesley resistiu, contemporizou ou apenas as aceitou após consumadas. Wesley não poderia fugir às consequências do seu próprio igualitarismo espiritual. Se os pobres de Cristo chegaram a crer que suas almas eram tão boas quan-

---

[23] R. Southey, op. cit., p. 571.

to as dos burgueses ou aristocratas, chegariam aos argumentos dos *Direitos do Homem*. A duquesa de Buckingham rapidamente percebeu isso e observou à duquesa metodista de Huntingdon:

> Agradeço a Vossa Senhoria pela informação relativa aos pregadores metodistas; suas doutrinas são as mais repulsivas e fortemente tingidas de impertinência e desrespeito em relação aos seus superiores, estimulando constantemente a nivelar todos os graus e a eliminar todas as distinções. É monstruoso que lhe digam que o seu coração é tão pecaminoso como os dos desgraçados comuns que rastejam na terra.[24]

Smollett assinalou a mesma coisa, na excelente comédia sobre um cocheiro, Humphrey Clinker, que pregava para a gentalha londrina. E — pelo seu lado — centenas de pregadores leigos que haviam seguido os passos de John Nelson estavam aprendendo a mesma coisa por um caminho muito diferente. Novamente os escritores do *Establishment* proclamam esse medo. Um panfletário antijacobino, em 1800, culpava os "rapazes imberbes, e artífices ou diaristas" que pregavam em Spa Fields, Hackney e Islington Green. Entre os pregadores das seitas, ele encontrou um comerciante de roupas usadas, um moleiro, um vendedor de cabeças de carneiro, um pintor de coches, um calandreiro, um lacaio, um dentista, um peruqueiro e sangrador, um calceiro e um carregador de carvão. O bispo de Lincoln viu aí uma ameaça mais tenebrosa: "os mesmos meios poderiam ser empregados com igual eficácia para minar e derrubar o Estado e a Igreja".[25]

E da pregação à organização. Aqui se levantam duas questões: a penetração temporária no metodismo de algumas

---

[24] Citado em J. H. Whiteley, *Wesley's England*. 1938, p. 328.

[25] W. H. Reid, *The Rise and Dissolution of the Infidel Societies of the Metropolis*. 1800, pp. 45-8.

tradições autogestionárias da Dissidência, e a transmissão a sociedades operárias de formas de organização próprias à União Metodista. Quanto ao primeiro ponto, Wesley (ao contrário do que por vezes se supõe) não só levou sua mensagem aos "pagãos" fora das igrejas existentes; ofereceu também uma via de escape para as emoções bloqueadas da antiga Dissidência. Houve ministros e congregações inteiras dissidentes que se uniram aos metodistas. Alguns passaram pelo revivalismo e voltaram a suas próprias seitas, insatisfeitos com o governo autoritário de Wesley; ao passo que, nos anos 1790, a Dissidência vivia o seu revivalismo evangélico próprio. Mas outros mantiveram uma adesão um tanto tensa, com suas tradições mais antigas em conflito com as formas sacerdotais wesleyanas. Quanto ao segundo ponto, o metodismo proporcionou não só as formas de reunião, coleta regular de subscrições em dinheiro e "cédulas", tantas vezes adotadas por organizações sindicais e radicais, como também uma experiência de organização centralizada eficiente — a nível tanto distrital como nacional — que faltara à Dissidência. (As Conferências Anuais wesleyanas, com sua "plataforma", comitês com suas ordens do dia e meticuloso encaminhamento, parecem uma incômoda "contribuição" a mais para o movimento trabalhista de épocas mais recentes.)

Assim, o metodismo do final do século XVIII foi perturbado em seu interior por tendências democráticas estranhas a ele, enquanto simultaneamente, e apesar de si mesmo, vinha servindo como modelo a outras formas de organização. Durante os últimos dez anos de vida de Wesley, as pressões democráticas internas só eram contidas por respeito à idade avançada do fundador — e pela crença de que o velho autocrata não ia demorar muito para receber sua "grande recompensa". Havia uma série de demandas levantadas em sociedades dissidentes, por uma Conferência eleita, por maior autonomia local, pelo rompimento final com a Igreja, pela participação de leigos em encontros distritais e trimestrais. A morte de Wesley, coincidindo com o crescimento da onda radical geral, foi como um "estopim". Discutiam-se esquemas opostos de organização com uma intensidade tão significativa quanto os assuntos debatidos. "Detestamos a conduta de Neros perseguidores e todas as ações sangrentas da grande Prostituta da Babilônia e, no entanto, no que podemos, seguimos seus passos", declarou Alexander Kilham, num panfleto intitulado *O Progresso da Liberdade*.[26] E ele apresentou propostas de longo alcance sobre o autogoverno, que foram discutidas por toda a União, por meio de panfletos, em encontros conjuntos e reuniões de pregadores locais, discussão esta que, em si mesma, deve ter sido um elemento importante no processo de educação democrática.[27]

Em 1797, Kilham encabeçou a primeira cisão wesleyana importante, a Nova União Metodista, que adotou várias de suas propostas por uma estrutura mais democrática. A força principal da União residia nos centros manufatureiros e (provavelmente) entre os artesãos e tecelões influenciados pelo jacobinismo.[28] O próprio Kilham simpatizava com os reformadores e, embora suas convicções políticas permanecessem em pano de fundo, seus opositores na União ortodoxa se empenhavam em torná-las manifestas. "Faremos com que todos os perturbadores turbulentos do nosso Sião se percam", advertiu a Conferência aos membros da Igreja na Irlanda, ao tratar da cisão ocorrida, "todos os que abraçaram os sentimentos de Paine

---

26 *The Progress of Liberty Amongst the People Called Methodists*. Alnwick: 1795.

27 Ver *An Appeal to the Members of the Methodist Connexion*. Manchester: 1796; E. R. Taylor, *Methodism and Politics, 1791-1851*. Cambridge: 1935, cap. 2; W. J. Warner, *The Wesleyan Movement in the Industrial Revolution*. 1930, pp. 128-31.

28 O apoio a Kilham era forte em Sheffield, Nottingham, Manchester, Leeds, Huddersfield, Plymouth Dock, Liverpool, Bristol, Birmingham, Burslem, Macclesfield, Bolton, Wigan, Blackburn, Oldham, Darlington, Newcastle, Alnwick, Sunderland, Ripon, Otley, Epworth, Chester, Banbury. Ver E. R. Taylor, op. cit., p. 81; J. Blackwell, *Life of Alexander Kilham*. 1838, pp. 290, 343.

[...]". Em Huddersfield, os membros da Nova União eram conhecidos como os "metodistas de Tom Paine". Podemos imaginar a composição dos seus adeptos a partir de uma descrição da principal capela kilhamista em Leeds, com uma congregação de quinhentas pessoas, "em meio a uma população densa, pobre e rebelde, no alto de Ebeneezer Street, onde sensatamente não se esperaria ver nenhum estranho de classe média". E em vários lugares a ligação entre a Nova União e a efetiva organização jacobina é mais do que mera suposição. Em Halifax, na capela de Bradshaw, formou-se uma sociedade de debates e leitura. O povo da vila tecelã discutia em seus encontros não só *O Progresso da Liberdade* de Kilham, mas também os *Direitos do Homem* de Paine. Escrevendo quarenta anos depois, o historiador do metodismo de Halifax ainda não conseguia conter sua repugnância pelo "detestável ninho de escorpiões" que, ao final, tomou a capela, expulsou o ministro ortodoxo itinerante, comprou o lugar e continuou a usá-la como uma capela "jacobina" própria.[29]

O progresso da Nova União não foi propriamente espetacular. Kilham faleceu em 1798, e seus adeptos estavam enfraquecidos pela reação política geral do final dos anos 1790. Em 1811, a Nova União podia anunciar apenas 8 mil membros. Mas a sua existência pode levantar dúvidas sobre a tese de Halévy. Na época da morte de Wesley, estimava-se que as sociedades metodistas reuniam cerca de 80 mil pessoas. Mesmo supondo que cada um deles partilhasse dos princípios conservadores do seu fundador, seria insuficiente para deter uma onda revolucionária. De fato, o que quer que decidissem as Conferências Anuais, há evidências de que o vagalhão radical de 1792 e 1793 estendeu-se pela Dissidência de modo geral e na maioria das sociedades

[29] J. Blackwell, op. cit., p. 339; E. R. Taylor, op. cit., p. 85; J. Wray, "Facts Illustrative of Methodism in Leeds" (c. 1835), man. in Leeds Reference Library; J. U. Walker, *Wesleyan Methodism in Halifax*. Halifax: 1836, pp. 216-23.

metodistas. O prefeito de Liverpool parece ter sido perspicaz ao escrever para o Ministério do Interior em 1792:

> Em todos esses lugares só existem centros de reunião metodistas e de outras seitas e [...] assim a Juventude da Região está se educando sob a Instrução de um Conjunto de Homens não só Ignorantes, mas que acredito que temos Muita Razão em imaginar serem inimigos de Nossa Feliz Constituição.[30]

Foi nos anos contrarrevolucionários *após* 1795 que o metodismo realizou seu maior avanço entre o operariado e agiu de forma mais evidente como força social estabilizadora ou regressiva. Esvaziado, pela cisão kilhamista, dos seus elementos mais democráticos e intelectuais, e sujeito a formas mais rígidas de disciplina, ele aparece nesses anos quase como um novo fenômeno — e que pode ser visto como a consequência de uma reação política da qual foi em grande parte causador.

Durante todo o período da Revolução Industrial, o metodismo nunca superou essa tensão entre tendências democráticas e autoritárias. As primeiras eram sentidas mais intensamente nas seitas cindidas — a Nova União e, depois de 1806, os metodistas primitivos. Além disso, como observou dr. Hobsbawm, onde quer que se encontrasse o metodismo, ele desempenhava, com seu rompimento com a Igreja Anglicana, algumas das funções do anticlericalismo francês do século XIX.[31] Na vila mineira ou agrícola, a polarização entre capela e Igreja podia facilitar uma polarização com formas políticas ou industriais. Pareceu durante anos que se poderia conter a tensão; mas quando ela se rompeu, veio por vezes carregada de uma tal paixão moral — onde o velho Deus puritano das Batalhas novamente agitava

---

30 Citado em J. L. Hammond, *The Town Labourer*, 2ª ed. 1925, p. 270.

31 E. J. Hobsbawm, *Rebeldes Primitivos*. Rio de Janeiro: Zahar, 1978.

seus estandartes — raramente suscitada pelos líderes seculares. Enquanto Satanás se manteve indefinido e sem domicílio de classe estabelecido, o metodismo condenou a classe operária a uma espécie de guerra civil moral — entre a capela e o bar, os perversos e os redimidos, os perdidos e os salvos. Samuel Bamford contou em seus *Dias Iniciais* o zelo missionário com que ele e seus companheiros perambulavam, realizando reuniões de orações, por aldeias vizinhas, "onde Satanás ainda possuía muitos baluartes". "Esses rezadores eram considerados como outras tantas investidas contra 'os poderes do Príncipe dos Ares'." (Um zelo semelhante inspirou, do outro lado dos Peninos, o admirável hino: "Em Bradford igualmente te desprezam, onde Satanás tem sua morada.") Poucos anos depois, Cobbett ensinaria os tecelãos da alta Lancashire a procurar Satanás, não nas cervejarias de uma vila rival, mas na legalização de novos direitos de propriedade e na Antiga Corrupção. Foi uma rápida identificação entre o Demônio e lorde Liverpool e Oliver, o Espião, que levou os tecelãos a Peterloo.

Podem-se notar duas outras características da tradição dissidente. Nenhuma delas teve grande influência no século XVIII, ao passo que, após 1790, ambas assumiram grande relevância. Em primeiro lugar, há uma linha de continuidade nas ideias e experiências comunitaristas associadas aos quacres, *camisards* e particularmente aos moravianos. Foi em Bolton e Manchester que um fermento inicial num pequeno grupo de dissidentes quacres culminou na partida, em 1774, do "*Mother Ann*" com uma pequena leva de emigrantes, para fundar as primeiras comunidades *shakers* nos Estados Unidos; quarenta anos depois, Robert Owen encontraria estímulo no êxito dos *shakers*, cujas ideias foram por ele popularizadas em forma secular.[32] Os moravianos, a quem Wesley devera sua conversão, nunca foram

[32] W. H. G. Armytage, *Heavens Below*, v. 1. 1961, cap. 3 e 5.

plenamente reconhecidos na Inglaterra no século XVIII. Embora muitos ingleses integrassem suas comunidades em Fulneck (Putney), Dukinfield e Hairfield (perto de Manchester) e a congregação moraviana de Londres, as sociedades permaneciam na dependência de pregadores e administradores alemães. Ainda que as primeiras sociedades metodistas tivessem surgido associadas à Irmandade Moraviana, esta se distinguia daquelas pelo seu "silêncio", sua recusa do "entusiasmo" e seus valores comunitários práticos; "o caráter calmo, suave, sóbrio, doce e sensível do serviço [em Fulneck] era tal que aparecia como uma espécie de censura à veemência, ao barulho e ao alvoroço de uma reunião revivalista [metodista]". A influência dos moravianos era tripla: em primeiro lugar, através de suas atividades educativas — Richard Oastler e James Montgomery (o poeta radical e o editor de *Íris*, em Sheffield) foram educados em Fulneck; em segundo, através do evidente êxito de suas comunidades que, ao lado das dos *shakers*, eram frequentemente citadas pelos primeiros owenistas do século XIX; em terceiro, através da perpetuação no interior das sociedades metodistas — muito depois de Wesley desautorizar a ligação com os moravianos — do anseio por ideais comunitários, expressos na linguagem de "irmãos" e "irmãs".[33]

A tradição comunitária encontrava-se por vezes associada a uma outra tradição subterrânea, a do milenarismo. Os adeptos mais extremados da Revolução Inglesa — *ranters* e homens da Quinta Monarquia — nunca desapareceram totalmente, com suas interpretações literais do Livro da Revelação e suas antecipações de uma Nova Jerusalém descida do céu. Os muggletonianos (seguidores de Ludovic Muggleton), no final do século XVIII, ainda pregavam pelos campos e parques de Londres. A

---

[33] Ver C. W. Towlson, *Moravian and Methodist*, 1957; Armytage, op. cit., v. 1, cap. 6; J. Lawson, *Letters to the Young on Progress in Pudsey*. Stanningley: 1887, cap. 15; C. Driver, *Tory Radical*. Oxford: 1946, pp. 15-7.

sociedade de Bolton, de onde se originaram os *shakers*, era presidida pela Mãe Jane Wardley, que percorria a sala de culto "com um violento tremor", declamando:

> Arrependei-vos. Pois o Reino de Deus está próximo. O novo céu e a nova terra profetizados pelos antigos estão por chegar. [...] E, quando Cristo surgir novamente, e a verdadeira Igreja ascender em glória plena e transcendente, então todos os nomes anticristãos — os padres, a Igreja, o papa — serão varridos.[34]

Qualquer acontecimento dramático, como o terremoto de Lisboa em 1775, despertava expectativas apocalípticas. Havia, na verdade, uma instabilidade milenarista no cerne do próprio metodismo. Wesley, que era crédulo a ponto de acreditar em bruxas, possessão demoníaca e bibliomancia (ou procura de orientação em trechos da Bíblia abertos ao acaso), às vezes formulava premonições a respeito da iminência do Dia do Juízo Final. Um dos primeiros hinos dos Wesleys emprega a habitual imagística milenarista:

> Constrói aqui Teu tabernáculo,
> Envia a *Nova Jerusalém*,
> Aparece Tu entre Teus santos,
> E senta-nos em Teu deslumbrante trono.
> Inicia o grande dia do milênio;
> Agora, Salvador, com um clamor desce,
> Teu estandarte nos céus desdobra;
> E traz a alegria que jamais terá fim.

Mesmo que se desestimulasse a crença literal no milênio, a forma apocalíptica dos encontros revivalistas metodistas infla-

---

[34] E. D. Andrews, *The People Called Shakers*. Nova York: 1953, p. 6.

mava a imaginação e preparava o caminho para a aceitação de profetas quiliásticos após 1790. Em Londres, Bristol e Birmingham, pequenas congregações da Igreja Swedenborguiana da Nova Jerusalém preparavam alguns artesãos para crenças milenaristas mais místicas e intelectuais.[35]

Embora historiadores e sociólogos tenham recentemente se dedicado com maior atenção aos movimentos e fantasias milenaristas, o seu significado se mantém parcialmente obscurecido pela tendência de discuti-los em termos de desajuste e "paranoia". Assim, o professor Cohn, em seu interessante estudo sobre *A Busca do Milênio*, é capaz — com uma seleção um tanto sensacionalista das evidências — de proceder a generalizações quanto à noção paranoica e megalomaníaca de "o Eleito" e ao "sentido de realidade cronicamente deteriorado" dos "movimentos quiliasticamente inspirados". Quando os movimentos messiânicos obtêm respaldo de massa:

> é como se unidades de paranoia até então dispersas pela população se aglutinassem para formar uma nova entidade: um fanatismo paranoico coletivo.[36]

Pode-se duvidar de tal processo de "aglutinação". Dado tal fenômeno, porém, permanece o problema histórico: por que descontentamentos, aspirações ou mesmo desordens psicóticas "se aglutinam" em movimentos influentes apenas em certas épocas e em formas particulares?

[35] Para o wesleyanismo, ver Southey, op. cit., p. 367; Joseph Nightingale, *Portraiture of Methodism*. 1807, p. 443 ss; J. E. Rattenbury, *The Eucharistic Hymns of John and Charles Wesley*. Londres: Epworth Press, 1948, p. 249. Para o swedenborguismo, Bogue e Bennett, op. cit., v. 4, pp. 126-34; R. Southey, *Letter from England*, v. 3. 1808, p. 113 ss. Sobre o fim do milenarismo do século XVII, ver Christopher Hill, "John Mason and the End of the World", in *Puritanism and Revolution*. 1958. Para algumas indicações sobre a tradução do século XVIII, ver W. H. G. Armytage, op. cit., v. 1, cap. 4.

[36] N. Cohn, *The Pursuit of the Millennium*. 1957, p. 312.

Não podemos confundir puras "anomalias" e aberrações fanáticas com a *imagística* — Babilônia, exílio no Egito, Cidade Celestial, luta contra Satanás — utilizada durante séculos por grupos minoritários para articular sua experiência e projetar suas aspirações. Além disso, a imagística extravagante usada por certos grupos nem sempre revela suas motivações objetivas e suas verdadeiras posições. É uma questão difícil; quando falamos em "imagística", entendemos muito mais que simples figuras de linguagem que "revestem" motivos ocultos. A imagística é, em si mesma, uma evidência de fortes motivações subjetivas, tão "reais" e eficazes quanto as objetivas, como vemos reiteradamente na história do puritanismo em sua ação histórica. É o sinal de como os homens sentiam e esperavam, amavam e odiavam, e como preservaram certos valores na própria textura de sua linguagem. Mas só porque a imagística luxuriante aponta por vezes para objetivos claramente ilusórios, isso não significa que possamos levianamente concluir que ela indica um "sentido de realidade cronicamente deteriorado". Além disso, uma abjeta "adaptação" ao sofrimento e à miséria pode às vezes indicar um sentido de realidade tão deteriorado quanto o do quiliasta. Onde quer que encontremos tal fenômeno, devemos tentar distinguir entre a energia psíquica armazenada — e liberada — na linguagem, ainda que apocalíptica, e a verdadeira desordem psicótica.

Ao longo de toda a Revolução Industrial, podemos ver essa tensão entre o "reino exterior" e o "reino interior" na Dissidência dos pobres, com o quiliasmo de um lado, e o quietismo de outro. Por várias gerações, a educação mais usualmente acessível vinha do púlpito e da Escola Dominical, do Velho Testamento e do *Progresso do Peregrino*. Entre essa imagística e a experiência social havia um intercâmbio contínuo — um diálogo entre atitudes e realidade que era às vezes frutífero, às vezes árido, às vezes masoquista, mas raramente "paranoico". A história do metodismo sugere que as deformações mórbidas da "sublimação" são as aberrações mais comuns dos pobres em períodos de reação social; ao passo que as fantasias paranoicas pertencem a períodos de liberação de entusiasmos revolucionários. Uma das primeiras consequências da Revolução Francesa foi a eclosão, com força inesperada, da corrente milenarista, por tanto tempo subterrânea:

> Para o verdadeiro quiliasta, o presente se torna a brecha por onde o que antes estava no interior irrompe bruscamente, apossa-se do mundo exterior e o transforma.[37]

Imagem e realidade novamente se confundiam. O sopro do quiliasmo tocou Blake: circulou amplamente, não só entre os jacobinos e dissidentes da Londres dos artesãos, mas também nas vilas mineiras e têxteis das Midlands e do norte, e nas vilas do sudoeste.

Mas para a maioria das mentes estabeleceu-se um equilíbrio entre a experiência externa e o reino interior, intocável pelos Poderes do Mundo e abastecido pela linguagem evocativa do Antigo Testamento. Thomas Hardy era um homem sóbrio, ainda que prosaico, com uma atenção meticulosa para os detalhes práticos de organização. Mas, ao recordar seu próprio julgamento por alta traição, deve ter lhe parecido a coisa mais natural do mundo que buscasse no Livro dos Reis a linguagem compreensível para o mais simples dos ingleses:

> O povo disse "que porção temos em Davi? Sequer temos herança no filho de Jessé. Para tuas tendas, ó Israel. [...] Assim Israel se rebelou contra a Casa de Davi até nossos dias".

É impossível oferecer um resumo fácil da tradição dissidente, que foi um dos elementos precipitados pela agitação jacobina

---

[37] Karl Mannheim, *Ideology and Utopie*. 1960, p. 193.

inglesa. É a sua diversidade que desafia qualquer generalização, e é ela a sua mais importante característica. Na complexidade de seitas concorrentes e capelas divididas temos o viveiro para as variantes da cultura operária do século XIX. Eis unitaristas ou independentes, com um pequeno, mas influente, conjunto de seguidores artesãos, educados numa árdua tradição intelectual. Há os sandemanianos, entre os quais foi ministro o pai de William Godwin; os moravianos com sua herança comunitária; os inghamitas, os muggletonianos, a seita swedenborguiana criada numa barbearia próxima a Cold Bath Fields, e que editava um *Magazine do Céu e do Inferno*. Há os dois ministros antigos dissidentes, que Hazlitt viu a encherem seus cachimbos com folhas de framboesas, na esperança de derrubarem a Velha Corrupção com o boicote a todos os artigos taxados. Há os imigrantes calvinistas metodistas de Gales, e os imigrantes criados nas seitas conventistas da Escócia — Alexander Somerville, que se tornou um famoso publicista contra a Lei do Trigo, fora educado como estrito antiburguês numa família de trabalhadores rurais de Berwickshire. Há o impressor Zachariah Coleman, o herói belamente recriado em *A Revolução em Tanner's Lane*, com seus retratos de Burdett, Cartwright e Bunyan de Sadler na parede: "ele não era um *ranter* ou um revivalista, mas o que se chamava um calvinista moderado; quer dizer, aderia ao calvinismo como seu credo indubitável, mas o modificava quando se tratava de pô-lo em prática." E há curiosas sociedades, como os antigos deístas de Hoxton, que falavam de sonhos e (como Blake) conversas com anjos e almas do além, e que (como Blake) "quase imediatamente se entregaram ao impulso mais forte da Revolução Francesa" e se tornaram "políticos".[38]

A liberdade de consciência era o único grande valor que o povo comum preservara da *Commonwealth* de Cromwell. O

[38] W. H. Reid, op. cit., p. 90.

campo era governado pela pequena nobreza, as cidades por corporações corruptas, a nação pela mais corrupta corporação de todas: mas a capela, a taberna e o lar eram seus. Nos locais de adoração "sem campanários", havia espaço para uma vida intelectual livre e para experiências democráticas com "número ilimitado de membros". Contra o pano de fundo da Dissidência londrina, com sua franja de deístas e místicos exaltados, William Blake não mais se apresenta como aquele gênio inculto e excêntrico que deve parecer àqueles que conhecem apenas a cultura refinada da época.[39] Pelo contrário, ele é a voz original e autêntica de uma longa tradição popular. Se alguns dos jacobinos londrinos se mantiveram estranhamente imperturbáveis com a execução de Luís e Maria Antonieta, foi porque se lembravam de que seus próprios antepassados outrora executaram um rei. Ninguém que tivesse Bunyan nas veias estranharia muitos dos aforismas de Blake:

> O mais forte veneno já conhecido
> Veio de coroa de louros de César.

E muitos, como Blake, sentiam-se divididos entre um deísmo racional e os valores espirituais nutridos por um século no "reino interior". Quando, nos anos de repressão, foi publicada *A Idade da Razão*, de Paine, muitos devem ter concordado com a anotação de Blake, na última página do *Apologia da Bíblia*, do bispo de Llandaff, escrito em réplica a Paine: "Tenho a impressão agora de que Tom Paine é um melhor cristão do que o bispo."

---

[39] David V. Erdman, em seu *Blake, Prophet against Empire* (Princeton: 1954), ajudou-nos a ver Blake neste contexto e — assim fazendo — lançou muita luz sobre a vida intelectual da Londres jacobina. Ver também (sobre os antepassados muggletonianos e *ranting* de Blake) A. L. Morton, *The Everlasting Gospel: A Study in the Sources of William Blake*. Londres: Lawrence and Wishart, 1958.

Quando encaramos desta forma a Dissidência, vemo-la como uma tradição intelectual: desta tradição, saíram muitas ideias e homens originais. Mas não poderíamos afirmar que os "antigos dissidentes" estivessem todos dispostos a assumir o lado popular. Thomas Walker, o reformador de Manchester e, ele mesmo, um membro da Igreja, que trabalhou arduamente pela anulação das Leis de Critério e Corporações, desdenhava a timidez daqueles:

> Dissidentes [...] em conjunto têm se tornado insuficientes para seus próprios princípios; [...] por medo ou por algum outro motivo, eles têm sido os advogados tão vigorosos de uma Moderação Extremada que são mais inimigos do que amigos daqueles que mais se arriscaram e agiram em prol dos direitos do povo.[40]

Aqui vemos, talvez, uma tensão entre Londres e os centros industriais. Os dissidentes de Manchester, os membros da Antiga Assembleia de Birmingham ou da Grande Assembleia de Leicester incluíam alguns dos principais patrões do distrito. Sua adesão à liberdade civil e religiosa ia a par da sua adesão aos dogmas do livre-câmbio. Muito contribuíram — especialmente nas décadas de 1770 e 1780 — para formas de agitação extraparlamentar e política de grupos de pressão, antecipando o modelo da política de classe média do século XIX. Mas seu entusiasmo pela liberdade civil se dissipou com a publicação dos *Direitos do Homem*, e em muito poucos sobreviveu aos julgamentos e às perseguições do início dos anos 1790. Em Londres e em certas regiões das grandes cidades, muitos dos artesãos dissidentes, no mesmo período, passaram da Dissidência, através do deísmo, para uma ideologia secular. O "secularismo", escreveu dr. Hobsbawm,

---

40 T. Walker, *Review of Some Political Events in Manchester*. 1794, p. 125.

é a linha ideológica que unifica a história operária londrina, desde Place e os jacobinos londrinos, passando pelos owenistas e cooperativistas antirreligiosos, jornalistas e livreiros antirreligiosos, pelos radicais livres-pensadores que seguiam Holyoake e foram em massa para o Salão da Ciência de Bradlaugh, até a Federação Social Democrática e os fabianos londrinos, com sua aberta aversão à retórica de capela.[41]

Praticamente todos os teóricos do movimento operário se encontram nessa tradição londrina — ou outros, como Bray, o impressor de Leeds, são análogos aos operários qualificados de Londres.

Mas esse arrolamento revela uma dimensão ausente: a força moral dos ludditas, de Brandreth e do jovem Bamford, dos homens das Dez Horas, dos cartistas do norte e da I.L.P. Essa diferença nas tradições pode ser parcialmente rastreada até as formações religiosas do século XVIII. Quando adveio o ressurgimento democrático, nos últimos anos do século, a antiga Dissidência perdera muito das adesões populares, e os artesãos ainda ligados a ela estavam permeados pelos valores iluministas do interesse próprio, que levaram um homem como Francis Place a aceitar uma filosofia utilitarista limitada. Mas naquelas grandes áreas das províncias onde, na ausência da Dissidência, triunfou o metodismo, ele praticamente destruiu todos os elementos democráticos e antiautoritários da tradição mais antiga, interpondo entre o povo e sua herança revolucionária um emocionalismo imaturo, que serviu como auxiliar à Igreja Anglicana estabelecida. E, no entanto, o rebelde metodista vinha marcado por grande veemência e vigor morais. Sul e Norte, intelecto e entusiasmo, os argumentos do secularismo e a retórica do amor — a tensão se perpetua no século XIX. E cada tradição parece se enfraquecer sem o complemento da outra.

41 Hobsbawm, op. cit., p. 128.

# 3

# As fortalezas de Satanás

Mas e os habitantes das "fortalezas de Satanás", as "prostitutas, e taberneiros, e ladrões", por cujas almas os evangelistas se engalfinhavam? Se estamos interessados na transformação histórica, precisamos atentar para as minorias com linguagem articulada. Mas essas minorias surgem de uma maioria menos articulada, cuja consciência pode ser atualmente considerada "subpolítica" — composta por superstição ou irreligião passiva, preconceitos e patriotismo.

As maiorias sem linguagem articulada, por definição, deixam pouco registro de seus pensamentos. Apreendemos relances em momentos de crise, como nos Motins de Gordon, e ainda assim a crise não é uma condição típica. É tentador procurá-los nos arquivos criminais. Mas, antes disso, precisamos nos prevenir contra o pressuposto de que, no final do século XVIII, os "pobres de Cristo" podem se dividir entre, de um lado, pecadores penitentes e, de outro, assassinos, bêbados e ladrões.

É fácil traçar uma falsa divisão do povo na Revolução Industrial, entre os bons organizados ou que frequentam as capelas e os maus dissolutos, visto que as fontes, pelo menos por quatro direções, impelem-nos a essa conclusão. Os fatos, tais como estão disponíveis, foram muitas vezes apresentados de forma espetacular e organizados segundo propósitos pejorativos. Se formos dar crédito a um dos pesquisadores mais meticulosos, Patrick Colquhoun, havia, na virada do século e apenas na metrópole, 50 mil prostitutas, mais de 5 mil taberneiros e 10 mil ladrões; seus cálculos mais ampliados das classes criminosas, incluindo receptadores de propriedades roubadas, falsos moedeiros, jogadores, agentes lotéricos, lojistas fraudulentos, parasitas às margens do rio, e personalidades pitorescas como garotos da sarjeta, caçadores de brigas, marreteiros, marroquinos, cocheiros de ocasião, idiotas, açuladores de ursos, menestréis ambulantes, somam (com os grupos anteriores) 115 mil indivíduos, numa população metropolitana inferior a 1 milhão. Seu cálculo sobre as mesmas classes em todo o país — incluindo 1 milhão na receita da assistência paroquial — totaliza 1.320.716. Mas essas estimativas reúnem indiscriminadamente ciganos, vagabundos, desempregados, mascates e antepassados dos camelôs de Mayhew; ao passo que suas prostitutas, vistas mais de perto, vêm a ser "mulheres indecentes e imorais", incluindo "o prodigioso número entre as classes baixas de casais sem casamento" (e isso numa época em que o divórcio para os pobres era absolutamente impossível).[1]

As cifras são, então, estimativas impressionistas. Revelam tanto sobre o verdadeiro comportamento criminoso dos despossuídos quanto sobre a mentalidade das classes proprietárias (que supunham — não sem razão — que qualquer pessoa sem emprego estável e sem propriedade teria de se manter por meios ilícitos). E a data das pesquisas de Colquhoun é tão reveladora quanto suas conclusões, pois foram empreendidas na atmosfera de pânico que se seguiu à Revolução Francesa. Nas duas décadas anteriores, houvera um aumento significativo de preocupação humanitária entre classes superiores; podemos vê-lo no trabalho de Howard, Hanwey, Clarkson, sir Frederick Eden, e no interesse crescente pelas liberdades civis e religiosas entre a pequena nobreza rural e os comerciantes dissidentes. Mas "o

1 Patrick Colquhoun, *Treatise on the Police of the Metropolis*. 1797, pp. vii-xi; *Observations and Facts Relative to Public Houses*. 1796, Apêndice; *Treatise on Indigence*. 1806, pp. 38-43.

despertar das classes trabalhadoras, após os primeiros anos da Revolução Francesa, fez tremer as classes altas"; Frances Lady Shelley observou em seu *Diário*: "Cada um sentiu a necessidade de pôr sua casa em ordem [...]".[2]

Para ser mais preciso, a maioria dos homens e mulheres de posses sentiu a necessidade de pôr em ordem as casas dos pobres. As soluções propostas podiam variar, mas era basicamente o mesmo impulso que movia Colquhoun, com sua defesa de uma polícia mais eficiente, Hannah More, com seus folhetos de meio *penny* e Escolas Dominicais, os metodistas com sua ênfase renovada sobre a ordem e a submissão, a sociedade mais humana do bispo de Barrington para a Melhoria das Condições dos Pobres, William Wilberforce e dr. John Bowdler, com sua Sociedade para a Eliminação do Vício e Encorajamento da Religião. A mensagem para os pobres trabalhadores era simples, e foi resumida por Burke, no ano de fome de 1795: "Paciência, trabalho, sobriedade, frugalidade e religião é o que se deve recomendar a eles; tudo o mais é pura fraude." "Não conheço nada mais indicado para encher um país de bárbaros prontos para qualquer maldade", escreveu Arthur Young, o propagandista rural, "do que grandes terras comunais e serviços religiosos apenas uma vez por mês. [...] Os princípios franceses avançam tão lentamente a ponto de vocês lhes prestarem auxílio?".[3] A sensibilidade da classe média vitoriana foi cultivada nos anos 1790 pela pequena nobreza atemorizada que vira mineiros, oleiros e cuteleiros a ler *Direitos do Homem*, e seus pais adotivos foram Hannah More e William Wilberforce. Foi nessas décadas contrarrevolucionárias que a tradição humanitarista se deformou até se tornar irreconhecível. Os abusos nas prisões nos anos 1770 e 1780, expostos por Howard, mostraram-se reduzidos em compa-

[2] R. Edgcumbe (org.), *The Diary of Frances Lady Shelley, 1787-1817*. 1912, pp. 8-9.

[3] *General View of the Agriculture of the Country of Lincoln*. 1799, p. 439.

ração aos de 1790 e 1800; e sir Samuel Romilly, na primeira década do século XIX, considerava que seus esforços para reformar o direito penal haviam esbarrado em hostilidade e timidez; a Revolução Francesa provocara (lembrava ele) "entre as ordens mais elevadas [...] um horror a qualquer tipo de inovação". "Tudo repercutia e estava ligado à Revolução na França", rememorava lorde Cockburn (da sua juventude escocesa): "Tudo, não isso ou aquilo, mas literalmente tudo estava saturado deste único acontecimento." O manto de ambiguidade moral que se estendeu sobre a Grã-Bretanha naqueles anos enfureceu Blake:

> Por causa dos Opressores de Albion em cada Cidade e Vila [...]
> Eles obrigam o Pobre a viver de uma côdea de pão por artes suaves e manhosas:
> Reduzem o Homem à miséria, depois lhe dão com pompa e cerimônia:
> A prece de Jeová é cantada por lábios com fome e sede.[4]

Uma tal disposição por parte das classes proprietárias não levava (como vimos no caso de Colquhoun) a uma percepção social aguda. E reforçava a tendência natural das autoridades a considerar um incômodo as tabernas, feiras e quaisquer grandes concentrações de gente — fontes de ociosidade, rixas, sedição ou contágio. E essa disposição geral de "camuflar" as evidências, no final do século XVIII, era favorecida por três outras direções. Em primeiro lugar, temos as atitudes utilitárias da nova classe manufatureira, cuja necessidade de impor uma disciplina de trabalho nas cidades fabris tornou-a hostil a muitos divertimentos e frivolidades tradicionais. Em segundo lugar, há a própria pressão metodista, com sua procissão interminável de

[4] Ver também a análise desafiante de V. Kiernan, "Evangelicalism and the French Revolution". *Past and Present*, v. 1, fevereiro de 1952.

pecadores a bater no peito e torrenciais biografias confessionais na imprensa. "Pai Todo-Poderoso, por que suportaste tal rebelde?", indaga um desses penitentes, um marinheiro redimido. Em sua juventude dissoluta, ele:

> foi a corridas de cavalo, vigílias, bailes, feiras, frequentava a casa de jogos, e mais, tanto ele esquecera o temor a seu Criador e os conselhos de sua mãe que várias vezes se intoxicou com cerveja. Gostava de cantar canções profanas, contar piadas e fazer comentários jocosos e burlescos [...]

Como para o marinheiro comum:

> Sua música, seu copo cheio e sua namorada (talvez uma prostituta da rua) formam sua trinca de prazeres. Ele raramente pensa, quase nunca lê e nunca reza. [...] Fale a ele do chamado de Deus, ele lhe dirá que já ouve o suficiente o chamado do contramestre. [...] Se você fala do Céu, ele faz votos de conseguir um bom camarote lá em cima: é o inferno mencionado? Ele faz piadas quanto a ser posto sob uma escotilha.

"Ó meus filhos, que milagre que tal vítima do pecado possa se tornar um pregador da salvação!"[5]

Esse tipo de literatura deve ser exposta a uma luz satânica e lida às avessas para que percebamos o que o "Alegre Marinheiro" ou o aprendiz ou a moça de Sandgate pensava sobre a Autoridade e os pregadores metodistas. Do contrário, o historiador pode ser levado a julgar muito severamente o século XVIII, devido a algumas coisas que tornavam suportável a vida para a gente simples. E quando avaliamos o movi-

[5] Joshua Marsden, *Sketches of the Early Life of a Sailor* (Hull, s/d, 1812?); para uma visão diferente do marinheiro do século XVIII, ver R. B. Rose, "A Liverpool Sailor's Strike in the 18th Century". *Trans. Lancs. and Chesh. Antiq. Soc.*, 68, 1958.

mento operário em seus primórdios, esse tipo de evidência é complementado por uma terceira direção. Alguns dos primeiros líderes e cronistas do movimento eram trabalhadores autodidatas, que se sobressaíram por esforços de autodisciplina que lhes exigiam abandonar o despreocupado mundo da taberna. "Não posso, como muitos outros homens, ir a uma taberna", escreveu Francis Place. "Detesto tabernas e frequentadores de tabernas. Não consigo beber, não consigo conversar muito tempo com palermas."[6] As virtudes do autorrespeito muitas vezes traziam consigo as correspondentes atitudes estreitas — no caso de Place, levando-o a aceitar as doutrinas utilitaristas e malthusianas. E visto que Place foi o maior arquivista do movimento em seus primórdios, seu próprio horror à imprevidência, à ignorância e à licenciosidade dos pobres necessariamente tingiria os registros. Além disso, a luta dos reformadores era em prol do esclarecimento, da ordem e da sobriedade em suas próprias fileiras; tanto assim que Windham, em 1802, foi capaz de declarar com um certo colorido que os metodistas e jacobinos estavam unidos para destruir os divertimentos do povo:

> Quanto aos primeiros [...] tudo o que era alegre devia ser proibido, para preparar o povo para a aceitação de suas doutrinas fanáticas. Quanto aos jacobinos, por outro lado, era uma questão de grande importância pôr à disposição das ordens inferiores um caráter de maior seriedade e gravidade, como meio para facilitar a aceitação de seus princípios.[7]

---

[6] Graham Wallas, *Life of Francis Place*. 1918, p. 195.

[7] Windham falava num debate sobre o jogo de açulamento de cães contra touros (*bull-baiting*), e não há dúvida de que, quanto a isso, metodistas e jacobinos estavam unidos. Ver L. Radzinowicz, *History of the English Criminal Law*, v. 3. 1948-1956, pp. 285-6.

Os que pretenderam enfatizar os antecedentes constitucionais sóbrios do movimento operário por vezes minimizaram seus traços mais robustos e desordeiros. O que podemos fazer é ter em mente a advertência. Precisamos de mais estudos sobre as atitudes sociais de criminosos, soldados e marinheiros, e sobre a vida de taberna; e deveríamos olhar as evidências, não com olhos moralizadores (nem sempre os "pobres de Cristo" eram agradáveis), mas com olhos para os valores brechtianos — o fatalismo, a ironia em face das homilias do *Establishment*, a tenacidade da autopreservação. E devemos também lembrar o "submundo" do cantor de baladas e das feiras que transmitiu tradições para o século XIX (até o *music-hall*, a cultura de circo de Dickens ou os contadores de história e animadores de Hardy); pois dessa forma os "sem linguagem articulada" conservaram certos valores — espontaneidade, capacidade para a diversão e lealdade mútua —, apesar das pressões inibidoras de magistrados, usineiros e metodistas.

Podemos isolar duas maneiras pelas quais essas tradições "subpolíticas" afetam o movimento operário inicial: os fenômenos do motim e da turba, e as noções populares de um "direito de nascimento" do inglês. Quanto aos primeiros, devemos compreender que sempre persistiram atitudes populares em relação ao crime, chegando por vezes a constituir um código não escrito totalmente diferente das leis do país. Certos crimes eram condenados por ambos os códigos: um assassino de mulheres ou crianças seria lapidado e execrado a caminho de Tyburn. Os salteadores e piratas pertenciam às baladas populares, em parte como mito heroico, em parte como advertência aos jovens. Mas outros crimes eram ativamente perdoados por comunidades inteiras: a cunhagem de moedas falsas, a caça e a pesca ilícitas, a sonegação de taxas (o imposto de janela e dízimos) ou impostos de consumo, a fuga ao recrutamento. Comunidades contrabandistas viviam num estado de guerra constante contra as autoridades, e suas normas não escritas eram compreendidas por ambos os lados; as autoridades podiam apreender um barco ou dar uma batida na aldeia, e os contrabandistas podiam resistir à prisão — "mas não fazia parte das táticas contrabandistas levar a guerra além da defesa, ou por vezes de um resgate, devido às medidas de retaliação que seguramente se seguiriam [...]".[8] Por outro lado, outros crimes que eram comumente cometidos, e no entanto afetavam a subsistência de determinadas comunidades — roubo de ovelhas ou de roupas em varais ao ar livre —, suscitavam a condenação popular.[9]

Esta distinção entre o código legal e o código popular não escrito é um lugar-comum em qualquer época. Mas raramente os dois códigos se distinguiram um do outro de forma mais aguda do que na segunda metade do século XVIII. Podem-se mesmo considerar esses anos como uma época em que a luta de classes era travada, de um lado, em termos da praça de execução de Tyburn, das masmorras e das casas de correção; de outro lado, o crime, o distúrbio e a ação turbulenta. As pesquisas do professor Radzinowicz, na *História do Direito Penal Inglês*, acrescentaram uma enorme quantidade de evidências ao quadro há muito familiar de Goldsmith:

> Cada juiz devasso escreve novos estatutos penais,
> As leis moem os pobres, e os ricos governam a lei [...]

Não era (e essa é uma ressalva importante) o juiz, mas sim a legislatura a responsável pela aprovação cada vez mais frequente de penas capitais para os crimes contra a propriedade: nos anos entre a Restauração e a morte de Jorge III, o número de delitos capitais subiu para 190 — mais que um por ano: soma-

8 Sargento Paul Swanston, *Memoirs of a Soldier's Life*. s/d.

9 Para uma visão das tradições não escritas dos deportados, ver Russel Ward, *The Australian Legend*. Melbourne: 1958, cap. 2.

ram-se 63 deles entre 1760 e 1810. Punia-se com a morte não só o pequeno roubo, mas as formas primitivas de rebelião industrial — a destruição de um tear de seda, a derrubada de cercas quando se deu o fechamento das terras comunais, o incêndio de moendas de trigo. É verdade que a força policial era totalmente inadequada e muito casual a aplicação da "justiça". É verdade também que, nos últimos anos do século XVIII, quando se multiplicaram os delitos capitais, alguns júris relutavam em condená-los, e caiu a proporção de delinquentes condenados realmente executados.[10] Mas a sentença de morte, caso adiada, era em geral comutada pelo degredo ou pela terrível morte em vida nas masmorras. A procissão até Tyburn (posteriormente, até o patíbulo fora de Newgate) era um cerimonial fundamental na Londres do século XVIII. Os condenados nas carroças — os homens em trajes vistosos, as mulheres de branco, com cestos de flores e laranjas que atiravam à multidão —, os cantores de baladas e vendedores ambulantes, com suas "últimas palavras" (que eram vendidas antes mesmo que as vítimas tivessem dado o sinal, deixando cair o lenço, para que o carrasco executasse seu serviço): todo o simbolismo da "Feira de Tyburn" era um ritual no coração da cultura popular de Londres.

A expansão comercial, o movimento de fechamento das terras comunais, os anos iniciais da Revolução Industrial — tudo ocorreu à sombra da forca. Os escravos brancos deixavam nos-

[10] Ver Radzinowicz, op. cit., v. 1, partes 1 e 2. Dr. Radzinowicz mostra que, dos 527 condenados à morte em Londres e Middlesex entre 1749 e 1758, foram executados 365; ao passo que, em 1790-1799, foram condenados 745 e executados apenas 220. Assim, a proporção entre executados e condenados caiu aproximadamente de 2/3 para 1/3; e continuou a cair nos anos 1800. Por outro lado, a maioria das execuções se devia a delitos contra a propriedade; e.g., das 97 execuções em Londres e Middlesex em 1785, apenas uma era por assassinato, 43 por arrombamento e as restantes por crimes contra a propriedade (falsificação, roubo de cavalos etc.). Ele conclui que essas cifras indicam tendências nacionais, e que "em 1785 a pena de morte foi infligida quase exclusivamente a crimes econômicos".

sas costas para as plantações americanas e depois para a Terra de Van Dieman, enquanto Bristol e Liverpool enriqueciam com os lucros da escravidão branca; e os proprietários de escravos das plantações das Índias Ocidentais transplantavam sua riqueza para antigas linhagens genealógicas no mercado casamenteiro de Bath. Não é um quadro agradável. Nas profundezas, policiais e carcereiros apascentavam nos pastos do crime: o pagamento por assassinatos de encomenda, o dinheiro embargado pela justiça, o comércio de álcool para suas vítimas. O sistema de recompensas proporcionais à gravidade do crime, oferecidas pela captura de ladrões, incitava-os a aumentar o delito dos acusados. Os pobres perdiam seus direitos na terra e eram tentados ao crime pela sua pobreza e pelas medidas preventivas inadequadas; o pequeno comerciante ou mestre de ofícios era tentado à falsificação ou a transações ilícitas, por temor à prisão por dívidas. Quando não se podia provar o crime, as Justiças de Paz tinham amplos poderes para enviar o vagabundo, o malandro incorrigível ou a mãe solteira para a prisão (ou "casa de correção") — esses lugares terríveis, empesteados, dirigidos por funcionários corruptos, cujas condições chocaram John Howard, mais do que as piores prisões. A maior ofensa contra a propriedade era não ter propriedade.

A lei era odiada, mas também desprezada. Só o mais empedernido criminoso era tão odiado pelo povo quanto o informante que enviava os homens para a forca. E o movimento de resistência às leis de propriedade tomava a forma, não só de atos criminosos individuais, mas também de ações insurrecionais esporádicas e fragmentárias, onde o número de pessoas garantia uma certa imunidade. Quando Wyvill advertiu o comandante Cartwright sobre a "ação selvagem" da "gentalha furiosa e sem lei", não se referia a objeções imaginárias. O povo inglês era conhecido por toda a Europa pela sua turbulência, e o povo de Londres assustava visitantes estrangeiros pela sua falta de respeito. O século XVIII e o início do século XIX são pontuados por motins ocasionados pelos preços do pão, pelos pedágios e portagens, impostos de consumo, "resgates", greves, nova maquinaria, fechamento das terras comunais, recrutamentos e uma série de outras injustiças. A ação direta sobre injustiças particulares, de um lado, emerge nos grandes levantes políticos da "turba" — a agitação de Wilkes nos anos 1760 e 1770, os Motins de Gordon (1780), os tumultos com apupos ao rei nas ruas de Londres (1795 e 1820), os Motins de Bristol (1831) e os Motins de Buli Ring em Birmingham (1839). Por outro lado, a ação direta emerge com formas organizadas de ação ilegal contínua ou de semi-insurreição — o luddismo (1811-13), os Motins de East Anglian (1816), a "Revolta do Último Trabalhador" (1830), os Motins de Rebecca (1839 e 1842) e os Motins de Plug (1842).

Observaremos mais detidamente essa segunda forma, semi-insurrecional, quando abordarmos o luddismo. Era uma forma de ação direta nascida sob condições específicas, muitas vezes altamente organizada e com a proteção da comunidade local, e em relação à qual devemos ser cuidadosos no momento das generalizações. Apenas agora a primeira forma vem começando a receber a atenção dos historiadores. Dr. Rudé, em seu estudo sobre *A Multidão na Revolução Francesa*, sugere que "o termo turbas (*mobs*), no sentido de bandos a soldo agindo a favor de interesses externos [...] deveria ser invocado com muita prudência e apenas quando justificado pela ocasião específica". Os historiadores têm usado o termo demasiado desleixadamente, para escapar a análises ulteriores, ou ainda numa atitude preconceituosa, sugerindo elementos criminosos motivados pela ânsia de saques. E dr. Rudé sugere que o termo "multidão revolucionária" pode ser mais útil nas discussões sobre os motins no final do século XVIII, tanto na Inglaterra como na França revolucionária.

A distinção é pertinente. Na Inglaterra do século XVIII, as ações turbulentas assumiam duas formas diferentes: a de uma ação direta popular mais ou menos espontânea, e a da utilização deliberada da multidão como instrumento de pressão, por pessoas "acima" ou à parte da multidão. A primeira forma não recebeu a atenção que merece. Ela se baseava em bases populares mais articuladas e era legitimada por tradições mais sofisticadas do que sugere a palavra "motim". O exemplo mais comum é o levante pelo pão ou pelo alimento, e podem-se encontrar repetidos casos em quase todas as cidades e distritos até os anos 1840.[11] Raramente era uma mera gritaria que culminava no arrombamento de celeiros ou no saque de lojas. Ele vinha legitimado pelos pressupostos de uma economia moral mais antiga, que ensinava ser imoral qualquer método desonesto de aumentar o preço dos alimentos, para se aproveitar das necessidades do povo.

Tanto nas comunidades rurais, como nas urbanas, uma consciência de consumidor precedeu outras formas de antagonismo político ou industrial. O indicador mais sensível do descontentamento popular era, não o salário, mas o preço do pão. Os artesãos, os artífices por conta própria ou grupos como os mineiros de estanho de Cornish (onde as tradições do mineiro "livre" coloriam e davam o tom a suas reações até o século XIX)[12] consideravam seus salários regulados pelo costume ou pelo seu poder de barganha. Esperavam comprar suas provisões no mercado livre, e mesmo em tempos de escassez esperavam preços também regulados pelo costume. (As "leis" divinas da oferta e da procura, segundo as quais a escassez necessariamente levava à alta de preços, não conseguiram de jeito nenhum ser aceitas

[11] Sobre a incidência de motins, ver R. F. W. Wearmouth, *Methodism and the Common People of the Eighteenth Century*. 1946.

[12] Os trabalhadores da empreitada de Cornish trabalhavam com contrato direto, sendo que uma minoria, ainda no final do século XVIII, alternava seu serviço com a pesca de sardinhas, hortas (como alguns mineiros de chumbo em Yorkshire) etc.; ver J. Rowe, *Cornwall in the Age of the Industrial Revolution*. Liverpool: 1953, cap. 4.

pela mente popular, onde ainda persistiam noções mais antigas de barganha direta.) Qualquer aumento agudo nos preços provocava um motim. O "Tribunal do Pão" regulava, por meio de um intrincado tecido de legislação e costumes, seu tamanho e sua qualidade.[13] Mesmo a tentativa de impor a medida padrão de Winchester para a venda de trigo, contra algumas medidas consuetudinárias, podia desembocar em motins. Quando a Sociedade Agrícola de Devon no Norte impôs o alqueire padrão Winchester no mercado de Bidefort, em 1812, um dos seus dirigentes recebeu uma carta de gelar o sangue:

> [...] As noites de inverno não passarão sem que você não chegue vivo em casa — ou se você conseguir escapar da mão que move esta pena, um outro semelhante realizará uma igual execução. Sua família eu não sei, mas o conjunto será envolto em chamas, sua carcaça, se é que será encontrada, será dada aos cães, se é que ela contém qualquer coisa para os animais a devorarem [...][14]

Os motins por alimentos às vezes eram tumultuados, como o "Grande Motim do Queijo" na Feira do Ganso em Nottingham, em 1764, quando queijos inteiros rolaram pelas ruas; ou o motim na mesma cidade, em 1788, provocado pelo alto preço da carne, quando as portas e venezianas dos açougues foram arrancadas e incendiadas, juntamente com os livros de contas dos açougueiros, na praça do mercado.[15] Mas mesmo essa violência mostra um motivo mais complexo que a fome: os varejistas eram punidos pelos seus preços e pela má qualidade da carne. No mais das vezes, as "turbas" mostravam autodisciplina, com

---

13 Sobre essa complexa posição, ver C. R. Fay, *The Corn Laws and Social England*. Cambridge: 1932, cap. 4.

14 Anexo de "Thomas Certain", in *Skurray para o Ministério do Interior*. 25 de março de 1812, H. O., pp. 42-121.

15 J. Blackner, *History of Nottingham*. Nottingham: 1815, pp. 383-4.

um modelo habitual de comportamento. Talvez a única ocasião na sua vida em que John Wesley elogiou uma ação desordeira foi quando registrou em seu diário as ações de uma turba em James Town, na Irlanda; a turba

> estivera em atividade durante todo o dia; mas sua preocupação era apenas com os açambarcadores do mercado, que tinham comprado trigo em toda parte, para matar de fome os pobres e carregar um navio holandês, que estava no cais; mas a turba trouxe-o todo de volta para o mercado e vendeu-o pelos comerciantes ao preço comum. E isso fizeram com toda a calma e compostura imagináveis, sem atacar nem ferir ninguém.

Em Honiton, em 1766, rendeiros se apossaram do trigo nas terras dos agricultores, levaram-no para o mercado, venderam-no, e entregaram o dinheiro e até os sacos para os proprietários.[16] No mesmo ano, no vale do Tâmisa, as vilas e cidades (Abingdon, Newbury, Maidstone) foram visitadas por grandes grupos de trabalhadores, que se autodenominavam "os Reguladores", impondo um preço popular a todos os alimentos. (A ação começara com turmas de homens que trabalhavam na estrada geral e que diziam numa única voz: "Vamos todos como um só homem a Newbury para conseguir pão mais barato.")[17] Um exemplo de Halifax, em 1783, repete o mesmo modelo de intimidação de massa e autodisciplina. A multidão ia se formando nas vilas têxteis nos arredores da cidade, e descia até a praça do mercado, seguindo uma certa ordem (com formação a dois), encabeçada por um ex-soldado e moedeiro, Thomas Spencer. Os cerealistas foram cercados e obrigados a vender a aveia por trinta xelins a carga, e o trigo a 21. Quando, posteriormente,

---

16 Ver R. B. Rose, "18th Century Price-Riots, the French Revolution, and the Jacobin Maximum". *International Review of Social History*, 4, 1959, p. 435.

17 T. S. 11.3707.

Spencer e um companheiro de motins foram executados, foi destacada uma grande força militar, na expectativa de uma tentativa de resgate; o carro funerário subiu o vale de Calder até a vila onde morava Spencer, seguindo uma estrada por muitos quilômetros apinhada de gente em luto e pranto.[18]

Tais "motins" eram tidos pelo povo como atos de justiça, e seus líderes considerados heróis. Na maioria dos casos, culminavam na venda imposta de alimentos ao preço popular ou costumeiro, análogo à "*taxation populaire*" francesa,[19] e o dinheiro apurado era entregue aos proprietários. Além disso, exigiam maior preparo e organização do que pode parecer à primeira vista; às vezes, a "turba" controlava a praça do mercado durante vários dias, esperando abaixar os preços; às vezes, as ações eram precedidas por panfletos manuscritos (e, nos anos 1790, impressos); às vezes, as mulheres controlavam a praça, enquanto grupos de homens interceptavam o cereal nas estradas, nas docas, nos rios; muitas vezes, o sinal de ação era dado por um homem ou uma mulher que passava levantando um pão enfeitado com fitas pretas e um *slogan* inscrito. Uma ação em Nottingham, em setembro de 1812, começou com várias mulheres

> cravando um pão de meio *penny* na ponta de uma vara de pesca, depois de tê-lo pintado com riscas vermelhas, amarrando em volta dele uma fita de crepe negro, símbolo da "fome sangrenta engalanada de luto em Sackecloth".[20]

O ano propício para tais "motins" foi 1795, um ano de fome e extrema escassez na Europa, quando a tradição popular mais antiga se cruzou com a consciência jacobina de uma minoria. Quando subiram os preços, a ação direta se espalhou por todo

---

18 H. Ling Roth, *The Yorkshire Coiners*. Halifax: 1906, p. 108.

19 Ver R. B. Rose, op. cit.

20 J. F. Sutton, *The Date-Book of Nottingham*. Nottingham: 1808, p. 286.

o país. Em Nottingham, as mulheres "iam de uma padaria a outra, estabeleciam seus próprios preços para as mercadorias e, entregando o dinheiro, levavam os produtos". O prefeito de Gloucester escreveu angustiado:

> Tenho fortes motivos para ficar apreensivo com uma visita dos mineiros na floresta de Dean, que por alguns dias estiveram rodeando pelas cidades das suas vizinhanças, e vendendo a farinha, trigo e pão que pertenciam aos moleiros e padeiros, a um preço reduzido.

Em Newcastle, a multidão impôs a venda de manteiga a oito *pennies* a libra, trigo a doze xelins a bacia, e batatas a cinco xelins a carga, na presença dos funcionários da cidade: não se cometeu nenhuma violência. Em Wisbech, os *bankers* ("um conjunto violentíssimo de homens, cujo número os faz formidáveis") — bandos de trabalhadores rurais empregados na escavação de valas, no levantamento de cercas etc. — dirigiram um motim no mercado, encabeçados por um homem com um pão de seis *pennies* num forcado. Em Carlisle, descobriu-se trigo escondido num armazém, que foi então levado, juntamente com a carga de um navio, para Town Hall, e lá vendido a dezoito xelins a carga. Em Cornwall, os mineiros de estanho se alastraram pelas fazendas, impondo suas "Leis do Máximo".[21]

Ações de tal envergadura (e houve muitas outras) indicam um modelo de comportamento e crença com raízes extraordinariamente profundas. Além disso, eram tão amplas que o Conselho Privado (largamente preocupado com o problema do abaste-

---

[21] Nottingham, J. F. Sutton, op. cit., p. 207; Gloucester, Wisbech e Carlisle: H. O. 42.35; Newcastle, E. Mackenzie, *Descriptive and Historical Account of Newcastle-upon-Tyne*. Newcastle: 1827, p. 72; Cornwall, Rowe, op. cit., pp. 104-5, e, para ações posteriores, pp. 142, 158-62, 181-4. Ver também W. P. Hall, *British Radicalism, 1791-1797*. Nova York: 1912, pp. 202-15.

cimento de trigo entre maio e dezembro de 1795) dificilmente conseguia assegurar o transporte de suprimentos de um distrito a outro. Entre campo e cidade surgia algo parecido com uma guerra. O povo dos distritos rurais acreditava que seu trigo seria enviado para as cidades, enquanto eles ficariam a morrer de fome. Os agricultores recusavam-se a enviar o cereal para o mercado, temendo que fosse vendido a preço popular. Nos portos, os navios de cereais estavam paralisados, pois o povo acreditava que os aduaneiros iam enviá-los para o exterior. Os magistrados eram coniventes com a retenção do trigo em seus distritos. Em Witney, "os habitantes [...] apreenderam um pouco de trigo que estava para ser enviado fora da região, trouxeram-no de volta e o venderam a preço baixo". Carregamentos de trigo eram detidos em Cambridge, e vendidos no mercado. Em West Riding, turbas detiveram e apreenderam barcaças no Calder e no Aire. Em Burford, o povo impediu a saída de um carregamento de trigo e vendeu-o a oito xelins o alqueire; um magistrado temia que o povo de Birmingham investisse e atacasse Burford. Em Wells, "muitíssimas mulheres" detiveram navios de cereais com destino a Londres.[22]

Essas ações populares eram legitimadas pela antiga economia moral paternalista. Embora no final do século XVIII, a velha legislação contra açambarcadores e monopolistas tivesse sido em grande parte anulada ou revogada, ela se mantinha com inalterado vigor tanto na tradição popular como nas mentes de alguns liberais paternalistas, incluindo gente como o lorde supremo da Justiça (Kenyon) que, em 1795, declarou a sua opinião de que o açambarcamento e o monopólio continuavam a ser delitos, segundo o direito costumeiro.[23] Na mente popular, esses delitos compreendiam qualquer especulação calculada

[22] P. C. A. 56/8; H. O. 42.35/7.

[23] Os estatutos antigos foram anulados em 1772 e 1791, mas para a complexa situação que existia nos anos 1790, ver Fay, op. cit., cap. 4, e D. G. Barnes, *History of the English Corn Laws*. 1930, cap. 5.

para aumentar o preço dos alimentos, em particular as atividades dos agentes comerciais, usineiros, padeiros e todos os intermediários. "Aqueles Vilões Cruéis os Moleiros Padeiros etc. Vendedores de Farinha sobe a Farinha com Combinação entre eles ao preço que querem para provocar uma Fome Artificial numa Terra de fartura" — assim diz um panfleto de Retford, em 1795. "Os corretores de trigo e o tipo de gente que chamamos de revendedores e traficantes que pegaram o trigo em suas mãos e subiram e venderam para os pobres ao preço deles" — assim diz uma petição de alguns trabalhadores em Leeds.[24] Acreditava-se que os grandes moleiros retinham o cereal a fim de elevar o preço; em Birmingham, em Snow Hill, um grande moinho de farinha, movido a vapor, foi atacado em 1795, ao passo que os grandes Moinhos Albion, de Londres, foram incendiados por duas vezes. Na primeira vez, falou-se de incêndio provocado, pois os Moinhos tinham fama de adulterar sua farinha; as pessoas se comportaram como "espectadores satisfeitos", e "imediatamente foram compostas e cantadas baladas de regozijo". Na segunda vez, em 1811, "o populacho se regozijou com o alastramento do incêndio".[25]

Assim, os últimos anos do século XVIII presenciaram um esforço desesperado do povo para reimpor a economia moral mais antiga, em detrimento da economia livre de mercado. Nisso receberam algum apoio de Justiças de Paz à antiga, que ameaçaram perseguir os açambarcadores, reforçaram o controle sobre os mercados ou proclamaram medidas contra monopolizadores que negociavam com o trigo ainda por colher.[26] É

---

24 Fay, op. cit., p. 44; *Petição de Leed para o Duque de Portland*, 20 de julho de 1795, H. O. 42-35.

25 C. Gill, *History of Birmingham* (O. U. P., 1952), v. 1. p. 128; R. Southey, *Letters from England*, 2ª ed., v. 3. 1808, pp. 179-81; Alfred, 25 de outubro de 1811.

26 Ver e.g. H. O. 42-35, sobre as resoluções de um comitê de cidadãos importantes de Gloucester (26 de junho de 1795), ameaçando efetuar perseguições contra o açambarcamento e o monopólio; extratos de *Blackburn Mail*, julho-setembro

contra este pano de fundo que se deve ver a decisão de Speenhamland, em 1795, para o subsídio dos salários de acordo com o preço do pão; onde desaparecia o uso do mercado direto, alguns paternalistas tentavam evocá-lo por meio de medidas de auxílio. Mas as velhas noções consuetudinárias custavam a morrer. Houve perseguições esporádicas ao açambarcamento entre 1795 e 1800; em 1800, formou-se uma série de sociedades particulares de perseguição, que recompensavam denúncias; e uma importante denúncia de açambarcamento foi levada à Corte Suprema, para a evidente satisfação de lorde Kenyon.[27] Mas essa foi a última tentativa de impor a velha proteção paternalista ao consumidor. Daí em diante, a liquidação total dos controles consuetudinários em muito contribuiu para a animosidade popular contra um Parlamento composto de proprietários rurais protecionistas e magnatas comerciais a favor do *laissez-faire*.

Ao considerar apenas essa forma de ação "turbulenta", chegamos a complexidades insuspeitas, pois, por trás de cada forma de ação popular direta como esta, pode-se encontrar alguma noção de direito que a legitime. Por outro lado, o emprego da expressão "turba" num sentido muito mais próximo ao da definição do dr. Rudé ("bandos a soldo agindo a favor de interesses externos") era já uma técnica estabelecida no século XVIII, e — o que se observa com menos frequência — foi por

---

de 1795, em G. C. Miller, *Blackburn: The Evolution of a Cotton Town*. Blackburn: 1951, pp. 23, 60-3.

[27] Ver Fay, op. cit., p. 55; Barnes, op. cit., pp. 81-3; J. Ashton, *The Dawn of the 19th Century in England*. 1906, pp. 240-1; W. Smart, *Economic Annals of the 19th Century*, v. 1. 1910, pp. 5-6; Miller, op. cit., pp. 94, 100; J. A. Langford, *A Century of Birmingham Life*, v. 2. Birmingham: 1868, pp.101-2; e especialmente J. S. Girdler, *Observations on the Pernicious Consequences of Forestalling, Regrating, and Ingrossing*. 1800, pp. 209-15. O conde de Warwick, que apresentou — sem êxito — uma resolução à Câmara dos Lordes, autorizando as Justiças de Paz a fixar o preço do trigo, declarou que, nos meses anteriores, "houvera nada menos que quatrocentas denúncias de açambarcamento, retenção e monopolização": *Parliamentary History*, 35, 1800, 839.

longo tempo utilizada pelas próprias autoridades. O acordo de 1688 foi, afinal de contas, um compromisso; os beneficiários tinham muito interesse em tentar manter sua posição, encorajando a antipatia popular pelos papistas (jacobistas em potencial) de um lado, e dissidentes (*levellers* em potencial) de outro. Uma turba era um complemento muito útil para os magistrados, num país tão escassamente policiado. John Wesley, em seus primeiros anos e com seus primeiros pregadores ambulantes, muitas vezes enfrentou turbas que agiam com a autorização de um magistrado. Um dos confrontos mais violentos ocorreu em 1743, em Wednesbury e Walsall. Pelo relato de Wesley, a turba era altamente volátil e confusa quanto a suas próprias intenções. Os "capitães da gentalha" eram os "heróis da cidade"; mas os únicos identificados são um "açougueiro honesto" e um "pugilista de feira", que bruscamente mudaram de lado e tomaram partido por Wesley. A questão se torna mais clara quando consideramos que a turba era respaldada pelos magistrados locais e por um pároco, também local, que ficara escandalizado com os pregadores de Wesley ("um pedreiro, e depois um vidraceiro-encanador"), os quais tinham "afastado os afetos" dos mineiros pela Igreja e chamado os clérigos de "cachorros mudos". Na verdade, pelo relato de Wesley, "alguns dos fidalgos [...] ameaçaram despedir o mineiro se ele não viesse e cumprisse a sua parte".[28] O *Diário* de John Nelson nos fornece um exemplo de Grimsby, onde foi o próprio ministro da Igreja Anglicana quem

> pegou um homem para tocar o tambor da cidade por toda a vila, e foi à frente do tambor, e reuniu toda a gentalha que conseguiu, dando-lhes cervejas para ir com ele e lutar pela Igreja.

[28] Wesley, *Journal* (Everyman), v. 1. pp. 438-44, 455; *Some Papers Giving an Account of the Rise and Progres of Methodism at Wednesbury*. 1744, p. 8.

Na porta da casa onde pregava Nelson, foi o reverendo quem gritou para a turba: "Derrubem a casa! Derrubem a casa!"

Mas mais importante do que essas manifestações provincianas do sentimento popular sobre questões particulares era a turba de Londres, cuja presença é continuamente sentida na história política do século XVIII, e que foi inteiramente retirada por Wilkes do controle das autoridades nos anos 1760. Num certo sentido, era uma turba em transição, em vias de se tornar uma multidão radical autoconsciente; o fermento da Dissidência e da educação política entrava em ação, dando ao povo uma predisposição para assumir a defesa das liberdades populares, desafiando as autoridades, em "movimentos de protesto social, onde o conflito subjacente dos pobres contra os ricos [...] é claramente visível [...]".[29] Os tecelões de seda de Spitalfields e seus aprendizes foram por muito tempo conhecidos pela sua turbulência; dr. Rudé, em seu estudo sobre *Wilkes e Liberdade*, menciona ocasiões em que o conflito industrial se introduz em demonstrações wilkistas e os *slogans* da multidão assumiam um tom republicano ou revolucionário: "Maldito seja o Rei! Maldito seja o Governo! Malditas sejam as Justiças!", "Esta é a oportunidade mais gloriosa já surgida para uma Revolução!". Durante aproximadamente uma década, Londres e o Sul pareceram (nas palavras de um crítico) ser "um grande manicômio sem guardas sob o domínio de uma turba indigente, vadia e bêbada, movida apenas pela palavra *Wilkes* [...]".[30] Esses eram os partidários que

> faziam manifestações em St. George's Fields, Hyde Park Corner, Mansion House, Parliament Square e St. Jame's Palace; que gritavam ou pichavam "Wilkes e Liberdade" nas ruas do centro das cidades de Westminster e Southwark; que apedrejaram o xerife Barley e o carrasco comum em Royal Exchange, ao tentarem in-

[29] G. Rudé, op. cit., p. 237.

[30] G. Rudé, *Wilkes and Liberty*. Oxford: 1962, pp. 50, 173.

> cendiar o nº 45 da North Briton; que quebraram as vidraças dos lordes Bute e Egremont e enlamearam as botas do embaixador austríaco; desfilaram com a bota e as roupas íntimas pelas ruas do centro da Cidade, e queimaram as efígies do coronel Luttrell e dos lordes Sandwich e Barrington em frente à Torre de Londres. São esses os elementos que foram denominados "a turba" por historiadores contemporâneos e posteriores — seja por negligência, preconceito ou falta de um conhecimento mais acurado [...].[31]

Eles eram também o povo — comerciantes, serventes, carvoeiros, marinheiros, artesãos e assalariados de todos os tipos — que se manifestava por Wilkes nos palanques eleitorais e que o carregava em triunfo pelas ruas, sempre que saía vitorioso.

Dr. Rudé está certo ao resgatar a multidão londrina da acusação de ser composta apenas por simples arruaceiros e "elementos criminosos"; é significativa a distinção que ele traça entre os valentões pagos para apoiar o candidato antiwilkista, Proctor, e a ebulição espontânea da maioria wilkista. Entretanto, ao protestar contra o "preconceito" dos historiadores, ele protesta demais. Pois a multidão londrina dos anos 1760 e 1770 mal começara a desenvolver sua própria organização ou liderança; tinha poucas ideias próprias diferentes das de seus "dirigentes"; e num certo sentido ela era manipulada e estimulada por Wilkes para "agir a favor de interesses externos" — os interesses dos ricos comerciantes, mercadores e manufatureiros de Londres, que eram os partidários mais influentes de Wilkes. O próprio Wilkes afetava um desrespeito cínico pelos hurras dos seus seguidores plebeus: "Você supõe", diz-se que perguntou ele ao seu adversário, coronel Luttrell, ao observar a multidão aos vivas nos palanques, "que há mais tolos ou velhacos nessa assembleia?" E a disparidade entre as aspirações libertárias da

31 Ibid., p. 181.

multidão e a técnica de mobilização turbulenta dos seus manipuladores se acentua ainda mais quando lembramos que os mercadores e negociantes wilkistas obtiveram postos-chave no governo da cidade, de modo que os londrinos que derrubavam as carruagens e quebravam as vidraças dos Grandes sabiam — tanto quanto os mineiros de Walsall — que estavam atuando sob autorização. A multidão wilkista ficava de fato a meio caminho do surgimento de uma consciência política popular; embora seu *slogan* mais popular fosse "Liberdade!", muitos de seus membros eram altamente volúveis e podiam da mesma forma dar meia-volta e atacar elementos "estranhos" ou quebrar as vidraças de cidadãos que não as tivessem enfeitado e iluminado nas ocasiões "patrióticas".[32]

Isso se revela mais claramente nos Distúrbios de Gordon, em 1780. Aqui vemos uma agitação popular que passou rapidamente por três fases. Na primeira fase, a "multidão revolucionária", bem organizada pela popular Associação Protestante, marchou em boa ordem, com grandes bandeiras, para apresentar uma petição às Câmaras do Parlamento, contra a tolerância católica. Os mais destacados na manifestação eram "da melhor espécie de comerciantes [...] bem-vestidos, uma espécie decente de gente [...] muitíssimo tranquilos e ordeiros e muito civis". Esta era a Londres dissidente, e entre eles Gibbon des-

---

[32] Sobre Proctor, ver Rudé, *Wilkes and Liberty*. pp. 59-60. Visto que dr. Rudé é o primeiro pioneiro neste importante terreno, talvez seja ingrato sugerir as deficiências de sua análise. Mas é de se notar que ele não demonstra nenhum interesse pela tradição dissidente dos artesãos londrinos, tampouco pelos clubes de debate e sociedades de taberna que podiam ser focos intelectuais e organizativos para a multidão, nem pela política subterrânea dos vendedores de baladas e "reciteiros". Para avaliações adicionais da política plebeia em Londres, ver G. Rudé, "The London 'Mob' of the Eighteenth Century". *Historical Journal*, ii, 1959; Lucy S. Sutherland, *The City and the Opposition to Government, 1768-1774*, 1959 e "The City in Eighteenth-Century Politics", in R. Pares e A. J. P. Taylor (org.). *Essays Presented to Sir Lewis Namier*, 1956; e, sobre a vida de taberna, M. D. George, *London Life in the Eighteenth Century*. 1928, cap. 6.

creveu alguns "puritanos" fanáticos, "tal como poderiam ser no tempo de Cromwell [...] saídos dos seus túmulos". A recusa da Câmara dos Comuns em discutir a petição — e as arengas de lorde George Gordon — levou a cenas mais ásperas, que inauguraram a segunda fase. Esta pode ser descrita como uma fase de espontaneidade autorizada, conduzindo a uma violência turbulenta, carregada de "um desejo vacilante de acertar as contas com os ricos, mesmo que fosse por um só dia"; alguns "da melhor espécie de comerciantes" se eclipsaram, enquanto jornaleiros, aprendizes e serventes — e alguns criminosos — apinhavam as ruas.[33] O grito "Não ao Papado" vinha reverberando na consciência popular desde a *Commonwealth* de 1688; e sem dúvida arrebatou muitos cujas reações subpolíticas tinham sido descritas por Defoe muitos anos antes: "sujeitos resolutos que derramariam a última gota do seu sangue contra o Papado, e que não sabem se ele é um homem ou um cavalo." Os motins eram, em primeiro lugar, dirigidos contra as capelas católicas e as casas de católicos ricos, a seguir, contra autoridades proeminentes — incluindo o lorde supremo da Justiça, Mansfield, e o arcebispo de York — que supostamente simpatizavam com a emancipação católica, a seguir contra as prisões — cujos presos foram libertados —, e finalmente culminaram num ataque ao próprio banco real da Inglaterra. Durante toda essa segunda fase, permaneceu o sentido de uma turba "autorizada": as autoridades wilkistas da cidade eram famosas pela sua inatividade ou ausência, em parte por medo de incorrer no ódio popular, em parte por uma conivência efetiva com as

33 Ver G. Rudé, "The Gordon Riots". *Trans. Royal Hist. Soc.*, 1956, Fifth Series, 6; e Christopher Hibbert, *King Mob*, 1958. Dr. Rudé acentua menos que o sr. Hibbert o grau de envolvimento de criminosos e prostitutas nos estágios finais dos motins: aquele analisa uma amostragem de prisioneiros (a maioria assalariados) levados aos tribunais, este se baseia mais em relatos de testemunhas oculares dos motins. Ver também J. P. de Castro, *The Gordon Riots*. Oxford: 1926.

desordens que os fortaleciam contra o rei e seu governo. Apenas quando se iniciou a terceira fase — de um lado, o ataque ao banco, por outro, orgias indiscriminadas de bebedeiras, incêndios provocados e roubos de bolsas e carteiras — é que se suspendeu a "autorização": o inativo lorde prefeito finalmente enviou uma mensagem desesperada para o comandante em chefe, solicitando "cavalaria e infantaria para ajudar o poder civil", e o próprio Alderman Wilkes veio à rua para repelir a turba das escadarias do Banco. A rapidez com que foram sufocados os motins torna ainda mais evidente a passividade anterior das autoridades de Londres.

Aqui temos, então, uma espécie de mistura de turba manipulada e multidão revolucionária. Lorde George Gordon tentara imitar Wilkes, mas era inteiramente desprovido da sua audácia equilibrada e do seu magnífico entendimento do ânimo popular. Ele desencadeou um processo espontâneo de motins, que no entanto contava com a imunidade das autoridades wilkistas da cidade. Os grupos amotinados rapidamente criaram seus próprios líderes temporários, que faziam lembrar Thomas Spencer, o moedeiro de Halifax — James Jackson, um relojoeiro, que montava um cavalo de tiro e ondulava uma bandeira vermelha e negra, e Enoch Foster, um homenzarrão de circo que divertia a turba arremessando tábuas de assoalho pelas janelas de uma casa de Whitechapel. Mas esse tipo de mistura nunca mais se repetiu na metrópole. Em 1780, o povo londrino, apesar de seus excessos, estava sob a proteção dos libertários liberais, que o viam como um contrapeso às pretensões do Trono: Burke deplorava o emprego de forças militares na repressão dos motins, enquanto Fox declarava que "preferia muito mais ser governado por uma turba do que por um exército permanente". Mas depois da Revolução Francesa, nenhum político liberal se arriscaria, nenhuma autoridade da cidade toleraria se misturar com energias tão perigosas; enquanto os reformadores, por sua parte, dedicavam-se a criar uma opinião pública organizada, desprezando a técnica de desencadear tumultos. "Mobilidade" foi um termo orgulhosamente adotado pelos radicais e cartistas do século XIX, para suas manifestações pacíficas e bem conduzidas.

A última grande ação de turba no século XVIII ocorreu em Birmingham, em 1791, sob uma forma que nos deve tornar ainda mais cuidadosos em relação a generalizações sobre a "multidão revolucionária".[34] Birmingham era talvez o maior centro da Dissidência de classe média; seus cultos de antigos e novos unitaristas incluíam alguns dos maiores patrões do distrito; os dissidentes desempenhavam um papel tão amplo na vida econômica, intelectual e social da cidade, que o partido da "Igreja e Rei" por longo tempo sentiu o rancor que provinha, não da força, mas do enfraquecimento do poder e do prestígio. A ocasião ostensiva para os motins se apresentou durante um jantar oferecido por reformadores de classe média (muitos deles dissidentes) em 14 de julho de 1791, para comemorar a tomada da Bastilha. Naquela noite e nos três dias seguintes, a "turba marreteira, miserável, descarada, desavergonhada, despudorada, estúpida, canalha e arruaceira de Birmingham" percorreu a cidade e arredores, saqueando duas casas de culto unitaristas e uma batista, pilhando ou incendiando várias casas e muitas lojas de ricos dissidentes (ou supostos simpatizantes) e soltando prisioneiros da Prisão da cidade. Embora os dissidentes fossem as vítimas principais (principalmente os ligados à causa da reforma), "nem sempre ficava claro" (comenta sr. Rose) "se os dissidentes ricos eram atacados por serem dissidentes ou ricos". Os gritos de seus atacantes iam de "Igreja e Rei!" a "Não ao Papado!".

34 No relato que se segue, baseei-me largamente no estudo definitivo de R. B. Rose, "The Priestley Riots of 1791". *Past and Present*, novembro de 1960, pp. 68-88.

Não cabem dúvidas quanto à autenticidade do ressentimento popular contra alguns dos dissidentes ricos. (Por exemplo, uma das vítimas, William Hutton, adquirira uma especial impopularidade em seu cargo de diretor do Tribunal de Recursos de Birmingham, um tribunal específico para obrigar ao pagamento de pequenas dívidas.) Mas há uma série de circunstâncias particularmente suspeitas nos distúrbios de Birmingham, que fazem lembrar o tratamento de John Wesley, quase cinquenta anos antes, nas mãos das turbas de Walsall. Em primeiro lugar, há a indubitável cumplicidade do clero e de vários magistrados conservadores proeminentes, que de começo encorajaram os amotinadores, dirigiram-nos para as casas de culto, intervieram apenas a contragosto, recusaram-se a perseguir os delinquentes, e podem até mesmo ter indicado alvos "legítimos" para a violência da turba. Em segundo lugar, há o pequeno número de efetivos amotinadores nas ações importantes. Excetuados os mineiros e outros indivíduos das vilas próximas que participaram da pilhagem do fim de semana, a turba saqueadora raramente ultrapassou, segundo os cálculos, 250 pessoas, enquanto vários relatos falam de um núcleo de cerca de trinta incendiários responsáveis pela maior parte dos danos sérios. Em terceiro lugar, há a evidência de que este núcleo (que nem precisava ser composto de homens da região) agiu segundo um plano definido de combate e se mostrou muitíssimo bem informado acerca das filiações religiosas e políticas de cidadãos importantes de Birmingham. Os motins podem ter sido motivados — como considerou Priestley — por "intolerância religiosa", e as comemorações do Dia da Bastilha certamente serviram como pretexto. Mas foi uma explosão discriminatória, com a autorização de parte do *Establishment* local, e poderia ser vista "como um episódio em que os 'senhores rurais' recorreram à turba urbana para arrancar os dentes dissidentes da burguesia agressiva e bem-sucedida de Birmingham". Ao mesmo tempo, foi "uma explosão de ódio de classe latente e de ilegalidade individual detonada pela conjunção fortuita de velhas animosidades religiosas e novas injustiças sociais e políticas",[35] onde as ações da turba ultrapassaram os limites originalmente permitidos.

Mas é um grave erro generalizar a partir dos motins de Birmingham e tirar como conclusão uma hostilidade geral dos pobres urbanos em relação a ideias revolucionárias ou "jacobinas". Como veremos, as boas-vindas aos primeiros estágios da Revolução Francesa procediam em grande parte de grupos dissidentes e de classe média. Foi somente em 1792 que essas ideias ganharam ampla adesão popular, principalmente por influência dos *Direitos do Homem* de Paine. Assim, os distúrbios de Priestley podem ser vistos como uma corrente regressiva e tardia da turba em transição, antes que a propaganda painista iniciasse seriamente a formação de uma nova consciência democrática. É claro que os motins continuaram a ocorrer muito depois de 1792: seja sobre questões específicas — as *Passagens da Vida de um Radical*, de Bamford, começam com um arrolamento dos motins em Bridport, Bideford, Bury, Newcastle, Glasgow, Ely, Preston, Nottingham, Merthyr, Birmingham, Walsall, no final das Guerras Napoleônicas —, seja como clímax insurrecionais de agitações radicais (principalmente em Bristol, Merthyr, Nottingham e Derby em 1831, e em Birmingham em 1839). Nos motins de Bristol, novamente encontramos algumas das características dos motins de Gordon e Priestley: o saque do Palácio Episcopal e da prefeitura, a libertação de prisioneiros, a pilhagem e o incêndio de casas e lojas de cidadãos impopulares. Mas as autoridades não encontrariam nenhuma conspiração por trás dos motins — no máximo, um agitado comerciante livre-pensador, Charles Davis, que andava para lá e para cá, tremulando seu chapéu na ponta de um guarda-chuva, e gritava

[35] R. B. Rose, op. cit., p. 84.

"Abaixo as igrejas! Consertemos as estradas com elas!", e que, para infelicidade sua, foi enforcado.[36] Os motins ocorriam ao som, não de "Igreja e Rei!", mas de "Rei e Reforma!", e o rei só era incluído no *slogan* porque se acreditava que ele favoreceria um Ministério da Reforma. O principal alvo não eram os dissidentes, mas membros destacados da Igreja Anglicana (muitos dos quais eram senhores escravocratas das Índias Ocidentais). Ao mesmo tempo, não devemos nos enganar com os sentimentos democráticos presentes nos amotinadores e pensar erroneamente que os Motins de Bristol foram uma ação revolucionária politicamente consciente. Bristol, em 1831, mostra exemplos da persistência de modelos antigos e passadistas de comportamento, da mesma forma como Manchester, em 1819, exemplifica o surgimento dos modelos autodisciplinados do novo movimento operário. A ignorância e a superstição foram arremetidas das vias legalistas para as vias radicais; e sentimos um leve cheiro dos Motins de Gordon e Priestley nas palavras de um amotinador de Bristol, que atirou ao fogo uma braçada de manuscritos e livros da Biblioteca do Capítulo da Catedral e declarou: *"não pode haver reforma sem queimar livros."*[37]

As verdadeiras *turbas*, no sentido de "bandos a soldo agindo a favor de interesses externos", são as turbas da "Igreja e Rei", empregadas de 1792 em diante para aterrorizar os jacobinos ingleses. Embora essas turbas por vezes se dirigissem contra reformadores ricos e importantes — como no caso de Thomas Walker, de Manchester —, elas pertencem à tradição dos proprietários de minas de Walsall e do reverendo Grimsby, e eram

[36] Outra característica semelhante é o sentido de *autorização* concedida pelos magistrados à multidão, os quais estavam "estupefatos de terror" e que se recusaram a acompanhar os magotes de gente, e também pelo tolerante comandante em praça, o tenente-coronel Brereton, que cavalgava entre a multidão, gritando "Rei e Reforma". Ver John Eagles, "A Citizen", in *The Bristol Riots*. Bristol: 1832.

[37] Relato de uma testemunha ocular em *Bristol Times*, 30 de outubro de 1931.

tão altamente organizadas — e às vezes pagas — por "interesses externos" que é difícil tomá-las como indicador de qualquer sentimento popular independente autêntico. Além disso, apesar da plena autorização concedida, em muitos lugares, pelo clero e pelas Justiças de Paz às turbas antijacobinas, elas raramente envolviam mais que um pequeno grupo de seletos arruaceiros e nunca inflamavam a violência popular em escala comparável à de Birmingham em 1791. Houve importantes centros urbanos — especialmente Sheffield e Norwich — onde a turba da "Igreja e Rei" agiu com um sucesso muito limitado. Nem seria possível empregar em qualquer escala essas turbas em Londres. A libertação dos prisioneiros jacobinos, em 1794, foi o sinal que desencadeou uma festa triunfal popular da envergadura das comemorações wilkistas. Em 1795, a multidão londrina tinha um ânimo revolucionário e (através da Sociedade Londrina de Correspondência) estava descobrindo novas formas de organização e liderança. O confronto crucial, talvez, ocorreu em outubro de 1797, no auge da repressão antijacobina, quando houve uma tentativa deliberada de destruir a casa de Thomas Hardy, por ter se recusado a enfeitá-la e iluminá-la em comemoração de uma vitória naval. O ataque foi rechaçado por uma guarda de cem membros da SLC, "muitos deles irlandeses, armados com bons porretes". Foi uma vitória histórica: como recordou um dos elementos da "guarda", "nunca estive numa luta tão longa e bem dirigida como naquela noite em que defendemos a casa de Hardy". Quando Hardy rememorou o incidente, seus próprios sentimentos eram muito definidos: "Não me agrada governar uma turba."[38] E podemos ver nos acontecimentos de quatro anos depois uma irônica continuação. Em 1801, Londres estava mais uma vez iluminada, mas agora em homenagem às preliminares de paz assinadas entre a Inglaterra e a França. Desta vez, a

[38] John Binns, *Recollections*. Filadélfia: 1854; Hardy, op. cit., pp. 85-6.

turba expandiu seus sentimentos quebrando todas as janelas da casa de um aguerrido jornalista antijacobino, que se recusara a comemorar a paz. Não havia nenhuma guarda popular e mesmo as autoridades londrinas demoraram em enviar proteção. O jornalista era William Cobbett.[39]

---

[39] G. D. H. Cole, *Life of William Cobbet*. 1924, p. 76. A guerra recomeçou, com o apoio total de Cobbett, em maio de 1803.

# 4

# O inglês livre de nascimento

Em 1797, os defensores da casa de Hardy estavam lutando na retaguarda. Poucos anos depois, com a possibilidade de uma invasão francesa, não há dúvidas de que os sentimentos patrióticos do populacho ameaçavam os jacobinos sobreviventes com o terrorismo das turbas. Em Westminster, onde o direito de voto era amplo, ainda era possível derrotar os radicais em 1806, com o emprego de recursos como o suborno e a submissão. Francis Place viu criados do Duque de Northumberland "em suas vistosas librés, atirando nacos de pão e queijo entre a densa multidão de vagabundos":

> Ver esses vagabundos catando os nacos, gritando, blasfemando, brigando e injuriando de todas as formas possíveis, mulheres e homens, todos os vis desgraçados dos becos e vielas de St. Giles e Westminster, das Porridge Islands e outros lugares miseráveis; ver essa gente representar, como se dizia, o eleitorado de Westminster, era certamente o grau mais baixo possível da degradação [...]

Dava-se cerveja para a multidão, as tampas dos tonéis eram empurradas para dentro e "carvoeiros retiravam a cerveja com seus chapéus altos e de abas largas [...] mas a turba empurrava, os tonéis tombavam, e a cerveja escorria pelas sarjetas, de onde alguns tentavam tirá-la". Place olhava e ficava estarrecido diante dessa "cena desgraçada". Mas no ano seguinte (1807), Place e seus amigos organizaram um comitê eleitoral radical, que trabalhou entre o povo com tal êxito que Westminster elegeu dois membros radicais, sir Francis Burdett e lorde Cochrane.[1] E, desta época em diante, a tradição da "Londres Radical" permaneceu praticamente inquebrantável. Em 1810, Burdett conseguiu modelar sua tática pelas de Wilkes e obter o apoio do populacho em sua disputa contra o governo. Nos principais centros provinciais, em 1812, ocorria praticamente o mesmo: "a turba", notou um periodista de Sheffield, "antipatiza com todos os que não sejam reformadores cabais".[2] Na época em que terminaram as Guerras (1815), não era possível, nem em Londres nem no norte industrial ou nas Midlands, empregar uma turba por "Igreja e Rei" para aterrorizar os radicais.

De vez em quando, entre 1815 e 1850, radicais, owenistas ou cartistas lamentavam a apatia do povo. Mas — se deixarmos de lado os tumultos eleitorais habituais — é verdade que, de modo geral, os reformadores estavam protegidos pelo apoio de comunidades operárias. Em épocas de eleição nas grandes cidades, a votação aberta com a mão levantada, nos palanques eleitorais, que precedia as apurações, dava vitória esmagadora para o candidato mais radical. Os reformadores deixaram de temer "a turba", ao passo que as autoridades eram obrigadas a formar aquartelamentos e tomar precauções contra a "multidão revolucionária". Este é um dos fatos tão grandiosos da história que muitas vezes passa facilmente desapercebido ou é aceito sem questionamento; no entanto, indica uma alteração fundamental na ênfase das atitudes inarticuladas e "subpolíticas" das massas.

Essa alteração está relacionada com as noções populares de "independência", patriotismo e "direito de nascimento" do inglês. Os amotinadores de Gordon, em 1780, e os da "Igreja e

---

[1] *Manuscritos adicionais*, 27850 ss, 19-20; C. D. H. Cole e A. W. Filson, *British Working Class Movements*. 1951, pp. 79-80.

[2] T. A. Ward, *Peeps into the Past: Being Passages from the Diary of T. A. Ward*. 1909, p. 192.

Rei" em Birmingham, em 1791, tinham esse ponto em comum: eles mesmos sentiam, de alguma maneira obscura, que estavam defendendo a "Constituição" contra elementos estranhos que ameaçavam seu "direito de nascimento". Tinham-lhes ensinado por tanto tempo que o acordo da Revolução de 1688, encarnado na Constituição do rei, Lordes e Comuns, representava a garantia da independência e liberdades britânicas, que se condicionara um reflexo — Constituição igual a Liberdade — passível de ser manipulado pelos inescrupulosos. E, no entanto, é provável que os próprios amotinadores que destruíram a preciosa biblioteca e o laboratório do dr. Priestley se vissem orgulhosamente como "ingleses livres de nascimento". O patriotismo, o nacionalismo, e mesmo a intolerância e a repressão, estavam todos revestidos pela retórica da liberdade. Até a Velha Corrupção exaltava as liberdades britânicas; a liberdade, e não o poderio ou a honra nacional, era a palavra-chave do nobre, do demagogo e também do radical. Em nome da liberdade, Burke atacou e Paine defendeu a Revolução Francesa; com o início das Guerras Francesas (1793), todos os poetastros se ocuparam do patriotismo e da liberdade:

> Assim os Britânicos guardam sua antiga fama,
> Afirmam seu império sobre o oceano,
> E ao mundo invejoso proclamam,
> Ainda existe uma nação brava e livre —
> Resolvida a conquistar ou morrer,
> Fiel a seu REI, suas LEIS, sua LIBERDADE.[3]

O temor à invasão resultou numa enxurrada de impressos e baladas sobre esses temas, formando um pano de fundo digno dos sonetos patrióticos fátuos e pretensiosos de Wordsworth:

---

[3] *Anti-Jacobin*, 1º de janeiro de 1798.

Que não se pense que a Torrente
Da liberdade britânica que, para o mar aberto
Dos louvores do mundo, desde a obscura antiguidade
Fluiu, "com pompa das águas, não resistiu" [...]

"Que não se pense": no entanto, nessa mesma época, haviam sido suspensas ou severamente limitadas as liberdades de imprensa, de reunião pública, de organização sindical, política e eleitoral. No que, então, consistia o "direito de nascimento" do inglês comum? "Segurança da propriedade!", respondia Mary Wollstonecraft: "Eis [...] a definição da liberdade inglesa."[4] Mas a retórica da liberdade significa muito mais — primeiramente, é claro, a liberdade em relação ao domínio estrangeiro. E, nessa névoa envolvente de autocongratulações patrióticas, havia outras noções menos distintas que a Velha Corrupção se via obrigada a lisonjear e que, a longo prazo, se mostrariam perigosas. Liberdade em relação ao Absolutismo (isto é, monarquia constitucional), liberdade em relação a prisões arbitrárias, julgamento por jurados, igualdade perante a lei, inviolabilidade da residência contra entradas e buscas arbitrárias, uma certa liberdade limitada de pensamento, expressão e consciência, a participação vicária na liberdade (ou no seu simulacro) proporcionada pelo direito de oposição parlamentar, eleições e tumultos eleitorais (embora o povo não tivesse o direito a voto, tinha o direito de desfilar, ovacionar e vaiar nos comícios eleitorais), bem como a liberdade de locomoção, comércio e venda da sua força de trabalho. Nenhuma dessas liberdades era insignificante; tomadas em conjunto, elas encarnam e refletem um consenso moral, do qual as autoridades por vezes partilhavam e que sempre tiveram que levar em consideração.[5]

Por mais indefinida que possa ser a noção de "consenso moral", a questão dos *limites* além dos quais não se poderia

[4] *A Vindication of the Rights of Men*. 1790, p. 23.

[5] Ver E. Halévy, op. cit., v. 1, p. 193-212.

"empurrar" o inglês, e dos limites que as autoridades não ousariam transpor, é fundamental para a compreensão desse período. A posição do inglês comum não era tanto democrática, em qualquer sentido positivo, quanto antiabsolutista. Ele próprio se sentia um individualista, com poucos direitos definidos, mas protegido pelas leis contra a intrusão de um poder arbitrário. Mais obscuramente, ele sentia que a Revolução Gloriosa proporcionava um precedente constitucional para o direito de motim, como forma de resistência à opressão. E este, na verdade, foi o paradoxo central do século XVIII, tanto em termos intelectuais como práticos: o constitucionalismo era a "ilusão da época". A teoria política, dos tradicionalistas e igualmente dos reformadores, imobilizou-se dentro dos limites liberalistas estabelecidos pelo acordo de 1688, seja por Locke ou por Blackstone. Para Locke, as principais finalidades do governo eram a manutenção da paz e a segurança da pessoa e da propriedade. Tal teoria, diluída pelo interesse próprio e pelo preconceito, podia oferecer às classes proprietárias uma sanção para o mais sanguinário Código Penal contra os delitos de propriedade; mas não concedia nenhuma sanção para a autoridade *arbitrária*, que interviesse à força sobre direitos pessoais ou de propriedade, escapando ao controle das normas legais. Daí o paradoxo, que surpreendeu muitos observadores estrangeiros, de um Código Penal sanguinário ao lado de uma interpretação e aplicação *liberal* e, por vezes, meticulosa das leis. O século XVIII foi realmente um grande século para os teóricos, juízes e advogados constitucionalistas. O homem pobre frequentemente podia se sentir pouco protegido, quando apanhado pelas malhas da lei. Mas o sistema de jurados oferecia efetivamente uma certa proteção, como Hardy, Horne Tooke, Thelwall e Binns vieram a descobrir. Wilkes *podia* opor-se ao rei. Parlamento e governo — e estabelecer novos precedentes importantes —, usando alternadamente os tribunais e as turbas. Não havia o *droit administratif*, tampouco o direito de busca ou prisão arbitrária. Mesmo na década de 1790, cada tentativa de introduzir um sistema "continental" de espionagem, cada suspensão do *habeas corpus*, cada tentativa de nomear um júri faccioso provocou protestos que ultrapassavam as fileiras dos reformadores. Se alguém se sentir inclinado — diante dos arquivos de Tyburn e da repressão — a questionar o valor desses limites, que compare o julgamento de Hardy e companheiros com o tratamento de Muir, Gerrald, Skirving e Palmer em 1793-1794 nos tribunais escoceses.[6]

Esse constitucionalismo tingia as reações menos articuladas do "inglês livre de nascimento". Ele reivindicava poucos direitos além do de ser deixado em paz. No século XVIII, nenhuma instituição foi mais odiada que as patrulhas de recrutamento. Desconfiava-se profundamente de um exército permanente, e poucas das medidas repressivas de Pitt provocaram tanto descontentamento quanto a construção de casernas perto das cidades industriais. Os reformadores reivindicavam o direito de porte de arma para defesa pessoal do indivíduo. A profissão de soldado era tida como desonrosa. "Nas monarquias arbitrárias", escreveu um panfletista:

> onde o déspota que reina pode dizer a seus súditos oprimidos "Coma palha", e eles comem palha, não admira que eles possam montar exércitos de carniceiros humanos, para destruir criaturas irmãs; mas, num país como a Grã-Bretanha, que pelo menos *pretende ser livre*, é uma questão não pouco surpreendente que tantos milhares de homens sejam capazes de renunciar deliberadamente aos privilégios e ferimentos que aguardam os homens livres, e voluntariamente se vendem à mais humilhante

[6] As evidências são analisadas a fundo na obra ágil e erudita de lorde Cockburn, *Examination of the Trials of Sedition... in Scotland*. Edimburgo: 1888.

> e degradante escravidão, pela bagatela miserável de seis *pennies* por dia [...][7]

Os "centros de engajamento forçado" utilizados para o recrutamento militar em Holborn, Londres, Clerkenwell e Shoreditch foram assaltados e destruídos por turbas, em três dias de motim no mês de agosto de 1794.[8] No auge da agitação dos soldadores de estruturas por uma legislação protetora, em 1812, o secretário da filial de Mansfield, ao saber que os representantes dos trabalhadores estavam propondo uma cláusula que autorizava a inspeção e busca nas casas dos fabricantes suspeitos de desrespeitar os regulamentos propostos, escreveu alarmado: "se até for derrubada a proteção da casa de todo homem inglês, que é o seu castelo, então se derruba para sempre aquela forte barreira pela qual tantos de nossos ancestrais deram seu sangue inutilmente."[9] A resistência a uma força policial efetiva se prolongou por boa parte do século XIX. Embora os reformadores estivessem preparados para concordar com a necessidade de uma polícia *preventiva* mais eficiente, com um maior número de vigilantes e uma guarda noturna reforçada, qualquer força centralizada com poderes mais amplos era vista como

> um sistema de tirania; um exército organizado de espiões e informantes, para a destruição de toda a liberdade pública e a pertur-

---

7 Anôn., *Letters on the Impolicy of a Standing Army in Time of Peace, and on the Unconstitutional and Illegal Measure of Barracks*. 1793. A obra de John Trenchard, *History of Standing Armies in England*, 1698, foi reeditada em 1731, 1739, 1780 e o jacobino *Philanthropist*, 1795.

8 Ver Rudé, *Wilkes and Liberty*. p. 14; S. Maccoby, *English Radicalism 1786-1832*. 1955, p. 91. Dizia-se que as prostitutas conhecidas como "cadelas da forca" atraíam os homens para a casa, e lá eram "recrutados" à força: ver H. M. Saunders, *The Crimps*. 1794.

9 *Records of the Borough of Nottingham*, v. 8. 1952, p. 152.

> bação de qualquer felicidade privada. Qualquer outro sistema de polícia é a maldição do despotismo[...][10]

A Comissão Parlamentar de 1818 viu nas propostas de Bentham para um Ministério da Polícia "um plano que faria de cada criado de cada casa um espião das ações de seu patrão, e de todas as classes da sociedade espiãs recíprocas". Os conservadores (*Tories*) temiam a anulação dos direitos paroquiais, dos privilégios concedidos e dos poderes das Justiças de Paz locais; os liberais (*Whigs*) temiam o aumento dos poderes da Coroa ou do governo; os radicais, como Burdett e Cartwright, preferiam a noção de associações voluntárias de cidadãos ou rodízios dos proprietários das casas; o populacho radical, até a época cartista, via em qualquer tipo de polícia uma máquina de opressão. Um consenso absolutamente surpreendente de opiniões resistiu ao estabelecimento de "um tribunal supremo único e inapelável, como o que em outros países se chama a 'Alta Polícia' — uma máquina [...] inventada pelo despotismo [...]".[11]

Nessa hostilidade ao aumento dos poderes de qualquer autoridade centralizada, temos uma curiosa mescla de atitude paroquial defensiva, teoria liberal e resistência popular. A pequena nobreza rural e a gente simples alimentavam conjuntamente costumes e direitos locais, contra os abusos do Estado; a hostilidade à "formação de novos direitos de propriedade" e aos "paxás" contribuiu muito para a corrente liberal-radical que vem de Cobbett a Oastler, e que atingiu seu máximo na resistência à Lei dos Pobres de 1834. (Não deixa de ser irônico que os principais protagonistas do Estado, como autoridades políticas e administrativas, tenham sido os utilitaristas de classe média, cuja bandeira estatista trazia inscrita em seu verso as doutrinas do *laissez-faire* econômico.) Mesmo no auge da repressão aos

---

10 J. P. Smith, *An Account of a Successful Experiment*. 1812.

11 *The Times*, 31 de janeiro de 1823: ver Radzinowicz, op. cit., v. 3, pp. 354-64.

jacobinos, em meados de 1790, mantinha-se a ficção de que a intimidação era tarefa de associações "voluntárias" de cidadãos "privados" (como a Sociedade Antijacobina de Reeves ou a Sociedade para a Eliminação do Vício de Wilberforce), ao passo que se empregava a mesma ficção na perseguição de Richard Carlile, após as Guerras. Os subsídios estatais para a imprensa "oficial" durante as Guerras Napoleônicas eram concedidos de forma culposa, e com muitas esquivas e recusas diplomáticas. O emprego de espiões e *agents provocateurs* após as Guerras foi o sinal para uma autêntica explosão de indignação, da qual participaram muitos que haviam se oposto asperamente ao sufrágio universal.

Além disso, não só a liberdade em relação a ingerências do Estado, mas também a crença na igualdade de ricos e pobres perante a lei constituíam uma fonte de verdadeira satisfação popular. Publicações sensacionalistas, como *New Newgate Calendar* ou *Malefactor's Bloody Register*, lembravam satisfeitas exemplos de nobres e pessoas de influência levados a Tyburn. Analistas locais apontavam fatuamente casos como o do "lorde brutal e dominador do feudo" de Leeds, executado em 1748 por ter matado num acesso de raiva um de seus arrendatários. Os radicais podiam afetar um cinismo bem fundado. Se a lei abriga igualmente ricos e pobres, dizia Horne Tooke, a London Tavern também os recebe: "mas eles o receberão de forma lamentável, a menos que você venha com dinheiro suficiente para pagar pelo entretenimento."[12] Mas até os jacobinos sustentavam a convicção de que o império da lei era o legado característico do "inglês nascido livre" e sua proteção contra o poder arbitrário. A Sociedade Londrina de Correspondência, num comunicado de 1793, tentou definir a diferença de estatuto entre o plebeu inglês e o plebeu da França pré-revolucionária: "nossas pessoas

[12] T. Walker, *Review of Some Politic Events in Manchester*. 1794, p. 87.

estavam protegidas pelas leis, ao passo que suas vidas estavam à mercê de qualquer pessoa com título. [...] Nós éramos HOMENS, ao passo que eles eram ESCRAVOS."

Essa ideologia defensiva alimentou, evidentemente, reivindicações de direitos positivos muitíssimo mais amplas. Wilkes soubera muito bem como tocar essa corda: o paladino da defesa dos seus direitos individuais passava-se imperceptivelmente para o cidadão livre de nascimento que desafiava rei e ministros e clamava por direitos sem precedentes. Em 1776, Wilkes chegou ao ponto de pleitear na Câmara dos Comuns os direitos políticos do "mais simples artífice, do mais pobre camponês e diarista", que

> tem importantes direitos relativos à sua liberdade pessoal, à de sua mulher e de seus filhos, sua propriedade ainda que insignificante, seus vencimentos [...] que são em muitos ofícios e manufaturas regulados pelo poder do Parlamento [...] Portanto, alguma participação no poder de elaborar aquelas leis que os interessam profundamente [...] deveria ser reservada até para essa categoria, inferior mas utilíssima, de homens [...]

O argumento ainda é o de Ireton (ou de Burke), mas os direitos de propriedade são interpretados num sentido muito mais liberal, e Wilkes envolveu-o com o apelo costumeiro à tradição e aos precedentes:

> Sem uma verdadeira representação dos Comuns, nossa constituição é essencialmente insuficiente [...] e todos os outros remédios para recobrar a prístina pureza da forma de governo estabelecida pelos nossos ancestrais seriam ineficazes.

"Prístina pureza", "nossos ancestrais" são expressões-chave, e durante vinte anos as discussões entre os reformadores giraram sobre as boas interpretações desses termos. *Qual* modelo era puro e prístino, a que ancestrais se refeririam os reformadores? Para os pais fundadores dos Estados Unidos, que haviam rompido com os entraves dos precedentes, parecia suficiente encontrar algumas verdades "autoevidentes". Mas para o major John Cartwright (1740-1824), que publicou seu panfleto *Faça Sua Escolha* no mesmo ano da Declaração da Independência (1776), pareceu necessário escorar os seus argumentos a favor de parlamentos anuais, distritos eleitorais iguais, pagamento aos Membros e sufrágio masculino adulto em referências a precedentes saxões. "O bom e velho comandante" (como ele veio a ser conhecido quase meio século depois) já naquela época definia as principais reivindicações de reformadores políticos avançados, desde 1776 até e além dos cartistas.[13] E nunca se desviou dessas reivindicações. Incapaz de compromissos, excêntrico e corajoso, o major seguiu seu curso sincero, enviando do seu gabinete em Boston, Lines, cartas, apelos e panfletos, sobrevivendo a julgamentos, tumultos, dissensões e repressões. Foi ele que, antes do final das Guerras Napoleônicas, se propusera a fundar as primeiras sociedades reformadoras de uma nova era, os Clubes Hampden, naquelas regiões industriais do norte onde seu irmão clérigo acelerara outros processos de transformação, com a sua invenção do tear mecânico. Mas, embora os princípios e propósitos do major tivessem sobrevivido à sua longa vida, o mesmo não ocorreu com seus argumentos.

Logo veremos por quê. (A resposta, em duas palavras, é Tom Paine.) Mas notemos primeiramente que, nos vinte anos que antecederam a Revolução Francesa, uma nova dimensão estava se acrescentando, *na prática*, aos procedimentos reconhecidos da Constituição. A imprensa já estabelecera direitos indefinidos,

[13] Major Cartwright também defendeu o voto secreto, mas não o sexto ponto cartista, a abolição das qualificações de propriedade para os membros do Parlamento.

independentes do rei, Lordes e Comuns; e a agitação em torno da North Briton de Wilkes revelou tanto a precariedade desses direitos, quanto a sensibilidade de um grande público em sua defesa. Mas a segunda metade do século XVIII vê também o surgimento da Plataforma[14] — o grupo de pressão "extraparlamentar" em campanha por objetivos mais ou menos limitados, e mobilizando a opinião aberta, "sem portas", através de publicações, petições e grandes manifestações. A plataforma e a petição foram utilizadas de diferentes formas, por entidades tão variadas quanto os partidários de Wilkes, as associações distritais de Wyvill, a Associação Protestante (que esteve presente no início dos Motins de Gordon), os reformadores "econômicos", a agitação antiescravista, a agitação em repúdio à inabilitação jurídica dos não conformistas. Embora Wilberforce ou Wyvill pudessem desejar que essas agitações se limitassem aos fidalgos ou aos proprietários plenos, estabeleceram-se os precedentes e o exemplo foi contagioso. Uma nova engrenagem se somara à complexa maquinaria da constituição; Erskine e Wyvill, utilizando as conhecidas imagens mecânicas dos freios e pêndulos,[15] apelavam para a "regularidade cronométrica nos movimentos do povo". O major John Cartwright foi além — quanto mais se agitasse o alvoroço pelas reivindicações de maior alcance entre todas as categorias do povo, melhor seria:

> Segundo a velha máxima de ensinar o jovem arqueiro a atirar contra a lua (escrevia ele a Wyvill), para que ele adquira a capacidade de atirar bastante longe nos objetivos práticos, sempre considerei a livre discussão do princípio do Voto Universal o meio mais adequado de se obter alguma Reforma pela qual valha a pena lutar.

[14] Uso aqui o termo de Henry Jephson, cuja história em dois volumes sobre *The Platform*, 1892, é ainda o único estudo consequente sobre essa instituição.

[15] Ver Asa Briggs, *The Age of Improvement*. 1959, p. 88 ss.

Isso porque o major — apesar de envolver seus argumentos em termos de precedentes e tradições — acreditava em métodos de agitação entre um "número ilimitado de membros". Nos anos de repressão, 1797-1799, o juiz de paz de Boston censurou a prudência do reformador do norte de Yorkshire. "Tenho pouco medo dos seus pequenos proprietários", escreveu ele a Wyvill, "mas são seus fidalgos que me assustam. [...] É uma sorte para mim que, até agora, todos os fidalgos, exceto um, estejam do *outro lado*. Portanto, suas juntas e conselhos não têm desbaratado meus esforços e tenho falado abertamente em todas as ocasiões":

> Sinto que apenas os remédios fortes, os estimulantes mais poderosos podem despertar o Povo para algo enérgico. [...] A menos que nossos apelos convençam todos os entendimentos e as verdades que proferimos atinjam os corações, não faremos nada. [...]
> Se você se vir obrigado, para avançar de alguma forma, a propor meros expedientes sem tais apelos enérgicos, espero em Deus que você se salve dessa situação e apareçam alguns homens de espírito forte na Manifestação [...][16]

Assim, argumentos constitucionalistas semelhantes podiam ocultar profundas diferenças no tom e nos meios de propaganda. Mas todos os reformadores antes de Paine iniciavam com "as corrupções da Constituição". E seu grau de radicalismo geralmente pode ser inferido dos precedentes históricos citados em seus textos. Os defensores wilkistas, mas largamente aristocráticos, da Carta de Direitos, e seus sucessores, as "Sociedades da Revolução" (1788) e Os Amigos do Povo (1792), contentavam-se em aplicar o precedente do acordo de 1688. A avançada Sociedade para a Informação Constitucional, fundada em 1780,

---

16 C. Wyvill, *Political Papers*, v. 5. pp. 389-90, pp. 399-400.

cujos panfletos, da autoria de dr. Jebb, Cartwright e Capel Lofft, ofereceram a Thomas Hardy sua primeira introdução à teoria da reforma, alinhava-se por precedentes — que recuavam até antes da Carta Magna — e levantava o exemplo anglo-saxão e americano.[17] E, depois da Revolução Francesa, os teóricos das sociedades populares usaram largamente os "dízimos" anglo-saxões, o *Witenagemot* (antigo conselho inglês) e as lendas do reino de Alfredo, o Grande. A "prístina pureza" e "nossos ancestrais" se tornaram, para muitos jacobinos, praticamente qualquer inovação constitucional para a qual se pudesse improvisar um precedente saxão. John Baxter, um ourives de Shoreditch, líder da SLC e companheiro de prisão de Hardy, durante os julgamentos por traição, encontrou tempo para publicar, em 1796, uma *Nova e Imparcial História da Inglaterra* de 830 páginas, na qual o precedente saxão quase não se distingue do estado de natureza, do bom selvagem ou do pacto social originário. "Originariamente", supunha Baxter, "a Constituição deve ter sido livre". A História era a história da sua corrupção, "os britões tendo sido dominados primeiramente pelos romanos, depois pelos saxões, estes novamente pelos dinamarqueses e, finalmente, todos pelos normandos [...]". Quanto à Revolução de 1688, "ela nada mais fez senão expulsar um tirano e confirmar as leis saxônicas". Mas ainda havia muitas dessas leis a serem restauradas; e, ao lado do sufrágio masculino, as que John Baxter mais apreciava eram a ausência de um exército permanente e o direito de porte de arma para cada cidadão. Ele chegara, com laboriosos argumentos constitucionalistas, ao direito do povo de se opor à Constituição.

Entretanto, como o sr. Christopher Hill mostrou em seu estudo sobre a teoria do "Jugo Normando", essas controvérsias constitucionalistas elaboradas e muitas vezes especiosas

---

[17] A Sociedade Constitucional se tornou inativa no final dos anos 1780, mas — com Horne Tooke como membro proeminente — se reativou após 1790.

tinham um significado real.[18] Mesmo as formas antiquaristas dos argumentos ocultam diferenças importantes na ênfase política. Do anônimo *Ensaio Histórico sobre a Constituição Inglesa* (1771) até o início dos anos 1790, os reformadores mais avançados se distinguiam pela sua predileção em citar exemplos saxões. Muito antes disso, Tom Paine publicara seu *Senso Comum* (1776), cujos argumentos dificilmente conduziriam ao apelo dos precedentes:

> Um bastardo francês que desembarca com uma corja de bandidos armados e se declara a si mesmo rei da Inglaterra, contra o consentimento dos nativos, é, em termos diretos, de uma origem muito mesquinha e patife. Certamente não tem nenhum caráter divino. [...] A verdade crua é que a antiguidade da monarquia inglesa não resistirá a um exame.

Mas isso foi publicado em solo americano; e, como veremos, tal iconoclastia só foi ouvida na Inglaterra depois da Revolução Francesa e da publicação dos *Direitos do Homem*: "Se a sucessão corre em linha direta desde o Conquistador, a nação corre em linha direta da sua dominação, e deve se libertar dessa usurpação." Enquanto isso, a teoria do "Jugo Normando" mostrava uma espantosa vitalidade e, depois de 1793, chegou a viver um ressurgimento em círculos jacobinos, após o exílio de Paine e a proibição dos seus *Direitos do Homem* como libelo sedicioso.

Esta, na verdade, era uma questão de conveniência. A perseguição a Paine revelou os limites da liberdade permitida pelas convenções constitucionais. Recusar globalmente o recurso aos "nossos antepassados" era uma prática ativamente perigosa. No julgamento de Henry Yorke, o reformador de Sheffield, em 1795, sua defesa debruçou-se sobre esse ponto: "Em quase to-

---

18 Em J. Saville (org.), *Democracy and the Labour Movement*. 1954, em esp. pp. 42-54.

dos os discursos, eu me preocupei essencialmente em refutar as doutrinas de Thomas Paine, que negava a existência de nossa Constituição. [...] Afirmei constantemente o contrário, que nós tínhamos uma boa Constituição", "aquele governo magnânimo que herdamos dos nossos pais saxões e da inteligência prodigiosa do imortal Alfredo". Mesmo John Baxter, cujos "saxões" eram todos jacobinos e *sans-culottes*, achou conveniente se afastar da total falta de respeito de Paine:

> Por mais que respeitemos as opiniões do sr. Thomas Paine [...] não podemos concordar com ele em que não temos Constituição; seu erro parece se dever ao fato de não ter olhado para além da Conquista Normanda.

Mas era mais do que simples conveniência. De acordo com a lenda, o precedente saxão legitimava uma monarquia constitucional, um Parlamento livre baseado no voto masculino e o império da lei. Ao se apresentarem como "Patriotas" e constitucionalistas, homens como o major Cartwright e Baxter tentavam assumir a retórica da época.[19] Era como se, caso as questões tivessem de ser expostas tão grosseiramente como Paine as expôs em *Senso Comum*, os reformadores se vissem obrigados a se afastar de todo o debate constitucional e a basear suas reivindicações sobre a razão, a consciência, o interesse próprio, as verdades "autoevidentes". Para muitos ingleses do século XVIII, cujas mentes se nutriam de uma cultura constitucionalista, a

19 Essa retórica surge nos lugares mais improváveis. Uma nota do final do século XVIII recomendava "a Diversão Mais antiga, Leal, Nacional, Constitucional e Legal: o Açulamento de Ursos". Entre 1792 e 1796, sociedades jacobinas provinciais geralmente se apresentavam como Constitucionais e Patrióticas. A viúva de John Thelwall, ao compilar a sua vida, esforçou-se em mostrar que seu marido "descendia de uma família saxônica", ao passo que Joseph Gerrald, quando propôs o perigoso expediente de uma Convenção Nacional, citou como precedentes as "assembleias populares" ("*folkmotes*") dos "nossos ancestrais saxões".

ideia era chocante e desalentadora, além das suas implicações perigosas.

Contudo, era necessário romper essa retórica, pois — mesmo quando adornada pelos improváveis termos saxões de Baxter — ela implicava absoluta sacralidade de certas convenções: o respeito pela instituição monárquica, pelo princípio hereditário, pelos direitos tradicionais dos grandes latifundiários e da Igreja Anglicana e pela representação, não dos direitos humanos, mas dos direitos de propriedade. Uma vez enredados em argumentos constitucionalistas — mesmo quando utilizados para reivindicar o sufrágio masculino —, os reformadores ficavam presos nas ninharias de uma renovação constitucional fragmentária. Para que surgisse um movimento plebeu, era essencial escapar a todas essas categorias e apresentar reivindicações democráticas muito mais amplas. Entre 1770 e 1790, podemos observar um paradoxo dialético, pelo qual a retórica do constitucionalismo contribuiu para sua própria destruição ou superação. Os que liam, no século XVIII, os comentários de Locke ou Blackstone, encontravam neles uma crítica aguda às atividades de facções e interesses na Câmara não reformada dos Comuns.[20] A primeira reação foi criticar a prática do século XVIII à luz de sua própria teoria; a segunda, mais tardia, foi desacreditar a própria teoria. E é aí que entra Paine, com os *Direitos do Homem*.

A Revolução Francesa estabelecera um precedente mais amplo: uma nova Constituição redigida à luz da razão e derivada de primeiros princípios, que lançava às sombras "as formas velhas, inadequadas, proibitivas, da tradição, lei e estatuto". E não foi Paine, e sim Burke quem efetuou a primeira grande re-

[20] Erskine baseou sua defesa de Paine, no seu julgamento *in absentia*, em passagens de Blackstone, ao passo que o reformador de Sheffield, Yorke, lia excertos de Locke em manifestações públicas. Student in the Temple, *Trial of Thomas Hardy*. 1794, p. 108.

tirada dos terrenos do argumento constitucional. O exemplo francês, por um lado, e os esforçados reformadores discutindo pelo precedente pré-1688 ou pré-normando, por outro lado, tinham minado o velho terreno. Em suas *Reflexões sobre a Revolução Francesa* (1790), Burke complementava a autoridade do precedente com a da sabedoria e experiência, e o respeito pela Constituição com o respeito pela tradição — esse "companheirismo [...] entre os vivos, os mortos e os que estão por nascer". A teoria dos freios e pêndulos no exercício de poderes específicos foi traduzida para a melancólica noção de freios e pêndulos nas imperfeições da natureza humana:

> A ciência de construir uma comunidade [...] não é passível de ser ensinada *a priori*. [...] A natureza do homem é intrincada; os objetos da sociedade são da maior complexidade possível: e portanto nenhuma disposição ou orientação simples do poder é capaz de se adequar à natureza do homem ou à qualidade das suas atividades. [...] Os direitos dos homens nos governos residem [...] muitas vezes em equilíbrios entre diferenças de bem, às vezes em compromissos entre o bem e o mal, e às vezes entre o mal e o mal. [...]

Os reformadores radicais "estão tão tomados pelas suas teorias sobre os direitos do homem que se esqueceram totalmente da sua natureza". "Pela sua pressa desenfreada e sua desconsideração pelo processo da natureza, eles se lançaram cegamente a qualquer sonhador e aventureiro, a qualquer alquimista e empírico."[21]

O argumento é deduzido da natureza moral do homem em geral; mas vemos de relance, repetidamente, o fato de que não era tanto a natureza moral de uma aristocracia corrupta que

[21] Edmund Burke, *Reflections on the French Revolution*. pp. 58-9, 62, 166.

alarmava Burke, mas sim a natureza do populacho, "a multidão porca". O grande senso histórico de Burke foi levado a sugerir um "processo de natureza" tão complexo e prolongado que qualquer inovação vinha carregada de perigos insuspeitos — processo este de que o povo comum não poderia participar. Se Paine errou ao menosprezar as advertências de Burke (pois seus *Direitos do Homem* foram escritos em resposta a Burke), ele estava certo ao expor a inércia dos interesses de classe subjacentes ao seu curioso arrazoado. O juízo acadêmico tratou os dois homens de forma estranha. A reputação de Burke como filósofo político cresceu muito, principalmente em anos recentes. Paine foi desconsiderado como mero divulgador. Na verdade, nenhum deles foi suficientemente sistemático para ser considerado um teórico político importante. Ambos eram publicistas de gênio, ambos são notáveis, menos pelo que dizem e mais pelo *tom* em que o dizem. Paine carece de qualquer profundidade de leitura, qualquer sentido de segurança cultural e é traído por seu caráter arrogante e impetuoso, ao escrever passagens de uma mediocridade tal que a mente acadêmica ainda hoje estremece e o deixa de lado com um suspiro. Mas a mente popular lembra Burke menos por sua agudeza do que pela sua indiscrição que marcou época: "a multidão porca", expressão reveladora que mostrava um tipo de insensibilidade de que Paine jamais seria capaz. Essa mancha de Burke conspurca a compostura da cultura polida do século XVIII. Em toda a irada panfletagem popular que se seguiu, parece até que as questões podiam ser definidas em cinco palavras: de um lado, o epíteto de duas palavras de Burke, de outro lado, a divisa de três palavras de Paine. Com uma enfadonha inventividade, os panfletistas populares executavam variações satíricas sobre o tema de Burke: *A Lavagem do Leitão*, *A Carne do Porco*, *Faias e Bolotas*: *Coligidas pelo Velho Hubert*, *Política para o Povo*: *Uma Mixórdia para os Porcos* (com contribuições do "Irmão Grunhidor", "Porculus" e *ad nauseam*), eram os títulos dos panfletos e periódicos. As pocilgas, os porqueiros, o toucinho — e assim por diante. "Enquanto vocês se empanturram em seus cochos cheios da lavagem mais deliciosa, nós, com nosso cortejo de porcos de ceva, nos empenhamos, do nascer ao pôr do sol, em obter meios de subsistência, catando umas poucas bolotas", diz um *Comunicado ao Hon. Edmund Burke da Multidão Porca* (1793). Nunca outras palavras enfureceram tanto o "inglês livre de nascimento" — nem suscitaram uma réplica tão carregada.

Visto que *Direitos do Homem* é um texto fundante do movimento operário inglês, temos que examinar com maior atenção sua tônica e seus argumentos.[22] Paine escreveu em solo inglês, mas como americano de fama internacional que vivera por quase quinze anos no clima estimulante de experimentos e de iconoclastia constitucional. "Gostaria de saber", escreveu ele no Prefácio da Segunda Parte, "como seria recebida uma obra escrita num estilo de pensamento e de expressão diferente do que é costumeiro na Inglaterra". Ele rejeitava de saída a estrutura do argumento constitucional: "Estou lutando pelos direitos dos *vivos*, e contra a imposição, o controle e a coerção sobre eles exercidos pela presumida autoridade manuscrita dos mortos." Burke desejava "consignar para sempre os direitos da posteridade, sobre a autoridade de um pergaminho bolorento", ao passo que Paine sustentava que cada geração sucessiva tinha competência para definir novamente os seus direitos e forma de governo.

Quanto à Constituição inglesa, simplesmente não existia. Era, no máximo, um "sepulcro de precedentes", uma espécie

[22] Paine retornou à Inglaterra em 1787, muito atarefado com suas experiências na construção de pontes. A primeira parte de *Rights of Man* foi publicada em 1791; a segunda parte em 1792. A mais recente biografia de Paine — A. O. Aldridge, *Man of Reason*, 1960 — é totalmente trivial, e pouco acrescenta ao nosso conhecimento sobre a influência de ligações inglesas de Paine. Além disso, é de se ler o ágil, mas partidário *Life*, 1892, de Moncure D. Conway, ou o rápido esboço de H. N. Brailsford, em *Shelley, Godwin and their Circle*.

de "Papado Político", e um "governo por precedente, sem nenhuma consideração pelo princípio do precedente, é um dos sistemas mais vis que se podem estabelecer". Todos os governos, exceto o da França e o da América, derivavam a sua autoridade da conquista e da superstição: os seus fundamentos repousavam sobre o "poder arbitrário". E Paine reservou uma invectiva especial contra o apego supersticioso aos meios de se assegurar a continuação desse poder — o princípio hereditário. "Uma corja de valentões percorreu o país e o submeteu a tributos obrigatórios. Assim estabelecido o seu poder, o chefe do bando inventou de trocar o nome de Ladrão pelo de Monarca; e daí a origem da monarquia e dos reis." Quanto ao direito hereditário, "herdar um governo é herdar o povo, como se fossem rebanhos e manadas". "Os reis se sucedem uns aos outros, não como seres racionais, mas como animais. [...] Para ser um simples artífice, são necessários alguns talentos; mas para ser rei, basta a figura animal de um homem — uma espécie de autômato que respira":

> Não está muito longe o tempo em que a Inglaterra rirá de si mesma por buscar na Holanda, Hanover, Zell ou Brunswick, ao custo de um milhão por ano, homens que não entendiam suas leis, nem sua linguagem, nem seus interesses, e cujas capacidades mal os habilitariam a ocupar o cargo de guarda paroquial.

"Para que se mantêm esses homens?", perguntava ele.

> Homens com cargos clientelistas, pensionistas, lordes da Câmara, lordes da cozinha, lordes da despensa, e sabe Deus quantos lordes mais, podem encontrar razões a favor da monarquia proporcionais aos salários que ganham, às custas do país: mas se eu pergunto para o agricultor, o manufatureiro, o comerciante, o

> artesão [...] o trabalhador comum qual a utilidade da monarquia para ele, ele não consegue me dar nenhuma resposta. Se eu lhe pergunto o que é a monarquia, ele acha que é uma espécie de sinecura.

O sistema hereditário em geral era entregue ao mesmo descaso: "um governante hereditário é tão inconsistente quanto um autor hereditário".

Tudo isso era (e tem um certo ar atrevido de) blasfêmia. Mesmo a sagrada Carta de Direitos foi considerada por Paine "uma carta de injustiças e insultos". Não é que Paine tenha sido o primeiro a pensar assim: muitos ingleses do século XVIII devem ter tido, em sua privacidade, os mesmos pensamentos. Ele foi o primeiro a ousar se exprimir com tal irreverência, e com um livro destruiu tabus seculares. Mas Paine fez muitíssimo mais. Em primeiro lugar, apontou uma teoria do Estado e do poder de classe, embora de maneira ambígua e confusa. Em *Senso Comum*, ele seguira Locke, ao ver o governo como um "mal necessário". Na década de 1790, as ambiguidades de Locke parecem se dividir em duas metades, uma Burke, outra Paine. Onde Burke defende o governo e examina seu funcionamento à luz da experiência e da tradição, Paine fala pelos governados, e defende que a autoridade do governo deriva da conquista e do poder hereditário numa sociedade dividida em classes. As classes são grosseiramente definidas — "há duas classes distintas de homens na nação, a dos que pagam impostos e a dos que recebem e vivem dos impostos" —, e quanto à Constituição, ela é boa para:

> cortesãos, funcionários com cargos, pensionistas, donos de burgos e líderes dos Partidos [...]; mas é uma Constituição ruim para, no mínimo, 99 por cento da nação.

Daí também a guerra entre proprietários e não proprietários: "quando o rico espolia o pobre dos seus direitos, torna-se um exemplo para que o pobre espolie o rico de suas propriedades."[23] Com esse argumento, o governo aparece como um parasitismo de corte: os impostos são uma espécie de roubo para os pensionistas e as guerras de conquista, ao passo que "o conjunto do governo civil é realizado pelo povo de cada cidade e distrito, através de funcionários paroquiais, magistrados, sessões trimestrais, jurados e julgamentos, sem nenhum problema para o que se chama de governo". Assim, e neste ponto, estamos próximos a uma teoria do anarquismo. O que se requer é menos a reforma, e mais a abolição do governo: "no momento em que o governo formal é abolido, a sociedade começa a agir."

Por outro lado, a "sociedade", atuando como um governo através de um sistema representativo, abria novas possibilidades que subitamente irromperam na mente de Paine, enquanto escrevia o fundamental quinto capítulo da Segunda Parte dos *Direitos do Homem*. Aqui, após exaltar o empreendimento comercial e industrial, atacar violentamente a dominação colonial (e propor — posteriormente — a arbitragem internacional em lugar da guerra), criticar severamente o Código Penal ("barbárie legal"), denunciar privilégios, corporações e monopólios fechados, e vociferar contra a obrigação dos impostos, ele se detém por um momento sobre os pecados da aristocracia fundiária:

> Por que [...] o sr. Burke fala dessa Câmara dos Pares como o pilar dos interesses agrários? Se esse pilar sumisse debaixo da terra, continuariam a existir a mesma propriedade agrária, a mesma aração, a mesma semeadura e colheita. A Aristocracia não é composta dos lavradores que trabalham a terra [...] mas dos meros consumidores da renda [...]

[23] Estas três últimas passagens foram extraídas de Paine, *Letter Adressed to the Adressers*. 1792, pp. 19, 26, 69. Todas as outras são de *Rights of Man*.

Isso levou-o a propostas sumárias de grande alcance para cortar os custos do governo, Exército e Marinha, anular impostos e taxas dos pobres, aumentar a taxação adicional através de um imposto de renda proporcional (subindo vinte xelins por libra em rendas anuais de 23 mil libras) e distribuir o dinheiro arrecadado ou economizado em somas destinadas a aliviar a situação dos pobres. Propôs ainda pensões familiares: fundos públicos para a educação básica de todas as crianças, pensões para idosos — "não como uma questão de graça e favor, mas de direito" (pois os pensionistas receberiam de volta apenas uma parte daquilo que tinham contribuído em impostos), um subsídio de maternidade, um subsídio para recém-casados, um subsídio para funerais dos necessitados, e a construção em Londres de um conjunto combinado de alojamentos e oficinas para atender a imigrantes e desempregados:

> Com o funcionamento deste plano, as leis dos pobres, instrumentos de tortura civil, se tornarão ultrapassados. Os pobres moribundos não serão arrastados daqui para lá a soltar seu último suspiro, como se fossem o castigo de uma paróquia contra outra. As viúvas terão um fundo para a manutenção de seus filhos [...] e as crianças não serão mais consideradas como um acréscimo às desgraças de seus pais. [...] O número de pequenos crimes, fruto da desgraça e da miséria, diminuirá. Os pobres, assim como os ricos, então se interessarão em apoiar o governo, e cessará a causa e o temor de motins e tumultos. Vocês que têm conforto e se consolam na abundância [...] já pensaram nessas coisas?

Eis Paine em seu máximo. O êxito da Primeira Parte dos *Direitos do Homem* foi grande, mas o êxito da Segunda Parte foi fabuloso. Foi esta parte — e principalmente seções como essas — que estabeleceu a ponte entre as tradições mais antigas do "republicano" liberal e o radicalismo dos cuteleiros de Sheffield, tecelãos de Norwich e artesãos de Londres. Tais propostas relacionavam a reforma com a sua experiência cotidiana das dificuldades econômicas. Por especiosos que pudessem ser alguns dos cálculos financeiros de Paine, as propostas deram uma nova disposição construtiva a toda a agitação reformista. Se o major Cartwright formulara as reivindicações específicas para o sufrágio masculino, que viriam a estar na base de um século de agitações (e Mary Wollstonecraft, com seus *Direitos das Mulheres*, iniciou para o segundo sexo uma era ainda mais longa de lutas), Paine, com aquele capítulo, abriu um manancial para a legislação social do século XX.

Poucas ideias de Paine eram originais, exceto talvez as desse capítulo "social". "Homens que se dedicam ao seu Gênio Enérgico, como faz Paine, não são Críticos" — o comentário é de William Blake. O que Paine deu ao povo inglês foi uma nova retórica de igualitarismo radical, que afetou as reações mais profundas do "inglês livre de nascimento" e penetrou nas atitudes subpolíticas do operariado urbano. Cobbett não era um verdadeiro pianista, e Owen e os primeiros socialistas contribuíram juntos com uma nova corrente; mas a tradição de Paine percorre vigorosamente o jornalismo popular do século XIX — Wooler, Carlile, Heterington, Watson, Lovett, Holyoake, Reynolds, Bradlaugh. Sofre um grande desafio nos anos 1880, mas a tradição e a retórica ainda sobrevivem em Blatchford e no apelo popular em Lloyd George. Quase poderíamos dizer que Paine montou um novo arcabouço que confinaria o radicalismo durante cem anos, tão claro e tão definido quanto o constitucionalismo que ele viera substituir.

O que era esse arcabouço? Como vimos, era o desprezo pelos princípios monárquicos e hereditários:

> Desaprovo os governos monárquicos e aristocráticos, ainda que modificados. As distinções hereditárias e qualquer espécie de or-

dens privilegiadas [...] devem necessariamente frear o progresso do aperfeiçoamento humano. Daí se segue que não estou entre os admiradores da Constituição britânica.

Acontece que as palavras são de Wordsworth, em 1793. E de Wordsworth são também as linhas que melhor apreendem o otimismo daqueles anos revolucionários em que ele — passeando com Beaupuy — encontrou uma menina camponesa "mordida pela fome":

[...] e à visão meu amigo
Em agitação disse: "É contra *isso*
Que estamos lutando." Com ele eu cria
Que um espírito benigno tudo cobria
E não poderia ser detido, que a pobreza
Abjeta como aquela não mais se encontraria
Dentro em pouco, que veríamos a terra
Incontida em seu desejo de recompensar
Da fadiga a humilde, a submissa e paciente criança,
Para sempre eliminadas todas as instituições
Que legalizaram a exclusão, a pompa vazia
Abolida, o estado sensual e o poder cruel,
Seja por edito de um ou de poucos;
E finalmente, como auge e coroamento,
Veríamos o povo com mãos fortes
Construindo suas próprias leis; e assim melhores dias
Para toda a humanidade.

Um otimismo (que Wordsworth logo perderia), mas ao qual o radicalismo se aferrou tenazmente, fundando-o em premissas que Paine não se detivera para examinar: fé irrestrita nas instituições representativas, no poder da razão, (nas palavras de Paine) em "uma massa de bom-senso em estado latente" entre a gente simples, e a crença de que "o Homem, quando não está corrompido pelos Governos, é naturalmente amigo do Homem, e que a natureza humana não é em si viciosa". E tudo isso expresso num tom intransigente, impetuoso e até excessivamente confiante, com a desconfiança do homem bem-educado diante da tradição e às instituições de ensino ("Ele sabia de cor todos os seus escritos e nada mais", foi o comentário de um amigo de Paine), e uma tendência a evitar problemas teóricos complexos com uma pitada de empirismo e um apelo ao "senso comum".

Tanto a força como a fraqueza desse otimismo foram reproduzidas repetidamente no radicalismo operário do século XIX. Mas os textos de Paine não se dirigiam num sentido específico ao operariado, enquanto distinto dos agricultores, comerciantes e profissionais. Era uma doutrina talhada para a agitação entre "um número ilimitado de membros", mas não desafiava os direitos de propriedade dos ricos nem as doutrinas do *laissez-faire*. Suas próprias ligações se davam, da forma mais óbvia, com homens das classes sem representação do comércio e da manufatura, com homens como Thomas Walker e Holcroft, antes com a Sociedade Constitucional do que com a SLC. Suas propostas quanto a um imposto de renda gradativo antecipam noções mais abrangentes de redistribuição das riquezas, mas eram destinadas à grande aristocracia fundiária, cujo princípio hereditário, contido no costume da progenitura, era-lhe insultante. Em termos de democracia política, ele pretendia nivelar todas as distinções e privilégios hereditários, mas não deu expressão ao nivelamento econômico. Numa sociedade política, todos os homens devem ter iguais direitos como cidadãos; numa sociedade econômica, ele naturalmente deve se manter como patrão ou empregado, e o Estado não deveria intervir no capital de um ou nos salários do outro. Os *Direitos do Homem* e *A Riqueza das Nações* poderiam se complementar e se alimentar reciprocamente. E também nisso a principal tradição do radicalismo operário do século XIX tomou as feições de Paine. Houve períodos, nos clímax owenistas e cartistas, em que predominaram outras tradições. Mas, após cada recaída, mantinha-se intacto o substrato dos pressupostos painistas. A aristocracia era o alvo principal; podia-se ameaçar a sua propriedade — mesmo ao ponto de uma Nacionalização Agrária ou de um Imposto Único, de Henry George — e suas rendas podiam ser consideradas como uma extorsão feudal, provinda de "um bastardo francês" e sua "corja de bandidos armados"; mas — por mais árdua que fosse a luta dos sindicalistas contra seus patrões — o capital industrial era aceito como fruto de empreendimentos e fora do alcance de qualquer ingerência política. Até a década de 1880, foi, de modo geral, nesse arcabouço que se imobilizou o radicalismo operário.

Paine contribuiu com outro elemento para a tradição do século XIX: o verdadeiro painista — Carlile, James Watson ou Holyoake — era também um livre-pensador. "Minha religião é agir bem", escreveu Paine nos *Direitos do Homem*, e encerrou a questão por aí. Mas ele se via como o paladino desses direitos contra "a idade da ficção e da superstição política, da malícia e do mistério": era natural que completasse sua obra com *A Idade da Razão*, uma invectiva contínua contra a religião de Estado e qualquer forma de política clerical. Paine escreveu não como ateísta, mas como deísta; a Primeira Parte, escrita na França em 1793, à sombra da guilhotina, via provas de um Deus no ato da Criação e no próprio universo, e apelava à Razão, contraposta ao Mistério, ao Milagre e à Profecia. Foi publicada na Inglaterra em 1795, por Daniel Isaac Eaton, que sofrera nada menos que sete processos e — em 1812 — quinze meses de prisão e três anos de clandestinidade, pelas suas atividades de impressor. Apesar do tom provocativo e impetuoso, *A Idade da Razão* pouco trazia que pudesse surpreender o deísta ou o unitarista avançado do século XVIII. A novidade era a audiência popular a que apelava Paine, e a grande autoridade do seu nome. A Segunda Parte — publicada em 1796, também pelo corajoso Eaton[24] — era um ataque contra a ética do Velho Testamento e a veracidade do Novo Testamento, um ensaio confuso de crítica bíblica:

> Atravessei a Bíblia, como um homem com um machado às costas pode atravessar uma floresta e derrubar árvores. Aqui estão elas, e os padres, se puderem, que as replantem. Talvez possam fincá-las no chão, mas nunca conseguirão fazê-las crescer.

Há que se dizer que há outros usos para as florestas e madeiras. Blake reconheceu a força e o poder de ataque dos argumentos de Paine, parafraseando-os em seu inimitável estilo taquigráfico:

> Que a Bíblia é um artifício do Estado, que embora o povo sempre pudesse ver, nunca teve o poder de se desfazer dela. Outro argumento é que todos os comentadores da Bíblia são velhacos ardilosos e desonestos, que adotam a religião de Estado na esperança de levarem uma boa vida. [...] Eu poderia citar uma centena deles.

Mas Paine era incapaz de ler qualquer trecho da Bíblia como (nas palavras de Blake) "um poema de impossibilidades prováveis". Para muitos dos seguidores ingleses de Paine nos anos de repressão, *A Idade da Razão* era "uma espada enviada para dividir". Alguns jacobinos que se mantinham fiéis a suas igrejas dissidentes ou metodistas indignavam-se tanto com o livro de Paine quanto com a oportunidade, que ele fornecia aos ini-

[24] Eaton publicou uma "Terceira Parte" em 1811, e foi condenado em 1812 — com sessenta anos de idade — ao cepo e mais dezoito meses de prisão. T. S. Howell, *State Trials*, v. 31. 1823, p. 927 ss.

migos, para a escalada de um novo ataque contra "ateístas" e "republicanos". As autoridades, da sua parte, consideravam que o último ultraje de Paine superava todos os seus anteriores abusos; ele tomara as frases polidas dos cômodos ministros unitaristas e o ceticismo de Gibbon, transpusera-os para um inglês polêmico literal e lançara-os para os leitores incultos. Ridicularizava a autoridade da Bíblia com argumentos compreensíveis para o mineiro ou para a camponesa:

> [...] a pessoa que eles chamam Jesus Cristo, gerado, pelo que dizem, por um fantasma, que eles chamam de sagrado, no corpo de uma mulher comprometida e depois casada, e que eles chamam de virgem, setecentos anos depois de contada essa história tola. [...] Se uma moça qualquer que esteja grávida agora dissesse [...] que ela engravidou com um fantasma, e que foi um anjo que contou isso para ela, alguém acreditaria?

Quando consideramos as superstições bárbaras e perniciosas que naquela época inculcavam as Igrejas e as escolas dominicais, podemos ver o efeito profundamente liberador dos escritos de Paine em muitas mentes. Ajudou os homens a lutarem livres da névoa de submissão religiosa, a qual reforçava a submissão devida ao magistrado e ao patrão, e lançou muitos artesãos do século XIX numa via de autoconfiança e investigação intelectuais sólidas. Mas também devem ser lembradas as limitações da "razão" de Paine; nela havia uma desenvoltura e uma falta de recursos imaginativos que nos lembram uma das críticas de Blake à "visão única". No Livro do Eclesiastes, Paine só conseguia ver "a reflexão solitária de um libertino esgotado [...] que, rememorando cenas que não mais podia usufruir, grita *Tudo é Vaidade!* Boa parte da metáfora e do sentimento fica obscura [...]".

*A Idade da Razão* não foi a única fonte para o pensamento livre do século XIX. Muitos outros tratados e traduções (edições abreviadas de Voltaire, D'Holbach, Rousseau) haviam circulado em círculos jacobinos na década de 1790, e o de maior influência foi *Ruínas do Império*, de Volney. Era um livro mais profundo e imaginativo que o de Paine, um estudo original sobre religiões comparadas. Além disso, a alegoria de Volney sobre a evolução da política clerical se relacionava com a alegoria do crescimento do despotismo político; em suas conclusões, oferecia uma mensagem de tolerância e de internacionalismo mais ampla que a de Paine. Ao contrário da *Justiça Política* (1793), de William Godwin, cuja influência se restringia a um pequeno círculo muito culto,[25] as Ruínas de Volney foram publicadas numa edição barata de bolso e constavam das bibliotecas de muitos artesãos do século XIX. Seu quinto capítulo, a visão de uma "Nova Era", frequentemente circulou como um ensaio independente. Nele, o narrador vê uma nação civilizada disposta a se dividir em dois grupos: de um lado, os que, "com trabalhos úteis, contribuem para o sustento e a manutenção da sociedade", e, de outro lado, os seus inimigos. A maioria esmagadora se encontrava no primeiro grupo: "camponeses, artesãos, comerciantes e todas as profissões úteis para a sociedade." O segundo era "um pequeno grupo, uma fração insignificante" — "nada além de padres, cortesãos, ocupantes de cargos públicos, comandantes de tropas, em suma, os agentes civis, militares ou religiosos do governo". Entre os dois grupos dá-se um diálogo:

> Povo: [...] Que trabalho você executa na sociedade?
> Classe Privilegiada: Nenhum: não fomos feitos para trabalhar.
> Povo: Como então vocês adquiriram sua riqueza?

[25] O anarquismo filosófico de Godwin atingiu um público operário apenas após as Guerras Napoleônicas, e principalmente através das *Notas ao Queen Mab*, de Shelley, nas edições piratas de Richard Carlile.

Classe Privilegiada: Assumindo a tarefa de governar vocês.

Povo: Governar a nós! Nós nos esgotamos, e vocês se divertem; nós produzimos, e vocês dissipam; a riqueza flui de nós, e vocês a absorvem. Homens privilegiados, classe distinta do povo, formem uma nação à parte e governem-se a si mesmos.

Uns poucos elementos da classe privilegiada se unem ao povo (continua o relato da visão), mas os restantes tentam intimidar o povo com tropas. Os soldados, porém, depõem suas armas e dizem: "Somos parte do povo." A classe privilegiada a seguir tenta iludir o povo com padres, mas estes são prontamente repelidos: "Cortesãos e padres, vossos serviços são caros demais; daqui por diante, tomaremos nossos assuntos em nossas próprias mãos." Por um curioso efeito de tradução, os pontos de vista de Volney parecem mais radicais em inglês do que em francês. A noção do estamento ou ordem aristocrática parasitária surge como a "classe" mais generalizada dos ricos e ociosos. Daí derivaria a sociologia do radicalismo pós-guerra, dividindo a sociedade entre as "classes úteis" ou "produtivas" de um lado, e cortesãos, sinecuristas, possuidores de capital, especuladores e intermediários parasitas, de outro.

Volney, contudo, teve uma influência um pouco posterior. Paine dominou o radicalismo popular do início dos anos 1790. É verdade que seu prosaísmo polêmico trouxe estreiteza ao movimento, a qual foi amargamente caricaturada (com a euforia mais sofisticada de Godwin) por reformadores desiludidos, após a passagem da Convenção revolucionária francesa, através do Terror, ao Bonapartismo. A crítica e a caricatura, formuladas com o gênio combinado de Burke, Wordsworth e Coleridge, têm predominado nas avaliações de muitos estudiosos contemporâneos, eles mesmos expostos a experiências similares de desilusão revolucionária nos últimos 25 anos.

Havia certamente uma disposição messiânica e sonhadora entre alguns discípulos de Godwin e Paine que os preparava para aceitar noções simples (e ao final decepcionantes) sobre a perfectibilidade humana:

> Ó Paine! junto a *Deus*, quão infinitamente gratos a você são milhões, pelo pouco que lhes resta de suas liberdades [...] Alexandres, Césares, Ferdinandos, Capetos, Fredericos, Josés e Czarinas lutaram ferozmente para escravizar a humanidade; mas estava reservado a você [...] alçar as bandeiras celestiais dos direitos do homem sobre as cambaleantes bastilhas da Europa; romper os grilhões do despotismo de milhões de tornozelos e destruir os jugos de opressão [...] das gargantas de outros milhões ainda por nascer.[26]

Sempre se encontram disposições tais em períodos de exaltação revolucionária. Caso se aplique o mito do "totalitarismo" jacobino ao contexto inglês, é necessário refutá-lo com as verdades mais simples. Paine e seus seguidores ingleses não pregavam o extermínio de seus oponentes, mas sim pregavam contra Tyburn e o Código Penal sanguinário. Os jacobinos ingleses defendiam o internacionalismo, a arbitragem em lugar da guerra, a tolerância aos dissidentes, católicos e livres-pensadores, o reconhecimento das virtudes humanas em "pagãos, turcos ou judeus". Pretenderam transformar, pela educação e pela agitação, "a turba" (nas palavras de Paine) de "adeptos de lutas *campais*" em adeptos do "*estandarte* da liberdade".

Isso não significa menosprezar as acusações contra alguns jacobinos ingleses, com noções doutrinárias e um experimentalismo moral superficial, cuja mais notável expressão se encontra no Livro III da *Excursão* de Wordsworth. Têm sido estes, muitas vezes, os vícios da "Esquerda". Paine tinha pouco senso históri-

[26] Cidadão Randol, de Ostend, *A Political Catechism of Man*. 1795, p. 8.

co, sua visão da natureza humana era simplista e seu otimismo ("Não creio que a Monarquia e a Aristocracia resistam por mais sete anos em qualquer um dos países esclarecidos da Europa") é entediante para a mente do século xx. Mas a reação na nossa época contra as interpretações marxistas ou liberais da história tem sido tão intensa que alguns acadêmicos propagaram uma inversão ridícula dos papéis históricos: os perseguidos são vistos como os precursores da opressão, e os opressores como vítimas de perseguição. E por isso fomos obrigados a passar por essas verdades elementares. Foi Paine quem depositou fé no livre funcionamento da opinião na "sociedade aberta": "a humanidade não está disposta agora a que lhe digam o que não deve pensar ou ler." Foi também Paine quem viu que, nos debates constitucionais do século xviii, "a Nação sempre era deixada de lado". Ao trazer a nação para o debate, ele necessariamente acionou forças que não poderia prever nem controlar. E isso se trata de democracia.

# 5

# Plantando a árvore da liberdade

Voltemos agora a Thomas Hardy e os companheiros que se encontraram em O Sino, na Exeter Street, em janeiro de 1792. Demos essa longa volta para derrubar as muralhas chinesas que separam o século xviii do xix, e se interpõem entre a história da agitação operária e a história cultural e intelectual do resto da nação. Os acontecimentos na Inglaterra, na década de 1790, são demasiadas vezes vistos apenas como um brilho reflexo dos tempestuosos relâmpagos da Bastilha.[1] Mas os elementos precipitados pelo exemplo francês — as tradições dissidentes e libertárias — recuam muito na história inglesa. E a agitação dos anos 1790, embora durasse apenas cinco anos (1792-1796), foi extraordinariamente intensa e de grande alcance. Alterou as atitudes subpolíticas do povo, afetou os alinhamentos de classe e iniciou tradições que se prolongam até o século atual. Não foi uma agitação sobre os acontecimentos franceses, embora eles a tenham inspirado e também prejudicado. Foi uma agitação inglesa, de dimensões impressionantes, por uma democracia inglesa.[2]

---

[1] Sobre as sociedades populares, ver G. S. Veitch, *The Genesis of Parliamentary Reform*. 1913; W. P. Hall, *British Radicalism, 1791-1791*. Nova York: 1912, e P. A. Brown, *The French Revolution in English History*. 1918. Ver também J. Dechamps, *Les Iles Britanniques et la Revolution Française*. Bruxelas: 1949; H. Collins, "The London Corresponding Society", in J. Saville (org.), *Democracy and the Labour Movement*. 1954; W. A. L. Seaman, "British Democratic Societies in the French Revolution". Londres, tese de doutoramento inédita, 1954.

[2] Foi, evidentemente, de uma forma ainda mais intensa, uma agitação pela independência irlandesa e pela democracia escocesa. Ver H. W. Meikle, *Scotland*

O constitucionalismo foi a comporta derrubada pelo exemplo francês. Mas era 1792, e não 1789, e as águas que fluíam eram as de Tom Paine. Uma forma de abordar essa questão é examinar algumas impressões do norte da Inglaterra na segunda metade de 1792. No verão desse ano, o ministro da Guerra considerou a situação suficientemente séria para enviar o vice-comandante em uma viagem de inspeção da disposição das tropas e da sua disciplina em caso de emergência. Em Sheffield, ele achou "que as doutrinas sediciosas de Paine e o povo faccioso que está empenhado em perturbar a paz do país se ampliaram a um grau muito além do que eu imaginava". Viu em Sheffield um "centro de todas as suas maquinações sediciosas; 2.500 "dos mais baixos artífices" estavam filiados à principal associação reformista (a Sociedade Constitucional):

> Aqui eles leem as publicações mais violentas, e as comentam, e discutem sua correspondência não só com as sociedades subordinadas nas cidades e aldeias da vizinhança, mas com aquelas em outras partes do reino [...][3]

No outono e inverno de 1792, Wilberforce (o membro por Yorkshire) recebeu notícias alarmantes de vários correspondentes. Wyvill lhe escreveu sobre "a disposição do povo baixo no distrito de Durham":

> Um número considerável de pessoas em Bernard Castle manifestou descontentamento pela Constituição, e as palavras "Não ao Rei", "Liberdade" e "Igualdade" foram escritas na Cruz do Mercado. Durante os últimos motins entre os barqueiros de Shields e Sunderland, perguntaram ao general Lambton: "Você já leu este

*and the French Revolution*. Glasgow: 1912; R. B. Madeen, *The United Irishmen*. 1842-1846.

[3] Citado em A. Aspinall, *The Early English Trade Unions*. 1949, pp. 4-5.

pequeno trabalho de Tom Paine?" "Não." "Então leia-o — nós gostamos muito. Você tem uma grande propriedade, general; logo a dividiremos entre nós."[4]

Em novembro, um correspondente escrevia de North Shields diretamente para Pitt, descrevendo as greves e motins dos marinheiros ("P.S.: Algo chocante de se contar, a turba neste instante está conduzindo alguns marinheiros ou oficiais que mostraram relutância em acatar seu modo de procedimento, fazendo-os andar nus à sua frente pela cidade") em termos próximos ao pânico:

> Quando olho em torno e vejo este país coberto por milhares de mineiros, portuários, carreteiros e outros trabalhadores, camaradas duros profundamente impressionados pela nova doutrina da igualdade, e atualmente compostos de uma matéria tão combustível que a menor faísca os incendiaria, não posso deixar de achar muito repreensível a inércia dos magistrados.[5]

De Leeds, um cidadão importante escrevia a Wilberforce sobre "a obra nociva de Paine [...] comprimida num panfleto de seis *pennies*, e vendida e distribuída em profusão. [...] Você pode vê-la nas casas dos nossos. Os soldados estão por toda parte impregnados dela". "O estado do país [...] parece muito crítico", observou Wilberforce em seu diário. E informou ao seu correspondente de Leeds: "Penso em propor ao arcebispo da Cantuária [...] a celebração de um dia de jejum e penitência." Mas de Leeds vieram novidades melhores: uma turba leal havia desfilado pelas ruas,

4 R. I. e S. Wilberforce, *Life of William Wilberforce*, v. 2. 1838, p. 2.
5 Powditch para Pitt, 3 de novembro de 1792, H. O. 42-22.

> carregando uma imagem de Tom Paine num mastro, com uma corda no pescoço, segura por um homem que seguia atrás, fustigando continuamente a efígie com um chicote de carroceiro. Ao final, a efígie foi queimada na praça do mercado, com o lento dobre de finados do sino do mercado. Surgiu um sorriso em todas as faces [...] "Deus Salve o Rei" ressoou pelas ruas [...][6]

Entretanto, as ruas de Sheffield presenciaram cenas muito diferentes. Ocorreram manifestações no final de novembro, para comemorar as vitórias dos exércitos franceses em Valmy, e foram noticiadas no *Sheffield Register* (30 de novembro de 1792), um jornal semanal que apoiava os reformadores. Uma procissão de 5 ou 6 mil pessoas conduziu pelas ruas um boi assado e esquartejado, em meio a disparos de canhão. Na procissão havia:

> uma caricatura que representava a Britânia — Burke montado num porco — e uma figura cuja parte superior era o retrato de um ministro escocês,[7] e a parte inferior a de um asno [...] o mastro da liberdade jazia quebrado no chão, com a inscrição "A Verdade é Calúnia" — o Sol rompendo por trás de uma nuvem, e o Anjo da Paz com uma mão enviando os *Direitos do Homem* e estendendo a outra para levantar a Britânia.

"Nunca vi um bando de vilões tão resolutos e determinados", comentou um observador hostil.

Eis algo incomum — mineiros, portuários, *cloth-dressers*, cuteleiros: não só os tecelões e camponeses de Wapping e Spitalfields, cujas manifestações coloridas e desordeiras ocorriam frequentemente em apoio de Wilkes, mas ainda trabalhadores de aldeias e cidades de todo o país, reivindicando direitos *gerais*

[6] Wilberforce, op. cit., v. 2, pp. 1-5.

[7] Henry Dundas, ministro do Interior.

para eles. Foi isso — e não o Terror Francês — que lançou o pânico entre as classes proprietárias.

Isso fica mais claro se observamos com maior atenção os acontecimentos que rodearam a publicação dos *Direitos do Homem*. Mesmo depois de dois anos da tomada da Bastilha, ainda não se haviam formado as primeiras sociedades populares. Havia uma disposição geral entre as classes médias e superiores em aclamar os primeiros acontecimentos da Revolução — mesmo os tradicionalistas afirmavam que a França estava se alinhando, ainda que tardiamente, às noções britânicas da "Constituição mista". Os dissidentes — e principalmente dr. Price — foram os primeiros a aproveitar o exemplo francês, traçando paralelos britânicos e derivando da Revolução Gloriosa o direito de exigir explicações do nosso "supremo magistrado". A agitação em repúdio às inabilitações impostas aos dissidentes (as Leis de Critério e Corporação) atingiu seu clímax no inverno de 1789-1790, e, em meio aos ânimos exaltados por esta campanha (e pela recusa do Repúdio), formaram-se as primeiras Sociedades Constitucionais provinciais dos reformadores e os primeiros clubes "Igreja e Rei" dos seus oponentes aristocráticos. As *Reflexões* de Burke (em que se criticava o dr. Price) foram o primeiro sinal importante de uma reação geral e precederam a proclamação da República Francesa e o primeiro terror contra os contrarrevolucionários. Na verdade, Burke surpreendeu muitos reformadores moderados (entre os quais outrora se contavam Pitt e o próprio Burke) e até tradicionalistas com o ímpeto dos seus argumentos. Como vimos, os motins por "Igreja e Rei" em Birmingham, no verão de 1791, dificilmente pertencem à época "revolucionária francesa". Embora o pretexto para os motins fosse um jantar em comemoração do aniversário da queda da Bastilha, a propaganda de jacobinos e antijacobinos mal atingira o populacho. De maio de 1792 em diante, as demonstrações antijacobinas semelhantes àquela descrita por Wilberforce em

Leeds eram mais organizadas, com uma composição maior de desmoralizados e subordinados, e mais abertamente dirigida para a intimidação de reformadores plebeus.

Contudo, os motins de Birmingham significam um momento de transição.[8] A evidente cumplicidade e satisfação das autoridades indignaram e endureceram os reformadores que, em muitas outras partes do país, haviam comemorado a queda da Bastilha sem serem molestados. Serviram também, de modo involuntário, como uma divulgação de suas atividades, numa época de crescente popularidade da Primeira Parte dos *Direitos do Homem*. Os magistrados de Lancashire detectaram um "mau humor geral", para o qual contribuíram os eventos de Birmingham, e eles o relacionavam com "um espírito de associação muito generalizado entre todos os tipos de trabalhadores e artesãos, que estão num estado de insatisfação contra qualquer controle legal".[9] Em agosto, em Londres, talvez em resposta aos acontecimentos de Birmingham, Horne Tooke, o antigo tenente de Wilkes, presidiu a um "Encontro Seleto dos AMIGOS DA PAZ e das LIBERDADES UNIVERSAIS", na Taberna Thatched House, que ressaltou em termos ásperos a relevância do exemplo francês para a Inglaterra.

O ritmo se acelera no inverno de 1791-1792, quando se fundaram várias sociedades reformistas nas províncias e em Londres. Em fevereiro de 1792, foi publicada a Segunda Parte dos *Direitos do Homem*, com seu decisivo capítulo "social". Em março, a Sociedade Constitucional[10] se reorganizou com Horne

[8] Tiveram um significado adicional, inibindo o desenvolvimento posterior do movimento radical de Birmingham. Se não fossem os motins, Birmingham — com seus numerosos pequenos mestres e artesãos — poderia ter se tornado um centro de liderança jacobino, ao lado de Norwich e Sheffield.

[9] Aspinall, op. cit., p. i.

[10] Isto é, a sociedade londrina ou nacional para a Informação Constitucional, que não possuía ramificações provinciais. As Sociedades Constitucionais (como as de Sheffield, Manchester e Derby) se correspondiam com Londres — e, muitas

Tooke, que agiria como o enérgico mediador, num espírito de liderança, entre as diferentes alas de reformadores. Em abril, uma série de pares e parlamentares liberais fundaram uma exclusiva "Sociedade de Amigos do Povo", sendo um dos seus objetivos *contrabalançar* o extremismo inconstitucional de Paine, e cuja contribuição positiva mais importante foi a publicação do relatório de uma comissão que investigara, com um esmero fabiano, o estado da representação, corrupção e influência parlamentares. Em maio de 1792, saiu uma proclamação real contra publicações sediciosas, dirigida especialmente contra Paine. Naquele verão, os exércitos austro-prussianos entraram na França: o rei e a rainha foram presos, e começou o primeiro terror contra os defensores do *Ancien Régime*. A Convenção Nacional se reuniu em setembro, foi proclamado o primeiro ano da República. Em novembro, John Reeves fundou sua associação antijacobina; em dezembro, Paine foi proscrito (em sua ausência) e os *Direitos do Homem* foram condenados como libelo sedicioso. Em janeiro de 1793, Luís foi executado, e, em fevereiro, iniciou-se a guerra entre a França e a Inglaterra.

Os acontecimentos assim cruamente enfileirados podem ser enganadores. O que é notável é a mudança muito dramática que ocorreu nos doze meses entre fevereiro de 1792 e fevereiro de 1793. No início do ano, Pitt confiantemente esperava "quinze anos" de paz. Mais de seis meses depois, ele ainda esperava tirar proveito do alvoroço na França, mantendo a neutralidade britânica. A proclamação de maio de 1792 significou o primeiro alarma sério por parte do governo, quanto à ampliação da propaganda painista, mas isso ainda era considerado como problema puramente interno. Três fatores alteraram a situação. Primeiro, a rápida radicalização da Revolução Francesa após os massacres de setembro. Segundo,

vezes, tanto com a SLC quanto com a SIC — mas eram fundadas e dirigidas independentemente.

a ameaça direta aos interesses britânicos e ao equilíbrio diplomático na Europa, representada pelo fervor expansionista da Nova República. Terceiro, sinais perigosos de confluência entre a animação revolucionária na França e o crescente movimento jacobino interno. Em novembro de 1792, a Convenção soltara seu famoso decreto sobre a "fraternidade e assistência" a todos os povos; um pouco mais tarde, no mesmo mês, resultaram da Convenção delegações fraternas de Londres e da Escócia, e um deputado (Grégoire) saudou a Nova República que em breve surgiria às margens do Tâmisa. Paine, no seu exílio francês, foi eleito deputado por Pas-de-Calais. Em dezembro, a política expansionista dos vacilantes girondinos se confirmou na Saboia, Renânia, Nice e Bélgica, entoando-se o *slogan* "Guerra aos castelos; paz às cabanas". A oportunidade efetiva para a guerra (a execução de Luís e o controle do Scheldt) surgiu após os doze meses que transformaram Pitt do primeiro-ministro da austeridade econômica, da paz e da reforma social, no arquiteto diplomático da contrarrevolução europeia.[11] E essa transformação não atingiu apenas um homem, mas toda uma classe: a nobreza, bem como a *bourgeoisie* comercial e manufatureira, que haviam visto em Pitt sua esperança para uma racionalização econômica e uma reforma política cautelosa.

O que geralmente se subestima é esse terceiro fator: a profundidade e a intensidade da agitação democrática na Inglaterra. O pânico e a ofensiva contrarrevolucionária dos proprietários britânicos começaram alguns meses antes da prisão do rei e dos massacres de setembro na França; e quando estes ocorreram, todos os órgãos oficiais ingleses usaram todos os meios para divulgar os sofrimentos das vítimas da guilhotina e dos *émigrés* franceses, não só por choque e compaixão, mas tam-

11 Ver G. Lefebvre, *The French Revolution*. 1962, pp. 274-83.

bém — e talvez principalmente — como forma de neutralizar a propaganda jacobina inglesa.

Pois o êxito da Segunda Parte dos *Direitos do Homem* fora verdadeiramente fabuloso. Aceitava-se amplamente o cálculo (num panfleto de 1793) de que haviam sido vendidos 200 mil exemplares naquele ano: isso numa população de 10 milhões.[12] A Segunda Parte saiu imediatamente numa edição de seis *pennies*, financiada pela Sociedade Constitucional e por sociedades locais. Hannah More lamentava que "os amigos da insurreição, da infidelidade e do vício chegavam ao ponto de carregar jumentos com seus panfletos perniciosos e distribuí-los, não só nas cabanas e estradas, como também nas minas e poços de carvão".[13] Em Sheffield, dizia-se que "cada cuteleiro" tinha um exemplar. Em Newcastle (Staffs), dizia-se que as publicações de Paine estavam "em quase todas as mãos", principalmente nas dos oficiais oleiros: "mais que dois terços dessa populosa região estão prontos para uma revolta, principalmente a classe baixa dos habitantes."[14] O livro de Paine se encontrava nas minas de estanho de Cornish, nas aldeias de Mendip, nas Terras Altas da Escócia e, pouco depois, em muitíssimos lugares da Irlanda. "As regiões do norte de Gales", lamentava um correspondente,

---

12 *Reflexões* de Burke era vendido a três xelins, e saíram 30 mil exemplares nos primeiros dois anos. A Primeira Parte dos *Direitos do Homem* também custava três xelins, e vendeu 50 mil em 1791. Em 1802, Paine anunciava uma circulação de duas partes em 400 mil ou 500 mil exemplares — e, em 1809, 1.500.000 —, mas essa cifra incluía as enormes vendas irlandesas e traduções europeias. Inclino-me a aceitar o anúncio de 200 mil exemplares vendidos na Inglaterra, Gales e Escócia (levando em consideração as duas partes e as edições abreviadas lançadas por clubes locais), entre 1791 e 1793, muito embora R. D. Altick nos advirta de que "nem uma única peça de literatura da época [...] jamais se aproximou de tal circulação". Ver *The English Common Reader*. 1957, pp. 69-73.

13 W. Roberts, *Memoirs of... Mrs. Hannah More*, v. 2. 1834, pp. 424-5.

14 J. Massey, 22 de novembro de 1792, H. O. 42-22; F. Knight, *The Strange Case of Thomas Walker*. 1957, p. 117.

estão infestadas de pregadores metodistas itinerantes que discorrem sobre os *Direitos do Homem* e atacam o governo monárquico.[15]

"O livro", escreveu um correspondente inglês, "se tornou agora um livro modelo neste país, como Robinson Crusoé e o Progresso do Peregrino".[16]

No julgamento *in absentia* de Paine, o procurador-geral lastimou que *Direitos do Homem* fosse "lançado nas mãos de sujeitos de todas as espécies, e até os caramelos das crianças são embrulhados nele". Dundas explicou que a Proclamação Real de maio de 1792 se justificava "quando grandes conjuntos de homens em grandes cidades manufatureiras adotavam e faziam circular doutrinas de tendências tão perniciosas". Afirmou-se claramente que o preço baixo das edições abreviadas constituía um agravamento do delito. A proclamação foi apoiada por encontros cuidadosamente patrocinados por todo o país. Magistrados e cleros locais promoveram discursos leais condenando Paine, e se formaram sociedades de pequena nobreza, "para preservar inviolada a GLORIOSA CONSTITUIÇÃO DA VELHA INGLATERRA". Com o subsídio dos fundos do Serviço Secreto, foram impressas 22 mil cópias de um panfleto chulo e grosseiro contra Paine.[17] Paine respondeu ao ataque crescente com uma mordaz *Carta Dirigida aos Discursadores*, onde também discutia contra os aristocráticos Amigos do Povo e ridicularizava o uso de petições como meio de reforma:

15 "Memorandum on Clubs", outubro de 1792, em H. O. 42-22. Sobre o jacobinismo na Gales, ver D. Davis, *The Influence of the French Revolution on Welsh Life and Literature*. Carmarthen: 1926; e M. P. Jones, "John Jones of Glan-y-Gors". *Trans. Cymmrodorian Society*, 1909-1910.

16 Benjamin Vaughan, 30 de novembro de 1792, H. O. 42-22.

17 No inverno de 1792-1793: ver A. Aspinall, *Politics and the Press*. 1949, pp. 152-3.

> Considero que a reforma do Parlamento através de petições ao Parlamento [...] é um assunto velho e desgastado, do qual a nação está cansada. [...] O direito, e o exercício desse direito, pertence apenas à nação, e o meio adequado é uma convenção nacional, eleita para esse fim por todo o povo.[18]

Isso era revolucionário, ante a prisão de um rei do outro lado da Mancha, em consequência de uma Convenção Nacional. Mas antes da publicação da *Carta*, o próprio Paine, para escapar à prisão, atravessara o Canal. Sua jogada de despedida foi uma carta dirigida ao procurador-geral, de "Paris, 11 de novembro, 1º ano da República", para ser lida em seu julgamento. Um veredito contra ele (dizia) significaria tanto quanto um veredito contra "o homem na Lua": significaria na realidade um veredito contra os direitos do povo da Inglaterra.

> O tempo, sir, está se tornando sério demais para brincar com processos de tribunal. [...] Os terríveis exemplos que aqui ocorreram, sobre homens que há menos de um ano se julgavam tão seguros quanto qualquer juiz, júri ou procurador-geral perseguidores podem se crer atualmente na Inglaterra, deveriam ter algum peso para homens em vossa situação. O que vocês não podem ignorar é que o governo da Inglaterra é um grande, se não o maior, modelo de perfeição de fraude e corrupção que jamais existiu desde que existem os governos. [...] Será possível que vocês ou eu possamos acreditar [...] que a capacidade de um homem como o sr. Guelph, ou qualquer um dos seus filhos devassos, é necessária para o governo de uma nação [...]?[19]

---

18 Paine, loc. cit., p. 56. Eaton, que publicou a *Carta*, foi processado, mas absolvido (nesta ocasião) por um júri amistoso.

19 Devidamente publicada em Joseph Gueney, *Proceedings on the Trial... against Thomas Paine*. 1793.

Mas, mesmo antes que Paine tivesse adotado um tom tão truculento, seus escritos tinham servido como pedra de toque para distinguir as diferentes ênfases entre os reformadores. Os aristocráticos Amigos do Povo se esforçavam em afirmar sua lealdade ao acordo de 1688, para se dissociarem de qualquer noção de Convenção Nacional e da "indefinida linguagem ilusória [de Paine] que [...] tende a excitar um espírito de inovação cujo efeito nenhum sábio pode prever e cujo curso nenhum perito pode controlar" (maio de 1792).[20] Christopher Wyvill, o reformador fidalgo de Yorkshire, publicou *Uma Defesa de Dr. Price* (1791) contra Burke, em que aproveitou para deplorar "os efeitos perniciosos" da obra de Paine, por tender a "excitar as classes baixas do povo a atos de violência e injustiça".[21] Após a publicação da Segunda Parte dos *Direitos do Homem*, o tom de Wyvill se endureceu. Em sua ampla correspondência nacional com reformadores moderados, ele exerceu sua considerável influência para pressioná-los a provocar uma contra-agitação que minimizasse o efeito dos "conselhos perniciosos [...] e inoportunos do sr. Paine". Em abril de 1792, ele pressionava a Sociedade Constitucional de Londres para se separar do "partido popular":

> Como o sr. Paine [...] respalda sua proposta oferecendo aos pobres anuidades que seriam retiradas da riqueza supérflua dos ricos, julguei que a tendência extremamente perigosa de suas doutrinas licenciosas requeria uma oposição [...]

Não há dúvida de que foi o espírito agudizado do antagonismo de classe, precipitado pela ligação de Paine entre reivindicações políticas e econômicas, que provocou o maior temor de Wyvill: "é uma infelicidade para a causa pública", escreveu ele

[20] Wyvill, *Political Papers*, v. 3. Apêndice, pp. 154-5.

[21] Ibid., v. 3. Apêndice, pp. 67-8. É um mérito de Wyvill ter se oposto a qualquer perseguição contra Paine.

a um pequeno nobre rural de Sheffield em maio de 1792, "que o sr. Paine tenha assumido uma tal causa inconstitucional, e tenha formado um partido pela República entre as classes baixas do povo, oferecendo-lhes a perspectiva de pilhar os ricos".[22]

Os partidários de Wyvill na Sociedade Constitucional de Londres (da qual o próprio Paine fazia parte) eram superados em número pelos painistas. A Sociedade saudara oficialmente o surgimento da Parte Primeira dos *Direitos do Homem*, enquanto, simultaneamente, aprovava uma resolução geral em apoio à Constituição mista (março e maio de 1791). Durante o resto do ano, os moderados perderam terreno para o inflexível major Cartwright, para o oportunista, mas corajoso, Horne Tooke, para o advogado jacobino John Frost e para o círculo imediato de Paine. "Viva a Nova Jerusalém! O milênio! E que a paz e a eterna beatitude estejam na alma de Thomas Paine", escreveu em êxtase o dramaturgo Thomas Holcroft para Godwin. Na reorganização da Sociedade, no começo da primavera de 1792, os adeptos de Paine conseguiram o controle inquestionável da mesma. A Segunda Parte dos *Direitos do Homem* também foi oficialmente saudada — em particular as propostas "sociais" —, e a Sociedade iniciou uma política de agitação muitíssimo mais intensa. Tooke e Frost ajudaram Hardy a promover a Sociedade de Correspondência; iniciou-se correspondência com sociedades provinciais e (em maio de 1792) com o Clube Jacobino, em Paris; foram publicados impressos, panfletos e uma edição barata de Paine; a Sociedade abriu uma subscrição pública para a defesa de Paine, e, em novembro e dezembro de 1792, John Frost foi a Paris como delegado da Sociedade, onde assistiu ao julgamento do rei. As simpatias por Paine eram igualmente acentuadas na SLC e nas sociedades provinciais de Manchester, Norwich, Sheffield. Thomas Cooper, um jovem comerciante

[22] Ibid., v. 5, pp. 1, 23-4, 51.

de Bolton, unitarista e propagandista muito hábil, foi tomado pelo entusiasmo com o surgimento da Segunda Parte: "ela me tornou politicamente mais louco do que jamais fui. É plena de impacto e repleta de bom-senso [...] reforçada também por uma profusão de assuntos provocativos. Vejo-a como uma verdadeira joia de livro [...] Burke foi desmontado para sempre com ele".[23]

O ano de 1792 foi, então, o *annus mirabilis* de Tom Paine. Em doze meses, seu nome se tornou uma palavra familiar. Havia poucos lugares nas Ilhas Britânicas em que seu livro não penetrara. Servia como uma pedra de toque, dividindo os reformadores fidalgos e os liberais nobres de uma minoria de profissionais e manufatureiros radicais, que buscavam aliança com os camponeses e artesãos, recebiam bem as propostas econômicas e sociais de Paine e defendiam uma república. A decisão de Pitt em processar Paine, longamente adiada, marcou o início da era de repressão. A proscrição de Paine (e a proibição dos *Direitos do Homem*) foi precedida e acompanhada por um esforço tenaz das autoridades em conter os reformadores. "Como agora estamos com a bola", Paine escreveu a Walker no verão de 1792, "ela tem que continuar a rolar, com publicações baratas. Isso confundirá, mais que tudo, a pequena nobreza cortesã, pois é um terreno a que não estão acostumados".[24] Mas a "pequena nobreza cortesã" tomou sua própria ofensiva de publicações e estimulou sua "regularidade cronométrica" nos movimentos de seus partidários. A Associação para a Proteção da Propriedade contra Republicanos e *Levellers*, de Reeves, apenas consolidou e fortaleceu numerosas sociedades de magistrados e fidalgos, já formadas em resposta às sociedades populares. No inverno de 1792-1793, elas tentaram reviver e excitar a técnica da violência turbulenta, que se mostrara tão eficiente em Birmingham no

---

[23] Citado em Knight, op. cit., pp. 63-4.

[24] Blanchard Jerold, *The Original*. 1874, p. 41.

ano anterior. Em dezembro de 1792, uma turba bêbada foi deliberadamente dirigida contra a residência de Thomas Walker em Manchester: ele e seus adeptos se defenderam com êxito, disparando para o ar. "Usavam-se as mesmas artimanhas de uma eleição controvertida", escreveu Walker: "Juntavam-se grupos de homens em várias tabernas, e então desfilavam pelas ruas com um rabequista à frente e carregavam um quadro, onde vinha escrito IGREJA e REI."[25]

Promoviam-se por todo o país manifestações do tipo "Guy Fawkes" contra Tom Paine, semelhantes àquela relatada por Wilberforce em Leeds. Na pequena cidade têxtil de Ripponden, na Cadeia Penina, um próspero advogado registrou em seu diário, em 7 de janeiro de 1793, que pagara a uma certa gente, "que transportou a Efígie de Tom Payne e atirou nela, dez xelins e seis *pennies*".[26] Um proprietário de um moinho em Heckmondwike desempenhou o papel de Paine e foi "descoberto" lendo *Direitos do Homem* entre os poços de carvão; tiraram sua máscara e a puseram numa efígie de palha, que foi arrastada pela aldeia e "executada". Na cidade vizinha de Littletown, uma imagem em madeira de Paine foi destroçada a marretadas tão vigorosas que as mãos do executante se ensanguentaram.[27] Em dezembro de 1792,

> A efígie de Thomas Paine foi transportada num trenó, com grande solenidade, de Lincoln Castle até a forca, onde foi pendurada, em meio a uma grande multidão de espectadores. Após ficar suspensa pelo tempo habitual, foi levada à colina do castelo e lá pendurada ao braço da forca construída para esse fim. Ao anoitecer, fez-se uma grande fogueira sob a efígie, que [...] se consumiu até

[25] Walker, op. cit., p. 55. Ver também o excelente relato em Knight, op. cit., e A. Prentice, *Historical Sketches of Manchester*. 1851, p. 419 ss.

[26] J. H. Priestley, "John Howarth, Lawyer". *Trans. Halifaz Antiq. Soc.*, 1949.

[27] Frank Peel, *Spen Valley: Past and Present*. Heckmondwike: 1893, pp. 307-8.

virar cinza, entre as aclamações de muitas centenas de pessoas, acompanhadas por uma grande banda de música a tocar "Deus Salve o Rei"[...]

Mesmo em pequenas cidades de mercado, como Brigg e Caistor, formaram-se filiais da Associação de Reeves, entre cujos objetivos (para citar a Sociedade de Caistor) estava o exercício de "vigilância e atividade para descobrir e trazer à Justiça todas as pessoas que, seja publicando ou distribuindo papéis ou escritos sediciosos, seja se engajando em qualquer associação ou conspiração ilegal, empenham-se em perturbar a paz pública [...]".[28]

Se a distribuição dos *Direitos do Homem* cobriu toda a nação, o mesmo se deu com a promoção de sociedades antijacobinas. Portanto, na Inglaterra, o impulso revolucionário mal chegara a reunir forças e logo foi exposto a uma investida contrarrevolucionária, respaldada pelos recursos da autoridade estabelecida. "Desde então", observou Georges Lefebvre,

> sempre que o povo começava a se agitar, seus líderes em toda a Europa concordavam em que deviam voltar à sensatez, como ditava a tradição. O próprio êxito da Revolução Francesa provocou, fora de suas fronteiras, um desenvolvimento exatamente oposto à série de acontecimentos que asseguraram sua vitória na França.[29]

Mas essas manifestações de lealdade cuidadosamente fomentadas, por mais populares que fossem, graças ao suborno e à autorização momentânea tinham um ar cada vez mais artificial. Cada fogo ateado à efígie de Paine servia para iluminar, de forma indesejada, a diferença entre a Constituição da pequena nobreza e os direitos do povo. As ações "Igreja e Rei" significam

[28] *Stamford Mercury*, 8 de dezembro de 1792, 11 de janeiro de 1793. Sou grato ao sr. Rex Russell por esta referência.

[29] Lefebvre, op. cit., p. 187.

menos o *pogrom* cego do preconceito contra um grupo adventício, e mais uma escaramuça numa guerra civil política. Thomas Walker desprezou a turba que o atacava como "instrumentos miseráveis de uma facção sem princípios". "Todos [...] continuarão tranquilos se se deixar o povo em paz; ou então a turba, assim como o povo, em minha opinião, estará conosco."[30]

Até que ponto Walker tinha razão? De todas as questões, essa é a mais difícil de se responder. E devemos nos remeter, uma vez mais, a uma breve narrativa dos acontecimentos dos dois anos seguintes.

Após cada grande alteração no ânimo popular, geralmente ocorrem um endurecimento e uma contração. E isso foi reforçado, nos primeiros meses de 1793, por três causas: a execução do rei francês, o início da guerra e o começo da perseguição legal aos reformadores. Entre esses, encontravam-se um ministro dissidente, o reverendo William Winterbotham, preso por quatro anos devido a um sermão que mal ia além das posições já popularizadas por dr. Price, quanto à prestação de contas do soberano; e John Frost, o advogado, condenado ao cepo e a dezoito meses de prisão, sob pretexto de ter dito num café de Marylebone: "Sou pela igualdade. [...] Ora essa, nada de reis!", mas, na verdade, por ter comparecido à Convenção francesa como delegado inglês. Um impressor chamado Hold, em Newark, foi encarcerado por quatro anos pela reimpressão de um discurso antigo da Sociedade Constitucional. Em Leicester, o livreiro Richard Phillips, que publicava *Leicester Herald*, pró-reforma, foi preso por dezoito meses, aparentemente por vender *Direitos do Homem*. E muitos homens humildes foram molestados de várias maneiras. As autoridades se dedicavam, com grande sucesso, a colocar espiões nas sociedades populares. Já no outono de 1792, 186 taberneiros de Manchester tinham assinado uma declara-

[30] Knight, op. cit., p. 101, 105.

ção, em que recusavam o uso de suas salas para "qualquer CLUBE ou sociedade [...] que têm uma tendência a pôr em vigor aquilo que aqueles DIABÓLICOS desejam tão ardente e devotadamente, a saber, a DESTRUIÇÃO DESTE PAÍS". Os que não assinaram foram visitados e advertidos de que suas licenças não seriam renovadas. Letras douradas sobre as portas dos bares avisavam: "AQUI NÃO SE ADMITEM JACOBINOS." "Os inimigos da Reforma nesta cidade", escreveu o secretário da Sociedade de Reforma de MANCHESTER para a SLC, "estão exercendo todos os seus poderes para esmagar o nobre espírito da Liberdade [...]".[31]

Empregavam-se as mesmas formas semilegais de intimidação em Londres, onde seções da SLC foram maltratadas de taberna em taberna. "Logo se montou uma caça oficial à heresia em quase todas as cidades, de Portsmouth a Newcastle, de Swansea a Chelmsford."[32] Em Ipswich, os magistrados dissolveram um "Clube de Discussão" numa cervejaria, "consistindo de gente muito inferior"; em Wiltshire, um mestre-escola foi demitido devido a "expressões traidoras"; em vilas de Northamptonshire, efetuou-se uma investigação de lealdade, casa por casa. Em vários distritos, foram destacados agentes para visitar livrarias e processar qualquer livreiro que fosse descoberto a vender *Direitos do Homem*; mais de um analfabeto foi preso por colar cartazes em favor da reforma.

Tampouco os acontecimentos externos facilitavam o trabalho dos jacobinos ingleses. Não pode haver muitas dúvidas quanto ao fato de que a guerra francesa, desde o começo impopular, reativou

---

31 T. S. 11.3510 A (3); A. Prentice, *Historical Sketches of Manchester*. 1851, pp. 7-8. Sobre uma ação semelhante contra os estalajadeiros de Leicester, ver A. Temple Patterson, *Radical Leicester*. Leicester: 1954, p. 71. Sobre as perseguições provinciais, ver R. Phillips, *Original Papers Published in the Leicester Herald & c*. Leicester Gaol: 1793; *Account of the Trial of Alexander Whyte, Baker*. Newcastle: 1793; Daniel Holt, *Vindication of the Conduct and Principles of the Printer of the Newark Herald*. Newark: 1794.

32 P. A. Brown, op. cit., p. 85.

a longa tradição do sentimento antigaulês do povo. Cada nova execução, noticiada com copiosos detalhes — os massacres de setembro, o rei, Maria Antonieta —, contribuía para esse sentimento. Em setembro de 1793, ademais, os girondinos, amigos de Paine, foram expulsos da Convenção, e seus líderes enviados para a guilhotina, ao passo que, na última semana de 1793, o próprio Paine foi aprisionado em Luxemburgo. Essas experiências geraram a primeira fase de profundo desencantamento, numa geração intelectual que identificara suas crenças com a causa da França de um modo demasiado ardente e utópico. Nunca se obteria novamente a unidade de 1792 entre reformadores intelectuais e plebeus.

Em 1794, a febre da guerra se intensificou. Formaram-se corpos de voluntários; aumentaram as subscrições públicas; as feiras tradicionais se tornaram o local de manifestações militares. O governo aumentou seus subsídios e sua influência sobre a imprensa jornalística: multiplicaram-se os impressos populares antijacobinos. Em Exeter, circulava um volante:

> [...] quanto àqueles a quem não agrada [...] a atual Constituição, que tenham o que merecem, isto é, uma CORDA e uma FORCA, e que sejam queimados a seguir, não como foi PAINE, em efígie, mas em carne e osso. A isso todos os corações leais dirão Amém.

Em Birmingham, um grosseiro panfletista antijacobino, "Job Nott", dirigia-se aos reformadores:

> Fora — pensem só na Nova Forca —, vocês podem ser lembrados no Calendário de Newgate — a deportação pode reformá-los —, vocês merecem ser alçados às alturas — já viram a Nova Forca?

Nas paróquias de Londres, onde era mais forte a influência da Associação de Reeves, faziam-se investigações de casa em casa: na de St. Anne, mantinha-se um arquivo com a "compleição, idade, ocupação etc. de moradores e forasteiros"; na de St. James, os habitantes eram instados a denunciar por "incivismo" os encarregados da casa que não obrigassem seus empregados, oficiais e aprendizes a assinar uma declaração de lealdade à Constituição; não se podia empregar nenhum artesão que não tivesse passado livremente pelos agentes de Reeves, e recusava-se o alvará para taberneiros que não tivessem denunciado a presença de "pessoas suspeitas". Membros do Comitê de Reeves fizeram coleta de coletes de flanela para os soldados, como meio auxiliar para se testar a lealdade; e de coletes, as coletas passaram para "luvas, calções, gorros, camisas, perucas galesas, meias, sapatos, calças, botas, lençóis, casacões, roupões, roupas íntimas, mantas [...]".[33]

A existência de uma caça à heresia de tais proporções, em tempo de guerra, não *prova* a existência difundida de heresias. O "legalismo" em tais épocas sempre supõe a existência da "traição", ainda que apenas como um contraste. No entanto, as enxurradas de ensaios e sermões e os ataques a determinados jacobinos em lugares remotos indicam algo mais que uma "febre de guerra" ou culpa e intranquilidade, das classes proprietárias. Foi em abril de 1794 que um grupo de brutamontes, armados com cacetes, aterrorizou o jovem Samuel Bamford, ao passarem por Middleton — com pragas e janelas quebradas para os "painistas" —, a caminho de Royton. Ali estraçalharam a taberna O Cavaleiro Ligeiro, onde havia reformadores em reunião, e espancaram os presentes. Enquanto isso, os magistrados se recusaram a sair de casa, a poucas centenas de metros do local do motim, o pároco se postou num outeiro, apontando os fugitivos para os atacantes: "Ali vai um [...] É um jacobino;

[33] Vários exemplos deste parágrafo foram extraídos de um panfleto anônimo, *Peace and Reform; against War and Corruption*, 1974. Sobre as publicações antijacobinas (incluindo Job Nott), ver também R. K. Webb, *The British Working Class Reader*. 1955, pp. 41-51; M. J. Jones, *Hannah More*. Cambridge: 1952, cap. 6.

ali outro!".[34] É como se as autoridades sentissem alguma alteração no sentido da opinião das massas, alguma modificação subterrânea na disposição do ânimo — não a ponto de tornar a nação inglesa painista e jacobina, mas ainda assim disposta a abrigar e tolerar os sediciosos. Algum ligeiro acontecimento bastaria para inflamar toda aquela "matéria combustível". Os reformadores deviam ser vigiados e intimidados, as sociedades isoladas e postas sob suspeição, os preconceitos dos ignorantes autorizados e estimulados. Profissionais com acesso à imprensa, à livraria, ao púlpito ou à tribuna, que se associavam aos reformadores plebeus, eram os principais sujeitos à intimidação.

Pode-se encontrar, num lugar inesperado, uma confirmação dessa alteração de sentido nas atitudes dos inarticulados — ou na estrutura de sentimentos dos pobres. Os anos de 1793 e 1794 viram uma súbita ascensão de fantasias milenaristas, a uma escala desconhecida desde o século XVII. Enquanto a "Nova Jerusalém" de Holcroft era um conceito racional, e a "Jerusalém" de Blake uma imagem visionária (embora devendo mais à bagagem milenarista do que reconhece a crítica), os pobres e os crédulos encontraram um profeta mais literal em Richard Brothers, um capitão naval aposentado a meio soldo. Seu *Conhecimento Revelado das Profecias e dos Tempos* foi publicado logo no início de 1794. Suas profecias combinavam um grande conhecimento das intenções do Todo-Poderoso com a usual parafernália do Livro da Revelação, numa linguagem que mesclava a "matéria combustível" da dissidência dos pobres com a de uma era revolucionária:

> Todas as nações beberam da vinha da ira da fornicação da Babilônia, e os reis da terra praticaram fornicação com ela, e os mercadores da terra enriqueceram com a abundância de suas doçuras [...]

[34] Bamford, *Early Days*. 1893, pp. 55-6.

Entre suas visões estava a de "um grande Rio corre[ndo] por Londres, tingido de sangue humano". Uma predição sua de que Londres seria destruída numa determinada data coincidiu fortuitamente com uma tempestade de excepcional violência; John Binns, a caminho de uma reunião da SLC, abrigou-se numa cervejaria onde encontrou as pessoas (para seu divertimento e sua surpresa) a esperarem a consumação de todas as coisas.[35] Logo depois, Brothers anunciou que Londres fora salva apenas graças à sua intervenção pessoal no último minuto; e, visto que ele obviamente gozava de enorme influência com o Todo-Poderoso, o número de seus seguidores imediatamente duplicou.

Foi publicado — não se sabe se com ou sem sua autorização — um folhetim de oito páginas com a *Profecia de Brothers de todos os Acontecimentos Notáveis e Maravilhosos que ocorrerão* [...] *predizendo a Queda do Papa; uma Revolução na Espanha, Portugal e Alemanha; a Morte de Algumas Pessoas Importantes neste e em outros Países*. Também *uma terrível Fome, Peste e Terremoto*. [...] Na Inglaterra, haveria "aflição e grande desgraça, mescladas com alegria indizível"; "os orgulhosos e soberbos serão humilhados até o pó; mas os retos e pobres florescerão nas ruínas dos perversos; os palácios serão — e as choupanas serão —". Quanto à fome, peste e terremoto, deviam ser entendidas como metáforas:

> A Fome só destruirá as Larvas da *Espanha* e —. A Peste varrerá os Gafanhotos que comem a colheita do Esforço; e o Terremoto fará subir o monstruoso Leviatã, com toda a sua cauda. Nessas coisas os pobres, os honestos, os virtuosos e os patrióticos se regozijarão.

"A *França* deve sangrar novamente, mas só correrá sangue contaminado." "A *Itália* arrojará o Anticristo fora do seu trono [...]"

---

[35] Binns, op. cit., pp. 47-8.

A Turquia e a Rússia serão mergulhadas em guerra, terminando na destruição da Porta Otomana, da Fé Maometana, do Império Russo e da Igreja Grega. Ao final desses sinais de misericórdia, haverá uma era de fraternidade universal. "Todos serão como um só povo e uma só mente. [...] O *Cristão*, o *Turco* e o *Pagão* não se distinguirão mais um do outro":

> É chegado o tempo, e agora a prostituta da Babilônia está caindo, e cairá para não mais se levantar. Sigam, então, Filhos da Luz Eterna, e instruam os Filhos da Ignorância e da Escuridão [...] Então não haverá mais guerra, nem miséria, nem perversidade; mas tudo será paz, abundância e virtude.

É possível que a influência de Brothers tenha sido muito maior do que se supõe.[36] Algumas de suas vagas predições não podiam deixar de parecer realizadas, e foram lembradas quando da vitória dos exércitos franceses. Membros da SLC costumavam visitá-lo: talvez até o tenham estimulado. Encontrou-se um membro do Parlamento (como geralmente acontece) pronto a atestar a autenticidade dos poderes proféticos de Brothers; William Sharp, o famoso gravador e reformador político, tornou-se discípulo seu. O Conselho Privado levou-o a sério o suficiente para prendê-lo em março de 1795 e garantir o seu confinamento por alguns anos num asilo de lunáticos. Seus seguidores, como George Turner, de Leeds, continuaram a atuar em prol de sua libertação até a virada do século (ameaçando a destruição da Babilônia inglesa, caso o Profeta continuasse confinado), e com isso prepararam o terreno para o culto ainda maior de Joanna Southcott.[37] Brotaram escolas proféticas rivais,

---

[36] Ver Cecil Roth, *The Nephew of the Almighty*, 1933; G. R. Balleine, *Past Finding Out*. 1956, cap. 4; R. Southey, *Letters from England by Don Manual Alvarez*, 2ª ed., v. 3. 1808, p. 223 ss.

[37] G. Turner, *A Call to All the World*. Leeds: 1800.

e havia muitas incursões pelo Livro da Revelação, enquanto os ministros metodistas e batistas tentavam expurgar essa nova heresia. Em 1798, um pregador "batista autêntico" estava às voltas com seu rebanho entre os pobres de Norwich, Wisbech e Liverpool, tratando tintim por tintim da Revelação, advertindo-os contra uma luta demasiado literal contra o Demônio e chamando-os de volta à peregrinagem do espírito:

> O evangelho de Cristo não tem tendência a confraternizar a humanidade num estado de intercâmbio temporal ou político. Ele chama os indivíduos para fora do mundo, e os considera apenas como estrangeiros e peregrinos na terra. Como [...] um viajante que se apressa para voltar para sua esposa e família distantes, e onde se concentra toda sua felicidade, poderia interferir nos regulamentos internos de cada cidade ou aldeia por onde passa; da mesma forma, como um cristão poderia se imiscuir na Constituição [...]

Quanto ao Milênio, ele era decididamente transferido para o próximo mundo, quando:

> O alto e o baixo, o opressor e o oprimido serão reduzidos a um único nível perfeito. O tirano abastado e seu vassalo indigente; o poderoso par e o mísero desamparado receberão uma sentença imparcial e equitativa [...][38]

O espírito milenarista que visitou Wisbech, em Liverpool, indicava uma inquietude execrada pelas autoridades como "o espírito da inovação", um otimismo social indefinido dos crédulos que se aparentava às aspirações revolucionárias dos espíritos mais sofisticados. "Já está chegando para tudo", escreveu

[38] S. Fisher, *Unity and Equality in the Kingdom of God*. Norwich: 1798; *The Christian's Monitor*. Wisbech: 1798.

Burns, "o tempo em que homem e homem no mundo/ Irmãos serão em tudo". "Nem pode existir o homem senão em fraternidade", ecoou Blake, e o mesmo espírito subjaz a seus "livros proféticos" e sua bela visão de Jerusalém:

> Em minhas mudanças toda Terra
> Percorrer, & minerar em toda Terra,
> Juntos construir Jerusalém,
> Coração no coração & mão na mão.

Esse espírito, seja na sua forma visionária ou supersticiosa, é um curioso paradoxo em relação ao advento d'*A Idade da Razão*. Mas, ao modificar atitudes e nutrir novas aspirações, teve talvez influência tão duradoura quanto os argumentos de Paine.

Talvez um testemunho do tipo de exaltação surgido em 1792 seja a sobrevivência das sociedades populares aos choques e à caça às bruxas dos primeiros meses de 1793. As sociedades que estavam bem estabelecidas já em 1792 se mantiveram e até aumentaram sua organização: é o que se verifica em relação a Londres, Sheffield e Norwich, e talvez Derby e Nottingham. A maioria das sociedades sofreu algumas perdas no número de membros e a retirada de muitos dos seus influentes apoios de classe média. Manchester (com Thomas Walker à espera de julgamento por alta traição, por defender suas propriedades contra a turba) se enfraqueceu muito, e a Sociedade Constitucional de Leicester se dissolveu com a prisão de Phillips. Mas, em ambos os centros, sociedades mais plebeias prosseguiram após o fracasso das respeitáveis matrizes. (Em Manchester, o campo ficou dividido entre a Sociedade Constitucional de Walker e as Sociedades Patriótica e da Reforma, que se dizia serem compostas de "artífices das classes mais baixas".)[39]

[39] Memorando em T. S. 11.3035. Entre os réus companheiros de Walker, havia artesãos dessas sociedades — William Paul, colorista de papel; James Cheetham,

Sheffield, a sociedade mais forte, que registrara perto de 2 mil membros em 1792, parece ter sido pouco afetada. Em abril, ela aprovou uma série de francas resoluções contra a guerra. Em maio, anunciou quase 10 mil assinaturas recolhidas para uma petição nacional a favor do sufrágio masculino. Norwich, um antigo bastião da Dissidência, com grande número de pequenos mestres e artesãos com fortes tradições de independência, pode até ter superado Sheffield como centro provincial liderante do jacobinismo, embora os arquivos do movimento sejam incompletos. Em agosto de 1792, quando a Sociedade pela Revolução de Norwich financiou uma edição barata dos *Direitos do Homem*, ela anunciou ter 48 clubes associados. Em outubro, anunciou que os irmãos associados" não eram menos que 2 mil.[40] Em março de 1793, ela permanecia no centro de uma constelação de pequenos clubes, com "entre trinta e quarenta sociedades separadas" na cidade, "além de muitas nas aldeias rurais".[41] Mas o tom de uma carta enviada à SLC em junho sugere que haviam encontrado dificuldades:

> [...] quando consideramos quanto suor e esforço e privação para aguentar isso, como podemos deixar de nos persuadir de que há uma maquinação entre os proprietários rurais e os mercadores para manter o povo na servidão; pois eles devoram o povo como comem pão; a influência da aristocracia e da hierarquia está se tornando muito alarmante, pois absorveram e engoliram o povo; mas corre um rumor vindo do sul, e é terrível para os tiranos [...][42]

chapeleiro; Oliver Pearsall, tecelão; ver J. Gurney, *The Whole Proceedings on the Trial of T. Walker and Others*. 1794, Apêndice, pp. 122-6.

40 T. S. 11.3510 A (3).

41 *Report of the Committee of Secrecy*. 1794, p. 140.

42 Ibid., p. 150. Por "sul", entenda-se "França".

Em Londres, é mais difícil de se avaliar a situação. A Sociedade Constitucional parece ter se enfraquecido seriamente após o início da guerra; até o outono de 1793, suas atividades praticamente se reduziram à aprovação de moções formais. A SLC também encontrou grandes dificuldades. Nos últimos meses de 1792, anunciara alguns milhares de membros. Em janeiro de 1793 (de acordo com um espião no julgamento de Hardy), tomaram-se medidas para subsidiar o aluguel das salas de reunião das seções de Spitalfields e Moorfields, que, embora pobres, eram "tão numerosas quanto todas as outras seções juntas". Mas, em setembro, mostrou-se necessário formar novamente a seção de Moorfields, com outra que "parecia muito violenta [...] no Caminho-Tortuoso, em Grove". A SLC conseguiu reunir apenas 6 mil assinaturas para a petição nacional, apesar da energia do comitê: Joseph Gerrald coletou duzentas assinaturas e marcas dos ocupantes da prisão (por dívidas) do Supremo Tribunal.[43] Em 30 de maio de 1793 (segundo o espião), "sr. Hardy propôs que a sociedade se dissolvesse por três meses. A proposta não foi aprovada". "Fizemos oposição contra os clubes de funcionários de cargos e pensionistas", Hardy escreveu em julho, mais confiante, a uma nova Sociedade Constitucional em Leeds:

> Sofremos abusos no Senado, calúnias em público, perseguições em privado e vexações nas tabernas, mas continuamos inteiros e numerosos a nos reunir [...] e nossa doutrina faz numerosos prosélitos [...][44]

[43] O relatório de um informante (em T. S. 11.3510 A (3)) lista 29 seções em abril de 1793, das quais pelo menos dezesseis estavam ativamente engajadas na coleta de assinaturas.

[44] *Report from the Committee of Secrecy*, 1794, pp. 152-4; A student in the Temple; *Trial of Thomas Hardy*. 1794, p. 142, 144; F. Knight, op. cit., p. 134.

A confiança não era descabida, pois no verão deu-se um ressurgimento decidido da correspondência provincial — com o reaparecimento de antigas sociedades ou formação de novas — tendo como centro antes a SLC que a Sociedade Constitucional. Uma sociedade de Birmingham, formada nos últimos meses de 1792, ampliou cuidadosamente suas atividades no início do verão e recebeu uma saudação especial: "o aumento do número dos seus membros logo desfará o estigma lançado em sua cidade pelo comportamento injustificável de uma turba por Igreja e Rei." De Leeds, uma nova sociedade de "um grupo de artífices pobres" pediu para ser admitida em "fraternização" com a Sociedade Constitucional de Londres:

> A tirania aristocrática e a ignorância democrática parecem penetrar e aterrar a cidade de Leeds àquele grau espantoso em que, em geral, somos tidos mais como monstros do que como os amigos do povo, e acredito que nestes seis últimos meses a parte ignorante do povo (através das insinuações da aristocracia e dos padres) esperou que caíssemos sobre eles e os destruíssemos. [...] Nossos números sobem a quase duzentos e continuamos a crescer constantemente [...]

Em julho, novas sociedades escreviam para a SLC, de Hertfordshire e Tewksbury. O "seu companheiro cidadão e cooperador na gloriosa causa da liberdade", como se assinava o secretário de Tewksbury, descrevia como:

> A queima da Efígie de Thomas Paine, junto com os *efeitos benditos* da atual guerra, trouxe mais benefício à causa do que os argumentos mais substanciais; é surpreendente o aumento dos amigos da liberdade, e o espírito de investigação que se alastrou; é difícil encontrar até uma velhinha que não esteja falando de política.

Em agosto, a SLC estava renovando a correspondência com sociedades em Derby, Stockport, Manchester, Nottingham e Coventry —, pedindo-lhes para "indicar um meio mais seguro de transporte para as nossas cartas do que o correio" —, e tinha alguns planos (protelados até se apresentar o momento) de pedir-lhes que adotassem seu nome e formassem uma "Sociedade Universal". Os livros de atas da Sociedade mostram reuniões com bom comparecimento e bom encaminhamento, a formação de novas seções e um influxo de novos membros.[45]

As sociedades populares tinham resistido à sua primeira tempestade. Mas emergiram dela com mudanças significativas na ênfase e no tom. O nome de Paine recuou para o pano de fundo, e seu tom francamente republicano cedeu passagem a uma ênfase renovada sobre a restauração da "pureza" da Constituição. (Em junho de 1793, a SLC chegou ao ponto de defini-la nos termos do Acordo de 1688.) Mas, embora essa modificação se fizesse necessária pela intenção evidente das autoridades em perseguir qualquer retórica que ultrapassasse esses limites, em outros aspectos a perseguição levou a uma radicalização das sociedades. Em primeiro lugar, o ritmo agora estava sendo estabelecido, não por Londres, mas pela Escócia, Sheffield, Norwich. Em segundo lugar, embora uns poucos membros ardorosos de profissões e ofícios estivessem participando da liderança, ao lado de artesãos como Hardy e Baxter em Londres — Joseph Gerrald, Maurice Margarot, John Thelwall —, a grande maioria dos reformadores organizados nas sociedades de 1793 eram artesãos, assalariados, pequenos mestres e pequenos comerciantes. E dois novos temas recebiam uma insistente ênfase: injustiças econômicas e soluções sociais, e, à imitação do exemplo francês, formas de organização e de comunicação.

[45] *Report from the Committee of Secrecy*. 1794, pp. 148-57; Atas da SLC, Ms. Ad. 27812.

Thomas Hardy, se pudermos julgar pelo seu livro de atas, era um organizador hábil e consciencioso, um respeitável protótipo para os grupos de secretários voluntários que deviam segui-lo. De acordo com Binns, ele "se vestia com simplicidade, falava com franqueza, nunca, em momento algum, assumindo ares afetados ou pretensiosos". Maurice Margarot, um presidente da SLC, era filho de um comerciante de vinhos. Passara boa parte da sua infância em Portugal e na Suíça (onde se formou pela Universidade de Genebra) e era por vezes referido como um "francês". Era enérgico e audacioso, mas infelizmente afetado pelo vício característico dos jacobinos ingleses — a autoteatralização.[46] Joseph Gerrald e John Thelwall estavam mais próximos do que quaisquer outros daquela fibra necessária para serem líderes ou teóricos nacionais. Foi Gerrald, um brilhante discípulo de dr. Samuel Parr, o "Whig Johnson" e decano da intelectualidade de West Country, quem defendeu mais vigorosamente a perigosa proposta de Paine — a convocação de uma Convenção Nacional de reformadores britânicos.[47] Foi essa ameaça de uma congregação geral de reformadores e — ameaça ainda mais séria e crescente — de uma aliança entre reformadores ingleses e escoceses e os Irlandeses Unidos que levou o governo à ação.

O dilema das autoridades surgiu do paradoxo do constitucionalismo. Embora houvesse suficiente base legal para sentenças sumárias dos magistrados locais, os advogados da Coroa relutavam em recomendar grandes processos. A lei de sedição era indefinida, e o procurador-geral tinha de escolher entre a terrível

46 Entradas em *D. N. B.*; Binns, op. cit., p. 42; M. Roe, "Maurice Margarot: A Radical in Two Hemispheres". *Bulletin of the Institute of Historical Research*, 31, 1958, p. 68.

47 Ver Joseph Gerrald, *A Convention the Only Means of Saving Us from Ruin*. 1793, p. 111 ss. e Henry Collins, "The London Corresponding Society", in Saville (org.), *Democracy and the Labour Movement*. 1954, pp. 117-8. Sobre Thelwall, ver adiante, pp. 172-6.

acusação de alta traição ou a acusação menor de libelo sedicioso. Mas a Lei do Libelo de Fox passara a fazer parte do Código Penal nos moderados meses iniciais de 1792, convertendo o júri em juiz da matéria e do fato. Foi, talvez, o maior serviço de Fox ao povo comum, aprovada na última hora, antes da onda de repressão.[48] Assim, na Inglaterra, o governo se deparava com uma série de obstáculos: uma lei indefinida, o sistema de júri (que humilhou as autoridades por duas vezes, absolvendo Daniel Eaton e, em 1794, Thomas Walker), uma pequena, mas brilhante, oposição foxista, da qual fazia parte o grande advogado Thomas Erskine (que dirigiu a defesa em diversos julgamentos), uma opinião pública saturada da retórica constitucionalista e disposta a se levantar em defesa contra qualquer atentado às liberdades individuais.

Mas a lei escocesa era diferente. Lá os juízes eram dóceis ou sectários, e os júris podiam ser manipulados impunemente. Aí também os "Amigos do Povo" escoceses defenderam uma Convenção Nacional em dezembro de 1792. Os julgamentos escoceses de 1793-1794 dirigiram-se não só contra as vigorosíssimas sociedades jacobinas escocesas, mas também contra as sociedades na Inglaterra. O primeiro golpe sofrido foi em agosto de 1793, quando Thomas Muir, o mais talentoso líder escocês, foi condenado a uma deportação por catorze anos, após uma escandalosa farsa nos tribunais. A conduta de Braxfield, o lorde magistrado, foi mais virulenta que a do advogado de acusação: "Vai, senhor Horner, vai, e ajude-nos a enforcar um desses malditos patifes", cochichou ele para um jurado que passava por trás da bancada dos magistrados. Em sua acusação para o júri, ele tratou como uma agravante a habilidade e a propaganda de Muir entre "o povo camponês ignorante, e entre as classes baixas, fazendo-os abandonar o trabalho".

[48] Ela foi aprovada em sua terceira leitura na Câmara dos Lordes em 21 de maio de 1792, no mesmo dia em que saiu o decreto contra escritos sediciosos. O lorde chanceler Thurlow predisse "a confusão e destruição da lei da Inglaterra".

> Sr. Muir devia saber que não se pode prestar nenhuma atenção a essa gentalha. Que direito têm eles à representação? [...] Um governo deve ser como uma corporação; e, neste país, ele é constituído pelos interesses agrários, que são os únicos a terem direitos de representação.

Uma coisa, informou ele ao júri, dispensava "qualquer prova": "a Constituição britânica é a melhor que jamais existiu desde a criação do mundo, e não é possível melhorá-la." Seus companheiros juízes, assim instruídos, concorriam para tal, e um deles — lorde Swinton — considerava que o crime de sedição incluía "todas as espécies de crime, assassinato, roubo, rapina, ateamento de incêndios. [...] Se tivesse que se procurar [...] punição adequada ao crime, não se encontraria em nossas leis, agora que felizmente se aboliu a tortura".[49] O segundo golpe veio em setembro: o reverendo T. F. Palmer, ministro unitarista inglês e membro do Queen's College de Cambridge, então pároco em Dundee, foi julgado em Perth. Seu "crime" fora o de recomendar a leitura de Paine e pertencer à associação Amigos da Liberdade de Dundee — descrita como uma sociedade de "baixos tecelãos e artífices". Uma bancada de crocodilos chorou copiosamente, quando o condenaram à sua "punição mais suave" de sete anos de deportação para Botany Bay.

O exemplo foi aplicado a dois profissionais talentosos, que não tinham posto reservas à sua disposição em cooperar com os reformadores plebeus. Ambos suportaram seus julgamentos com grande firmeza e dignidade. E os reformadores escoceses, sobre cujas cabeças agora pesavam essas sentenças, não se deixaram intimidar. Parecia-lhes possível que uma maior unidade com as sociedades inglesas lhes proporcionaria alguma proteção, e insistiram numa Convenção Nacional. Hardy, Margarot e Ger-

---

[49] Lorde Cockburn, op.cit., v. 1, p. 175 ss. Ver também Meikle, op. cit., cap. 6; *The Life and Trial of Thomas Muir*. Rutherglen: 1919.

rald concordaram, e convocou-se uma convenção a ser realizada em Edimburgo, a menos de três semanas após a convocação. A SLC indicou como delegados Margarot e Gerrald, confirmando-os em sua primeira manifestação ao ar livre, em Hackney, a 24 de outubro de 1793. Compareceram alguns milhares de adeptos, juntamente com os curiosos atraídos pelos rumores de que haviam desembarcado os jacobinos franceses ou de que "Tom Paine viera para plantar a árvore da liberdade". As atas registram cuidadosamente os gastos aprovados para os delegados (dez libras para a viagem de ida e volta, e quatro libras para a diária, com nove xelins para despesas diárias em Edimburgo), e, nas semanas seguintes, os membros da sociedade foram instados para angariar essas "provisões". E houve provisão suficiente para levar os delegados ao outro lado do mundo.

A convocação foi feita com um prazo demasiado exíguo para que as sociedades provinciais conseguissem levantar fundos para enviar seus delegados. A exceção foi Sheffield. Em 1º de novembro, ela enviou uma carta mordaz à Sociedade Constitucional de Londres, criticando-lhe a inatividade:

> As medidas ultimamente tomadas no reino irmão, medidas tão opostas a [...] uma Constituição livre, como o fogo e a água [...] só têm sido encaradas com apatia pelas grandes entidades do reino, das quais nós, as pequenas gentes do campo, esperamos exemplos, e que se intitulam patrióticas, tais como "A Sociedade para a Informação Constitucional em Londres", "Os Amigos do Povo". [...] que aqui quase começamos a achar que é tempo de podar esses brotos de liberdade [...] para que não se exponham ao perigo de serem crestados por essas geadas de apatia [...]

Ela indicava como seu delegado em Edimburgo, M. C. Brown, um "ator" que se tornara advogado, indicado também para representar a sociedade em Leeds. As sociedades de Norwich autorizaram Margarot a representá-las, e colaboraram com as "provisões". Há uma nota nova de desespero no ar, para a qual contribuíam os vereditos escoceses, a vitória francesa em Valenciennes, o aumento de preços e o desemprego, e a verdadeira bravata de se convocar uma convenção. A sociedade de Birmingham lamentou sua impossibilidade de enviar um delegado,

> devido ao fato de a guerra contra a humanidade do sr. Pitt ter praticamente aniquilado nosso comércio nessa cidade, e levado um grande número dos nossos melhores membros e artífices para lá do Atlântico. [...] No entanto, no geral [...] isso tendeu em grande medida a abater o orgulho, a atenuar a malícia e a confundir muitos dos planos dos inimigos da reforma [...] e ganhou muitos defensores da causa da liberdade.

Sheffield também sentia os efeitos da guerra:

> Temos muitos milhares de membros, mas, visto que uma grande maioria deles são trabalhadores, a guerra, que privou muitos deles de *qualquer* emprego e quase todos de *metade* de seus rendimentos, aleijou-nos mais que a qualquer outro neste reino.[50]

Margarot e Gerrald sabiam perfeitamente a que perigo se expunham. Estavam enviando às pressas "provisões" de solidariedade moral aos seus camaradas escoceses, pois, se negadas naquele momento, disso resultaria a desmoralização dos movimentos escocês e inglês. E estavam desafiando a bancada de Braxfield a tratar homens ingleses da mesma forma como tratara Muir e Palmer. As provisões chegaram no momento exato. A convenção em Edimburgo se realizara rapidamente, no final de outubro, e se dissolvera devido à ausência dos de-

---

50 *Report of the Committee of Secrecy*. 1974, pp. 160-5.

legados ingleses. Com sua chegada, ela foi apressadamente reconvocada, com maior vigor que antes, e Margarot, Gerrald e o secretário escocês, Skirving, conduziram os trabalhos. A convenção se realizou durante as duas últimas semanas de novembro e a primeira de dezembro de 1793, quando foi dissolvida e seus líderes presos. (Antes disso, Margarot e Gerrald tinham solicitado a Hardy mais recursos urgentes que lhes permitissem rodar pelas principais sociedades escocesas: "nenhuma justificativa para nos chamar de volta pode ser válida, a menos que fundada no *medo*; e isso, devemos lembrá-lo, é problema nosso, e não seu".) Os trabalhos da convenção eram moderados, e talvez um pouco teatrais; mas havia uma cor mais revolucionária, graças a certas circunstâncias: o fato, afinal, da própria realização da Convenção, a presença de observadores dos Irlandeses Unidos, e as formas francesas de procedimento e tratamento (embora o termo "Cidadão" fosse há muito tempo empregado em Sheffield) que pululavam no clima pró-gaulês de Edimburgo. As atas eram datadas do "primeiro ano da convenção britânica", e foi aprovada uma resolução (cujos termos foram discutidos nos julgamentos posteriores) autorizando a convocação imediata de uma Convenção extraordinária em local secreto, em caso de suspensão do *habeas corpus* ou da aplicação da legislação contra os reformadores.[51]

Seguiram-se os julgamentos, segundo o modelo dos de Muir e Palmer. Skirving e Margarot saíram-se bem; foram condenados a catorze anos de deportação. "Meus Lordes, sei que o que foi realizado nestes dois dias será reavaliado; — este é meu consolo e toda a minha esperança", disse Skirving. ao deixar o banco dos réus. Margarot, que foi acompanhado ao seu julgamento por uma procissão que sustentava por sobre sua cabeça uma "árvore

[51] Segundo a acusação, no caso de outras circunstâncias, incluindo o desembarque de tropas francesas na Inglaterra. Ver também "A Member", *Account of the British Convention*. 1794, pp. 24, 34, 45; Meikle, op. cit., cap. 7.

da liberdade" com o formato da letra M, superestimou sua jogada e mostrou-se ávido demais pela coroa de mártir. Mas, com grande audácia, acusou Braxfield de ter se vangloriado, num jantar antes do julgamento, de que conseguiria que os reformadores fossem chicoteados antes da deportação, e que "a turba seria o melhor para se fazer correr um pouco de sangue". Ele era, como lembrou lorde Cockburn (que o conhecera quando criança), "uma criatura pequena, escura, vestida de preto, com meias de seda e botões brancos de metal, algo parecido com a ideia que se faz de um francês franzino, uma criatura muito impudente e provocadora".[52]

Joseph Gerrald pagou a fiança, voltou a Londres para notificar a SLC e liquidar seus negócios, e retornou para o julgamento em março de 1794. Ele não tinha necessidade de proceder assim: seus colegas e amigos lhe imploraram que se tornasse revel. Sua constituição se enfraquecera pela doença nas Índias Ocidentais, nos anos 1780, e a deportação provavelmente seria sua sentença de morte, como realmente veio a ser. Mas ele sustentava que sua "honra estava empenhada", não pelas Cortes escocesas, mas pelos homens mais humildes que "foram levados a perigos semelhantes, por influência dos meus próprios argumentos". Ele fez apenas uma provocação, recusando-se a empoar os cabelos à moda "legalista" e aparecendo no banco dos réus "com o cabelo não empoado que descia solto pe-

52 Cockburn, op. cit., v. 2, p. 25. O excesso de teatralidade do caráter de Margarot parece ter sido confirmado pela sua história subsequente. Escreveu uma carta muitíssimo imprudente para Norwich, enquanto esperava por transporte num navio-prisão em Sipthead: "Dizem os boatos [...] que há setenta navios franceses no mar; se for assim [...] provavelmente a consequência será um ataque. — Pelo Amor de Deus, meus dignos amigos, não afrouxem [...]" (10 de março de 1794, *Committee of Secrecy*, p. 81). Ele brigou com seus companheiros de prisão por uma fuga, e as suspeitas giravam em torno do seu nome. Foi a única vítima a voltar — em 1810 — e então reassumiu alguma participação na política radical, até sua morte em 1815. Ver M. Roe, "Maurice Margarot", op. cit.

las costas — seu pescoço praticamente desnudo, e sua camisa com uma grande gola dobrada. Era o traje francês da época". Quanto ao resto, segundo lorde Cockburn, "jamais a maneira e o tom de prisioneiro algum contrastaram tão violentamente com seus juízes".[53] Quando Gerrald insistiu em que o próprio Jesus Cristo havia sido um reformador, Braxfield sorriu satisfeito para seus colegas juízes: "Grande coisa ele fez com isso; *ele* foi pendurado." Gerrald, que tinha prática jurídica, seguiu o exemplo de outros reformadores e conduziu sua própria defesa. Sem retirar uma única sílaba das reivindicações dos reformadores, ele se estendeu largamente sobre Hooker, Locke e Blackstone, sustentando o direito de agitação em prol da reforma. Era um constitucionalista que expunha a retórica do constitucionalismo:

> A palavra *Constituição, Constituição!* soa em nossos ouvidos com perseverança incansável. É o *talismã* que os inimigos da reforma empunham sobre as cabeças dos crédulos e dos simples; e, como velhos e cruéis feiticeiros, tendo-se primeiro aprisionado pela magia, aproveitam-se do entorpecimento que criaram com suas artes. Mas ouvir funcionários e pensionistas falarem de uma Constituição, quando toda sua vida é uma violação contínua dos seus princípios, é como ouvir um monge pregar a procriação [...][54]

"Quando se vê sr. Gerrald [...] pronunciando discursos como os que vocês ouviram hoje", observou Braxfield em sua "exortação" ao júri, "considero-o como um membro muito perigoso da sociedade, pois, ouso dizer, ele tem eloquência suficiente

[53] Cockburn, op. cit., v. 2, p. 41-3.

[54] *Trial of Joseph Gerrald*. Edimburgo: 1794, pp. 197-8, 241. Gerrald pode ter se excedido nos tribunais da Pensilvânia na década de 1780; ver *Trial of Gerrald*. Glasgow: 1835, p. 4.

para convencer o povo a tomar armas". "Oh, meu senhor! Meu senhor", exclamou o prisioneiro, "esta é uma forma muito imprópria de se dirigir a um júri [...]".

Gerrald recebeu catorze anos. Ele e Skirving morreram menos de um ano depois de sua chegada a Nova Gales do Sul.[55] Braxfield e os mistérios da "lei escocesa", com esses vereditos, receberam crédito excessivo nas mãos de historiadores ingleses. Foram vereditos tanto do Judiciário escocês quanto do governo inglês. Pitt, Dundas, Loughborough, Thurlow se empenharam em defender todos os detalhes dos julgamentos nos debates parlamentares subsequentes. Dundas considerava que os juízes, ao pronunciarem a sentença, tinham demonstrado um "perfeito discernimento"; Pitt, tentando aparar um ataque mais demolidor de Fox, considerava que os juízes teriam sido "altamente culposos" se *não* tivessem empregado seus poderes discricionários para punir "tais temerários delinquentes" e suprimir "doutrinas tão perigosas para o país", (Essas doutrinas, esforçavam-se os reformadores em ressaltar, eram ostensivamente semelhantes àquelas que o próprio Pitt defendera nos anos 1780.) E Wilberforce "ridicularizava a ideia de humanidade aplicada ao sr. Palmer, embora não tivesse lido seu julgamento"; "ele declarava pela sua consciência que não concebia que sua sentença pudesse ser anulada".[56]

A perseguição, sabemos, é uma arma de dois gumes. Os homens da década seguinte viam o passado, não como os tempos de Braxfield, mas — como De Quincey — como os "tempos de Gerrald". A imagem de Tom Paine do outro lado do Canal conspirando com os inimigos do rei, podia inspirar medo ou ódio.

---

[55] Gerrald ficou detido por cerca de um ano em Newgate e outras prisões de Londres, e há alguma razão em se supor que lhe foi oferecido indulto, caso renunciasse aos seus princípios.

[56] Mais uma vez, encontra-se um resumo brilhante dos debates em Cockburn, v. 2, pp. 133-49.

Mas não a imagem de um homem doente, que retornava voluntariamente para enfrentar esse tipo de "julgamento". Além disso, de modo curioso, o preconceito nacional contribuiu para a causa dos reformadores. O sentimento de culpa nutrido pelos "ingleses livres de nascimento" moderados era apaziguado pelo pensamento de que tais coisas podiam acontecer na Escócia, mas não "aqui". A reviravolta dos sentimentos entre ingleses "decentes e respeitáveis" se patenteia com a terceira absolvição de Eaton (fevereiro de 1794) e a de Thomas Walker em abril. Ela foi forte o suficiente para refrear os sentimentos opostos de horror, suscitados pelo Terror de Robespierre. Gerrald e seus companheiros, com seu exemplo, contribuíram materialmente para salvar as vidas de Hardy, Tooke e Thelwall. Ao se sacrificarem, ajudaram a salvar a Inglaterra de um Terror Branco.

O exemplo das vítimas escocesas, em vez de intimidar, endureceu as sociedades inglesas. Quando John Frost (preso no ano anterior) foi liberado de Newgate, em estado arruinado, em 19 de dezembro de 1793, foi transportado em triunfo pelas ruas de Londres, e a multidão parou do lado de fora da casa do príncipe de Gales, fazendo chacotas. John Thelwall, que agora substituía Gerrald como o teórico mais capaz da SLC, abriu um ciclo de palestras para arrecadar fundos para a defesa dos prisioneiros. Em 17 de janeiro de 1794, Gerrald (que era membro de ambas as sociedades e, nesse momento, gozava de liberdade sob fiança) compareceu a uma reunião da Sociedade Constitucional, que voltara aos trancos às suas atividades, e lá foi eleito por aclamação para a presidência; foi aprovada uma resolução de "se opor à tirania com os mesmos meios por ela empregados". "Rebelião contra os tiranos", Gerrald já rememorara aos reformadores ingleses, "é obediência a Deus". Três dias depois, a Taberna do Globo estava tão lotada para uma Reunião Geral da SLC que o chão foi abaixo. Propôs-se uma nova Convenção

Britânica, dessa vez a se realizar em solo inglês. O Cidadão John Martin apresentou, na presidência, um discurso desafiador:

> Estamos em questão. Devemos escolher agora a liberdade ou a escravidão para nós e nossa posteridade. Vocês vão esperar até que se criem QUARTÉIS em todas as aldeias, e até que hessianos e hanoverianos *subsidiados* caiam sobre nós?

Quatro dias depois, a Sociedade Constitucional deliberou que "a Sociedade Londrina de Correspondência foi digna do seu país" e ordenou a impressão e distribuição de 40 mil cópias do seu discurso. O efeito desse discurso foi o de reanimar as sociedades provinciais. Ao recebê-lo, escreveu o secretário de Bristol, "reuni tantos amigos quanto me foi possível naquela tarde — nós lemos — enrubescemos — tomamos coragem [...] sua segunda carta reanimou nossa coragem e avivou nosso patriotismo [...] e mais, o número dos nossos membros agora aumentou consideravelmente".[57]

Vieram cartas de outras sociedades inativas. Em Newcastle (há muito tempo em silêncio), revelou-se a existência de uma série de "sociedades", que "se reúnem semanalmente, admitindo apenas amigos conhecidos; e que adotaram apenas os nomes de empresas jornalísticas". É claro que existiam — ou ressurgiram — muitíssimas outras sociedades que não mantinham nenhuma correspondência formal com Londres, tal como a sociedade de Royston ou aquela de Halifax que se apresentou pela primeira vez em abril de 1794, desculpando-se pelo fato de

[57] *Report of Committee of Secrecy*. 1794, p. 185 ss; Joseph Gerrald, *A Convention the Only Means of Saving Us from Ruin*, p. 59; *The Address Published by the L.C.S. ... 20 january 1794*. John Martin escreveu a Margarot na prisão de Edimburgo (22 de janeiro de 1794): "A sociedade está crescendo rapidamente tanto em espírito & em número, e os *ricos* agora começam a vir entre nós e a se sentar com prazer entre os homens honestos com seus aventais de couro." T. S. 11.2510 (B).

terem "até então adotado a maior prudência e circunspecção" em suas atividades:

> Desejamos que o público em geral saiba que nesta cidade e paróquia existem vários homens que se opõem violentamente [...] a qualquer discussão livre. [...] Seu ódio se gratificaria de forma indizível ao ver um defensor da liberdade nesta cidade multado, posto no cepo ou aprisionado.

No mesmo mês, realizou-se uma manifestação ao ar livre em Halifax, à qual compareceram "muitos amigos de Leeds, Wakefield, Huddersfield, Bradford e adjacências"; foram aprovados planos para uma reunião geral de delegados (em Bristol) e uma Convenção Nacional. Em Leicester, vinham se mantendo vários clubes e "palestras democráticas" em tabernas. Em Londres, a SLC e a Sociedade Constitucional haviam formado uma comissão conjunta para convocar uma Convenção — embora a última preferisse algum outro nome. Em abril, uma manifestação ao ar livre muito bem-sucedida, em Chalk Farm, onde discursaram Thelwall e outros, resolveu que qualquer tentativa ulterior "de violar aquelas leis ainda remanescentes [...] deve ser considerada como a dissolução do pacto social entre a nação inglesa e seus governantes".[58]

Essa era a colheita, não só das perseguições, mas também do aumento dos preços e das dificuldades econômicas. Há evidências de que a agitação vinha penetrando nas regiões mais pobres do East End. Quando ocorreu, em outubro, a reunião em Hackney, uma novidade na região, Francis Place lembrou que o encontro de Chalk Farm contara com uma "imensa multidão [...] de todos os tipos de pessoas — homens e mulheres [...] na maior ordem que jamais presenciei [...] embora recebessem muitos in-

---

58 *Report of the Committee of Secrecy*. 1794, pp. 185-9; *An Account of a Meeting of the Constitutional Society of Halifax*. Halifax: 1794; P.A. Brown, op. cit., pp. 111-7; A. Temple Patterson, op. cit., p. 74.

sultos e provocações dos agentes e diversos funcionários policiais da Bow Street e dos espiões e informantes do governo [...] foram *racionais* e *sensatos*".[59] Em Sheffield, também em abril, realizou-se um encontro com 6 ou 7 mil pessoas (os reformadores falaram em 12 mil), para protestar contra as sentenças escocesas; um fidalgo de Derby, muito jovem, eloquente e inseguro, Henry Yorke, abriu a sessão e antecipou os tempos em que "a voz imperiosa de todo o povo recomendará aos 558 fidalgos da Capela de St. Stephen que tratem de seus assuntos". "Sujeitos embriagados à noite" estavam atacando as casas dos reformadores de Sheffield, e o secretário da sociedade, Davison, incentivou um plano de fornecer "uma quantidade de lanças para os patriotas, grandes o suficiente para torná-los temíveis". Deu-se enorme peso a isso, nos julgamentos posteriores de Hardy e Yorke. A acusação apresentou-o como prova de intenções insurrecionais: as testemunhas de defesa negaram o fato ou alegaram que a intenção principal era a de autodefesa contra os assassinos "Igreja e Rei". De fato, possivelmente poderiam se encontrar ambas as intenções nas sociedades. Em Edimburgo, um comitê fragmentário, remanescente da Convenção Britânica, ainda se reunia secretamente e passara para o controle de um ex-espião do governo, Robert Watt. Fizeram-se umas poucas achas e pontas de lança, e Watt, numa confissão de morte, declarou que se convertera à causa da reforma, e tinha planejado insurreições simultâneas em Edimburgo, Dublin e Londres. Quaisquer que fossem os motivos pessoais de Watt, havia uma série de tecelãos e artesãos escoceses profundamente implicados em suas intrigas.[60]

59 Ms. Ad. 27814. Essas reuniões ajudaram a estabelecer precedentes importantes, visto que era duvidosa a legalidade da convocação de reuniões públicas por plebeus sem autorização – e sem a intenção específica de fazer petições ao Parlamento: ver Johnson, op. cit., v. 1, p. 227.

60 *Trial of Hardy*, passim; *Trial of Henry Yorke*. 1795, p. 26, 80-1; *Trial of Robert Watt*. Edimburgo: 1795, p. 353; Meikle, op. cit., pp. 150-3. *The Life and Character of Robert Watt*. Edimburgo: 1795, p. 76.

Foram essas circunstâncias que precederam o súbito ataque de Pitt, em maio de 1794, às sociedades. Os líderes da Sociedade Constitucional de Londres e da SLC foram detidos, seus papéis apreendidos, e o Parlamento indicou uma Comissão de Assuntos Confidenciais para examiná-los.[61] Suspendeu-se o *habeas corpus*. Em Norwich, Isaac Saint e outros membros do comitê foram presos. Em Sheffield (cujo delegado para a Convenção de Edimburgo, M. C. Brown, já aguardava julgamento), Henry Yorke e membros do comitê foram detidos. O secretário da sociedade, Richard Davison, conseguiu fugir, e o editor da *Sheffield Register*, Joseph Gales, também foi indiciado por conspiração (em junho), mas escapou para a América. Imediatamente após essas prisões, com "revelações" sensacionalistas de conspirações na Câmara e rumores de tramas insurrecionais e ligações entre as sociedades e a França, a opinião pública estourou contra as sociedades. Vendedores de baladas e folhetins corriam pelas ruas com as manchetes estampadas "TRAIÇÃO! TRAIÇÃO! TRAIÇÃO!". Colocavam-se cartazes por toda a cidade. Foi na comemoração de uma vitória naval do "Glorioso Primeiro de Junho" que uma turba atacou a casa da sra. Hardy; um jornal de Londres pilheriava que "a mulher morrera por ter sido assaltada por visões em que seu querido Tommy era enforcado, arrastado e esquartejado". Alguns clubes se dissolveram em pânico, enquanto os que se mantiveram firmes ocupavam-se em levantar fundos para os dependentes dos prisioneiros. (Membros da SLC foram perseguidos quando tentavam levantar dinheiro para a defesa dos prisioneiros.) *The Times* publicou um arremedo de uma revolução inglesa, em que os prisioneiros apareciam desfrutando de um poder sanguinário.[62] Em Lincolnshire, "canto-

[61] Sobre as circunstâncias da prisão dos reformadores de Londres, ver atrás, pp. 19-21.

[62] (James Parkinson), *A Vindication of the L.C.S.* 1795, pp. 1-6; *The Times*, 5 de setembro de 1794.

res de baladas eram pagos, e postados no final das ruas, para cantar a ruína dos jacobinos [...]". Na sociedade culta, até o silêncio sobre o assunto provocava suspeitas.[63] Em Nottingham, houve uma perseguição aos jacobinos pelos "Igreja e Rei" de violência excepcional. Como no ano anterior, as casas dos reformadores foram "arrombadas e as pessoas arrancadas à força, puseram cordas nos seus pescoços e foram jogadas no riacho lamacento ao lado da cidade". Um comitê legalista pagou os "escavadores", empregados na abertura de um novo canal, para atacarem os jacobinos, a quem o prefeito recusou proteção.[64] Em Failsworth, na mesma época, um líder jacobino foi "amarrado à sela de um cavalo de um soldado, enquanto o populacho fanático e ensandecido fincava alfinetes em suas pernas".[65]

Entretanto, a Sociedade Londrina de Correspondência estava longe de se dissolver. Montou-se um comitê executivo secreto de nove pessoas, cujos membros mais ativos eram Richard Hodgson, um chapeleiro, John Bone, um livreiro, e o "Cidadão Groves". Segundo um memorando oficial, que talvez tenha influído na decisão de Pitt, a SLC fizera um trabalho de recrutamento vigoroso durante toda a primavera. Não só contava com 48 seções em maio de 1794, mas, além de comerciantes e artesãos, "ultimamente surgira entre eles um novo tipo de pessoas: *videlicet* várias pessoas entre os carregadores ribeirinhos e lojistas dos armazéns da cidade e alguns criados de fidalgos". Um grupo de cinquenta irlandeses aderira a uma seção, e se organizavam seções em Woolwich e Deptford.[66]

---

[63] W. Gardiner, *Music and Friends*, v. 1. 1838, p. 222.

[64] F. D. Cartwright, *Life and Correspondence of Major Cartwright*, v. 1. 1826, p. 312; Blackner, op. cit., pp. 396-401; Sutton, op. cit., pp. 193-9.

[65] B. Brierley, *Failsworth, my native village*. Oldham: 1895, p. 14.

[66] Memorando *re Corresponding societies*, especialmente em "Eastern end of the Town and in the City", 6 de maio de 1794, em T.S. 11.3510 A. (3). Segundo ele, Sheffield, Bristol e Norwich rgistraram um aumento semelhante neste mesmo período.

Após as prisões de Hardy, Thelwall e outros líderes, Hodgson, Bone e o "Cidadão Groves" conseguiram reagrupar a maioria dos novos adeptos. Em julho, foi anunciado que "dezoito seções abaladas pelo pânico não se reúnem", e se enviaram delegados para reativá-las; mas as trinta seções restantes continuavam a funcionar. A consequência da repressão foi, de fato, acelerar o processo de radicalização no interior da Sociedade. Se, em agosto, algumas seções tinham "ido dormir", e se alguns membros tinham se desligado de outras, no geral (observou um informante), "a Sociedade, no presente, consiste principalmente nos audazes & nos desesperados". A linguagem das reuniões anteriormente se restringia à Reforma Parlamentar: "*Agora* é claramente expressa a intenção de derrubar o governo do país." No outono, quando diminuiu o impacto das prisões, houve outra alteração no ânimo popular. O tratamento dos prisioneiros melhorou, e Hardy notou que os presos comuns em Newgate começavam a tratar respeitosamente os reformadores. "Os procedimentos violentos do governo assustaram muitos", lembrava Place:

> Porém, muitas pessoas, entre as quais eu mesmo, consideravam meritório e mesmo um dever tornarem-se membros na ocasião. [...] Isso melhorou o caráter da Sociedade, pois a maioria dos que aderiram a ela eram homens de natureza decidida, sóbrios e sensatos, que não se deixariam afastar facilmente dos seus propósitos.[67]

[67] G. Wallas, *Life of Place*, p. 21. O manuscrito "História" de Place deve ser tratado com certas reservas. Escrito muitos anos depois do evento, quando era um morno reformador benthamista, é em parte uma *apologia* pessoal, em que os "homens sensatos e sóbrios" (isto é, Francis Place) são exaltados, e os menos moderados denegridos. As palestras de Thelwall são descritas como "puras declamações" que "alimentavam todos os preconceitos vulgares do dia": um rápido exame de *A Tribuna* revelará o viés dessa avaliação.

Enquanto isso, o comitê executivo secreto da Sociedade atravessava seus próprios problemas. Tinha dificuldade em encontrar *"formas e meios adequados para um transporte seguro"* de suas cartas para os clubes provinciais. Em agosto, seu membro mais capaz, Cidadão Hodgson, teria sido preso por um mandado de busca por alta traição, se os agentes da Bow Street não tivessem "detido uma pessoa errada", fato que (quando foi comunicado aos membros sobreviventes do comitê executivo) "provocou grande contentamento". Desde então, ele só podia se comunicar com o comitê através de cartas encabeçadas por "Em *Viagem*". Em 3 de setembro, os agentes da Bow Street invadiram rudemente o local do comitê e prenderam o secretário em função. "Cidadão Groves" enfrentou a autoridade deles e conduziu os outros a uma taberna, para uma coleta destinada à família do preso. Mas no dia seguinte houve um episódio mais marcante. Groves foi acusado pelo encarregado da oficina de Hardy de ser um espião do governo, e se defendeu num julgamento formal perante todo o Comitê Geral da Sociedade. Seu discurso foi de uma sinceridade comovente, se bem que um pouquinho melodramático. Apresentou muitas provas de sua dedicação e ainda testemunhas quanto ao seu caráter jacobino. Foi absolvido em triunfo.

Mas o "Cidadão Groves" era, de fato, um espião — um dos mais hábeis na longa sequência que vem de Oliver aos anos cartistas em diante. Após cada reunião do comitê secreto, seguiam seus relatórios completos para a leitura cuidadosa de Pitt ou Dundas, ou ainda do ministro do Tesouro. Só podemos descrever os acontecimentos daqueles meses graças à sua especial habilidade.[68]

[68] Tanto as atas do "executivo secreto" como os relatórios de Groves se encontram em T.S. 11.3510 A (3). Os relatórios de Groves são de maio a meados de outubro de 1794: fui incapaz de descobrir por que terminam aí — talvez, apesar da sua absolvição formal, não mais gozasse de confiança depois do seu "julgamento".

O julgamento de Hardy ocorreu em Old Bailey a 25 de outubro de 1794. A acusação era a de alta traição. E, como que para acentuar o horror da acusação, Robert Watt — o verdadeiro conspirador e talvez "agente duplo" — fora decapitado em Edimburgo apenas dez dias antes. O público e o júri sabiam que era a vida dos prisioneiros que estava em julgamento. (O único homem na sala do tribunal que se recusou a reconhecer a gravidade dos trabalhos foi John Horne Tooke, que combinou um tédio afetado com um espírito irreverente, no autêntico estilo de Wilkes. Quando indagado se gostaria de ser julgado "Por Deus e seu país", ele "olhou a corte por alguns segundos com um tal ar significativo que poucos homens conseguem assumir tão bem, e, balançando a cabeça, respondeu enfaticamente: 'Eu *gostaria* de ser julgado por Deus e meu país, *mas* — !'") A medida que se arrastava o julgamento, por oito dias, as evidências de uma "conspiração" perigosa pareciam cada vez mais deploráveis, e o reexame arrogante, até mesmo brutal, de Erskine sobre as testemunhas de acusação, fazia-as aparecer ainda mais inconsistentes do que eram. Uma vez mais, o público encontrou em Hardy uma dessas imagens de independência que faziam as delícias do inglês livre de nascimento: um plebeu firme e digno que desafiava o poder do Estado. As circunstâncias da morte da sra. Hardy atraíram uma maior simpatia. A excitação cresceu: nas províncias, detinham-se os viajantes e as postas nas estradas e perguntavam-lhes as novidades; na véspera do dia em que sairia o veredito, corriam rumores de que Hardy fora absolvido, e os cavalos de Erskine foram desatrelados de sua carruagem e ele foi carregado em triunfo pelas ruas. No dia final — quando o júri se retirou por três horas —, as ruas em torno de Old Bailey estavam lotadas com multidões excitadíssimas: seguramente, um veredito "Culpado" teria provocado um tumulto. Um delegado da Sociedade Patriótica de Norwich, chamado Davey, estava em Londres para assistir aos julgamentos.

Com as novas da absolvição, ele tomou a posta de volta para Norwich, viajando durante toda a noite e chegando na manhã de domingo, na hora do serviço religioso. Foi diretamente para a casa de culto batista em St. Paul's, cujo ministro, Mark Wilks, era um ardoroso reformador — um daqueles antigos ministros batistas que reunia uma ocupação (como agricultor) com o seu ministério não remunerado. Wilks estava no púlpito quando Davey entrou, e ele se interrompeu para perguntar: "Quais as novidades, irmão?" "Inocente!" "Então cantemos 'Louvado seja Deus, fonte de todas as bênçãos'."

O governo insistiu em seu processo contra Horne Tooke. Mas os trabalhos deram origem a uma humilhação ainda maior. O primeiro-ministro Pitt foi intimado pela defesa e forçado a admitir que comparecera às reuniões distritais de Wyvill a favor da reforma. À absolvição de Tooke seguiu-se um último esforço, em dezembro, de se conseguir um veredito contra Thelwall. Mas o resultado já era previsto. Talvez não inteiramente. Thelwall, cujo caráter era ligeiramente teatral, ocupara-se em Newgate em escrever poemas sobre Hampden, Sidney e Tirania:

> Na escuridão doentia da Masmorra
> O Patriota, com o peito intrépido, ainda
> O semblante cordial consegue manter —
> E sorrir — em consciente Virtude abençoado![69]

Ao final do julgamento, teve vontade de iniciar uma arenga ao próprio júri. "Serei enforcado se não a fizer", disse ele a Erskine. "Será enforcado se a fizer", foi a resposta de Erskine. Com a absolvição de Thelwall, caíram as acusações contra os prisioneiros restantes.

---

[69] Thelwall, *Poems Written in Close Confinement in the Tower and Newgate*... 1795, p. 9.

Poder-se-ia esperar encontrar um aumento imediato no número de membros das sociedades. Mas é difícil desemaranhar os acontecimentos do ano seguinte. Em primeiro lugar, a maioria das sociedades provinciais se dissolvera no verão de 1794 ou, além disso, continuara sob formas "subterrâneas", das quais restaram poucos traços. (A Comissão de Assuntos Confidenciais advertira muito claramente sobre o perigo de correspondência, e os julgamentos advertiram sobre a utilização generalizada de espiões do governo.) Em Sheffield, a sociedade permaneceu inativa, visto que Yorke ainda estava preso: seu julgamento só se realizou em julho de 1795, e foi condenado a dois anos de prisão por conspiração. Além disso, esses julgamentos eram apenas peças de exposição. Nas províncias, os magistrados tinham poderes consideráveis para julgamentos sumários, e os reformadores humildes não poderiam esperar que um Erskine viesse defendê-los.[70]

Além disso, havia ainda os custos da defesa. (Em Norwich, onde cidadãos influentes ainda apoiavam a Sociedade Patriótica, Mark Wilks, em abril de 1795, pregou dois enormes sermões de coleta jacobina, para custear as despesas dos julgamentos.) Se as absolvições impediram que se instalasse um terror generalizado — Hardy foi informado, por boa fonte, de que tinham sido redigidos nada menos de oitocentos mandados de prisão (dos quais, trezentos efetivamente assinados), que seriam imediatamente utilizados, caso o veredito se pronunciasse contra ele —, os julgamentos, no entanto, revelaram a que ponto o governo se dispusera a ir. E as absolvições exasperaram os publicistas

[70] Por exemplo, James Hindley, de Leeds, foi condenado em 1794 a dois anos de prisão, por vender textos sediciosos. Em Leicester, George Bown foi preso em 1794, mas liberado após vários meses, sem passar por julgamento. Em Sheffield, James Montgomery, que tentou prosseguir com a obra de Joseph Gales, publicando o mais prudente *Iris*, foi preso duas vezes em 1795 (por três e seis meses). Não há nenhuma pesquisa sistemática sobre a amplitude dessas perseguições provinciais.

do *Establishment* ao ponto da incoerência. Burke, que auxiliara a preparação do Relatório da Comissão de Assuntos Confidenciais e que agora recebia uma pensão de 4 mil libras anuais, após 1794, tornou-se o análogo intelectual de James Reeves. Ele considerava um quinto do eleitorado e a maioria dos indivíduos sem direitos políticos "puros jacobinos; totalmente incapazes de se corrigir; objetos de eterna vigilância". Insinuava que os absolvidos eram "assassinos" e insistia que as doenças do corpo político exigiam "as terríveis intervenções críticas do cautério e do bisturi".[71]

Em segundo lugar, alguns dentre os líderes reformadores tinham tido o suficiente. A Sociedade Constitucional nunca mais ressurgiu, e Horne Tooke afastou-se dos assuntos públicos, até a eleição de 1796. Hardy estava muito preocupado com seus próprios negócios, após a morte da sua esposa, e não reassumiu nenhuma participação ativa na SLC. E a sociedade londrina estava agora dilacerada pelas dissensões. Passavam-se semanas discutindo se a sociedade deveria ter uma nova Constituição, uma seção a sustentar que *todas* as constituições eram um obstáculo para a democracia direta, outra seção a defender que se devia enfrentar a perseguição com uma disciplina interna mais estrita. (Mesmo o emprego casual das palavras "nossos líderes", numa carta, suscitou uma gritaria democrática na sociedade.) Em meio a um choque de personalidades, duas seções se cindiram para formar novas sociedades. John Bone tornou-se secretário de uma Sociedade Londrina de Reforma. que manteve relações amistosas com a matriz de origem. John Baxter parece ter iniciado a outra cisão, uma Sociedade dos Amigos da Liberdade, que se es-

---

[71] Hardy, *Memoir*, pp. 42-3; Mark Wilks, *Athaliah: or the Tocsin Sounded*. Norwich: 1795; Thelwall, *The Rights of Nature*. 1796, Carta 1, pp. 40, 56-7; Sarah Wilks, *Memoirs of the Reverend Mark Wilks*. 1821, pp. 78-9; E. Burke, *Two Letters Addressed to a Member of the Present Parliament &c.*,1796.

pecializou em pronunciamentos teatrais libertários grandiloquentes. Descrito por um espião como um "homem comum [...] magro, cabelo preto preso à nuca, casaco marrom-escuro, colete preto, com cerca de quarenta anos", Baxter parece ter sido defensor de medidas mais fortes, e fazia palestras sobre a *Resistência à Opressão*: "Quando todo o poder de Estado é detido por homens com propriedades fundiárias, pode-se na verdade dizer que eles têm em suas mãos os meios da VIDA e da MORTE." Um antigo mestre-escola de Newcastle, Thomas Spence, agora obtinha adeptos com "outros *Direitos do Homem* [...] que vão além dos de Paine". A aristocracia deve ser expropriada da terra, e as novas cooperativas de Spence tomarão seu lugar — "Vocês julgam que a humanidade algum dia conseguirá gozar de um mínimo de liberdade e felicidade, tendo uma reforma no Parlamento, se ainda se tolerar a permanência de senhores rurais? [...] Uma convenção ou um Parlamento do povo manteria uma guerra eterna contra a aristocracia".[72]

Essas tensões eram previsíveis. Já em outubro de 1793, as atas da SLC registram uma moção de uma seção solicitando a expulsão de pessoas que propagandeavam princípios niveladores. Quando subiu o custo de vida — e na medida em que a sociedade avançava no leste e no sul de Londres —, a questão "social" passou a ocupar cada vez mais o primeiro plano. Um panfleto característico de 1794 levantava, como consequências da Reforma, uma redução das taxas e impostos, reforma das Leis dos Pobres e das Leis de Caça, fim das restrições sobre os sindicatos, trabalho para os desempregados, e fim do recrutamento e aquartelamento de militares

[72] *The Correspondence of the L.C.S.* 1795, p. 4, 20-1, 26, 42-3; Hardy, *Memoir*, passim; P. A. Brown, op. cit., p. 142, 151; J. Baxter, *Resistance to opression*. 1795; Anôn. (T. Spence), *The End of Opression*. 1795.

em tabernas públicas.[73] Tais reivindicações podiam obter aceitação total na sociedade, ali onde as visões mais extremadas de Spence e Baxter não o conseguiriam. Mas é claro que a sociedade também estava dividida quanto à tática. Podem-se tomar dois recém-chegados à liderança londrina como exemplo das diferentes correntes. O próprio Place, com suas maneiras sóbrias, grande capacidade organizativa, dedicação intelectual e experiência em organização sindical, seguia a tradição de Hardy. No verão de 1795, muitas vezes foi presidente do Comitê Geral semanal, e, de acordo com seu próprio relato, considerava como principal função da sociedade a educação política entre os trabalhadores:

> Eu acreditava que os ministros continuariam até levar o governo à imobilidade — isto é, até que não pudessem mais conduzi-lo. Parecia-me que a única oportunidade que o povo tinha, ou poderia ter, quanto a um governo bom e econômico, consistia em conhecerem as vantagens da representação [...] de modo que, quando quer que a conduta dos ministros provocasse uma crise, eles estariam capacitados para apoiar aqueles que mais provavelmente estabeleceriam uma forma simples e econômica de governo. Portanto, aconselhei que a Sociedade procedesse do modo mais pacífico e privado possível.

Há aí um excesso de *arrière pensées*: "governo simples e econômico" é uma expressão do jargão benthamista tardio de Place, enquanto a sociedade, em 1795, reivindicava um fim à repressão e ao sufrágio masculino, baseados na liberdade e na igualdade. Mas Place, provavelmente, mostra-se perspicaz ao dizer que, já em 1795, via o papel dos reformadores operários

---

[73] Anôn. (James Parkinson), *Revolutions without Bloodshed*. 1794. Este exemplo admirável de reivindicações jacobinas moderadas, vigorosamente expressas, encontra-se em Cole e Filson, *British Working Class Movements*, pp. 48-52.

como *acessório* para os reformadores aristocratas ou de classe média do Parlamento. Os operários não poderiam esperar realizar uma reforma por e para si mesmos, mas podiam dar apoio a outros que, "mais provavelmente", obteriam concessões. Isso, num certo sentido, era um compromisso tático com uma visão de longo alcance; mas implicava aguardar uma crise — esperando, talvez, perturbações financeiras, motins por alimentos e tumultos entre o populacho —, em vez de uma política de *acelerar* a crise através da agitação popular. É a política daqueles comerciantes e artesãos autorrespeitosos que preferiam construir pontes em direção à classe média a tentarem atravessar o fosso entre eles mesmos e os tumultuosos pobres. Como tal, ela representa um afastamento da agitação entre "um número ilimitado de membros", ainda que, ao mesmo tempo, encarne a força da autoeducação e do empenho organizativo.[74]

A outra corrente é representada por John Binns, um jovem procedente de uma família de comerciantes de Dublin, que então trabalhava como encanador em Londres. Ele também aderiu à SLC, em 1794, e rapidamente ascendeu à presidência de comitês e manifestações. Pertencia àquela maioria dos membros que sustentavam que, após as absolvições, a sociedade deveria divulgar mais amplamente sua mensagem e organizar grandes manifestações públicas, de modo que o governo fosse "compelido a conceder uma reforma". E a reforma pela qual ele lutava era, com efeito, a reforma pela revolução; embora a reforma fosse seu objetivo expresso (observou ele em suas *Recordações*), "os desejos e esperanças de muitos membros influentes [da sociedade] dirigiam-nos para a derrubada da monarquia e o estabelecimento de uma república".[75]

---

[74] C. Wallas, op. cit., pp. 24-5.

[75] Binns, op. cit., p. 45.

Em março de 1795, a sociedade fora reduzida, em virtude das secessões, a apenas dezessete seções.[76] E, o que era mais grave, a correspondência provincial se interrompera, de modo que o movimento perdeu qualquer centro nacional. John Thelwall também renunciou, aparentemente porque (afirmou) era melhor para ele servir como palestrista e publicista independente, mas, mais provavelmente, porque estava farto das dissensões. Após as cisões, porém, a sociedade parecia mais unida e recobrou sua atividade. Contra os argumentos de Place — que reuniões públicas poderiam atrair novas perseguições e suspensão do *habeas corpus* —, a política de Gale Jones e Binns, pela agitação na mais ampla escala possível, foi logo a seguir referendada por todas as seções de Londres. Como resultado, organizou-se no final de junho uma grande reunião em St. George's Fields, a favor do sufrágio masculino e parlamentos anuais. Foi certamente a maior manifestação pela reforma jamais ocorrida em Londres, mesmo que diminuamos a cifra de 100 mil participantes, apresentada pela SLC. O Cidadão John Gale Jones assumiu a presidência e apresentou um discurso cuja linguagem flamejante está muito distante das recordações benthamistas de Place:

> Somos nós britônicos e não é a liberdade nosso direito de nascimento? Tragam seus chicotes e [...] torturas, ó ministros da vingança. Levantem suas forcas. [...] Construam casernas em cada rua e prisões em cada esquina! Persigam e expulsem cada indivíduo inocente; mas vocês não triunfarão. [...] O sangue sagrado do

[76] No inverno de 1794-1795, houve outro temor a uma "Traição", e três membros da Sociedade – Smith, Higgins e Lemaitre – foram detidos sob acusação de conspirarem o assassinato do rei, com uma flecha envenenada numa espingarda de ar comprimido. A acusação surgiu de um informante malicioso, e os acusados foram liberados sem julgamento: ver J. Smith, *The Conspirators Exposed*, 1795; P. T. Lemaitre, *Narrative of Arrest*. 1795; P. C. A. 33/36.

> patriotismo, correndo do machado degolador, levará consigo as sementes nascentes da liberdade [...]

Os manifestantes, que cambaleavam sob o peso dessa mistura de metáforas sanguinolentas, no entanto permaneceram pacíficos e ordeiros, e se dispersaram tranquilamente.[77]

Desse período até o final do ano, a sociedade cresceu aceleradamente. Saiu do seu círculo muito restrito de artesãos e comerciantes, e passou a merecer um apoio crescente entre a população assalariada. Em junho, anunciavam-se quatrocentos novos membros, e, em julho, setecentos-oitocentos; as dezessete seções de março haviam aumentado para 41 no final de julho, e para setenta ou oitenta em outubro. Enquanto isso, as duas sociedades cindidas também prosperavam. Brotaram grupos de discussão e clubes de leitura de apoio. O deísmo e o livre-pensamento ganhavam terreno, e Gale Jones, no ano seguinte, escrevia como se fosse algo corriqueiro: "Embora eu não professe ser cristão [...]". A Sociedade cunhou moedas e medalhões simbólicos, em comemoração às absolvições de 1794 e também em outras ocasiões. Thelwall vinha contando regularmente com audiências de algumas centenas de pessoas em suas palestras bissemanais, e não se impedia de fazer uma certa pose, em suas cartas à esposa:

> Em duas noites tive quase seiscentas pessoas. [...] Duas palestras em especial [...] abalaram os pilares da corrupção, até tremerem todas as pedras do edifício podre. Cada frase dardejava de peito em peito num contágio elétrico, e os próprios aristocratas — muitos deles se apinham para me ouvir — se sentiam impelidos [...] a se unir às aclamações.

---

[77] *Correspondence of L. C. S.* 1795, pp. 4-5 et passim; *Tribune*, 20 de junho de 1795: Ms. Ad. 27808; Anôn., *History of Two Acts*. p. 91 ss.

Além disso, em torno das sociedades cresciam outros grupos e clubes de taberna com um novo tom estridente de retórica republicana. Um "Cidadão Lee" (às vezes descrito como um metodista) editou, pela "Árvore da Liberdade Britânica, Berwick Street, nº 98, Soho", uma série de textos inflamados e provocativos, cujos títulos incluíam *Matando o Rei*, *O Reino do Robespierre Inglês* e *O Reinado Feliz de Jorge, o Último*. Sua ênfase (como em Spence) recaía sobre "*associações de paróquia e aldeia*", e era também um dos poucos jacobinos ingleses que se referiam à guilhotina em termos ardentes e aprovadores. Foi provavelmente a sua produção de livros de contos, histórias "jacobínicas" e folhetins que inspirou Hannah More a contra-atacar com seus *Ensaios Baratos de Armazém*, embora D. I. Eaton e várias sociedades provinciais também se dedicassem ao comércio de ensaios a preços populares.[78]

Depois de junho de 1795, a correspondência provincial também se reativou. Em agosto, foi organizada uma manifestação ao ar livre em Sheffield, presidida por um representante de Londres enviado expressamente para tal. Afirmou-se que haviam comparecido 10 mil pessoas.[79] Mas, sob outros aspectos, Norwich era, de longe, o centro provincial mais impressionante. Em setembro, havia dezenove seções ativas da Sociedade Patriótica, e, além dos tecelãos, sapateiros, artesãos e lojistas que montaram a sociedade, ela ainda contava com o apoio cauteloso das famílias nobres de negociantes, os Gurneys e os Taylors. Além disso, Norwich contava com um grupo talentoso de profissionais, que publicaram, ao longo de 1795, um periódico — *O Gabinete* —, talvez a mais impressionante das publicações intelectuais semijacobinas da época.

---

78 *Correspondence of L.C.S.* 1795, pp. 4-5, 29, 35; J. G. Jones, *Sketch of a Political Tour*. 1796, p. 33; Mrs. Thelwall, *Life of John Thelwall*. 1837, p. 367.

79 *Proceedings of the Public Meeting on Crooke's Moor at Sheffield*. Sheffield: 1795.

Seus artigos iam desde análises detalhadas de assuntos europeus e o andamento da guerra, passando por efusões poéticas, até estudos sobre Maquiavel, Rousseau, os Direitos das Mulheres e o Socialismo Godwiniano. Apesar dos muitos e diferentes graus de ênfase, Norwich apresentava um notável consenso de sentimentos antiministeriais, desde as capelas batistas aos aspirantes a *philosophes* d'*O Gabinete*, dos "Weavers Arms" (os quartéis-generais da Sociedade Patriótica) à Casa Gurney, dos Carvoeiros Foxistas de Holkham aos camponeses nas aldeias próximas à cidade.[80] A organização estendia-se de Norwich a Yarmouth, Lynn, Wisbech e Lowestoft. Vinha surgindo um movimento semelhante nas cidades do Medway, Chatham, Rochester, Maidstone, que abarcava desde cirurgiões e profissionais até trabalhadores das docas. Nottingham presenciou um ressurgimento, com uma certa aliança (novamente) entre os fabricantes e os tecelãos. E a *Correspondência* publicada da SLC mostra atividades em Leeds, Bradford, Birmingham, Leominster, Whitchurch (Salop), Melbourne (perto de Derby), Sunbury (Middlesex), High Wycombe, Truro e Portsmouth.

"Um novo instrutor se atarefava entre as massas — a MISÉRIA": as palavras são do historiador de Manchester, Prentice. 1795 foi o ano da crise, tanto na França como na Inglaterra. O inverno excepcionalmente forte de 1794-1795, o transtorno da guerra, quebras de safra — tudo contribuiu para elevar o preço dos alimentos. Maio de 1795 é a data da famosa decisão de Speenhamland, que regulava o aumento dos salários de acordo com o preço do pão. O preço do trigo atingiu cifras inimagináveis: 108 xelins o quarto em Londres, 160 xelins em Leicester, e em muitos lugares ele simplesmente não existia. Durante a irrupção sem precedentes de motins por alimentos

80 *Correspondence*, op. cit., pp. 27-8, 63-4; *Cabinet*. Norwich: 1795, 3 v.; Sarah Wilks, *Memoirs of the Reverend Mark Wilks*. 1821.

que varreram o país durante o verão e o outono, houve várias ocasiões em que a milícia tomou o partido dos amotinadores.[81] Havia sinais de insatisfação entre as forças armadas; a Irlanda se encaminhava para a rebelião; manufatureiros em Norwich, Manchester e West Riding faziam petições pela paz. John Thelwall dedicou várias de suas palestras mais convincentes ao tema da miséria. Na Norwich jacobina (declarava ele), nada menos de 25 mil trabalhadores clamavam por auxílio: os impostos dos pobres tinham atingido doze ou treze xelins por libra. A grande indústria de seda de Spitalfields, lamentava ele, estava abandonada:

> Mesmo nas minhas poucas recordações, crianças descalças e esfarrapadas [...] nesta parte da cidade eram muito raras. [...] Lembro o tempo [...] em que um homem que fosse um trabalhador razoável no seu campo geralmente tinha, além do aposento onde exercia sua vocação, uma pequena casa de verão e um pedacinho de jardim, nas cercanias da cidade, onde passava suas segundas-feiras, cuidando de seus pombos ou cultivando suas tulipas. Mas esses jardins agora entraram em decadência. A casinha de verão e a distração das segundas-feiras não existem mais; e você encontra os pobres tecelãos e suas famílias empilhados em cômodos miseráveis, imundos e insalubres, desprovidos das comodidades mais simples e até mesmo das coisas comuns necessárias à vida.

Eis um retrato da morte da velha Inglaterra que — mais que o tema da "Aldeia Abandonada" (também abordado por

[81] Sobre os motins de 1795, ver atrás, pp. 70-2. Ver também *Morning Post*, 20 de maio de 1795, noticiando um "motim" em Oakhampton (Devon), quando a Milícia de Staffordshire "toda ela como um só homem se uniu ao Povo"; T. S. 11.3431; Hammonds, *Town Labourer*. 1920, pp. 85-6; Maccoby, op. cit., p. 90; J. H. Rose, *William Pitt and the Great War*. 1911, pp. 282-8.

Thelwall) — atingia fontes profundas da sensibilidade nas memórias de oficiais e artesãos jacobinos.[82]

Em 26 de outubro de 1795, a SLC convocou uma manifestação ainda maior em Copenhagen Fields, Islington, com Cidadão John Binns (com 22 anos de idade) na presidência. "Um procedimento imprudente", na opinião de Place, que se recusou a ter qualquer participação oficial no encontro. Thelwall foi um dos principais discursadores, utilizando seus consideráveis talentos oratórios para manter a multidão com um ânimo pacífico. Ele agora vinha cogitando a ideia de "toda a nação [...] reunida numa única grande Associação Política, ou Sociedade de Correspondência, dos Orkneys ao Tâmisa, dos Cliffs de Dover ao Land's End"; e a reunião aprovou uma resolução para enviar representantes às principais cidades do reino. (O próprio Thelwall voltou à sociedade em novembro.) Não se pode desacreditar o número anunciado de manifestantes: 100 mil a 150 mil.[83] Apesar do uso de três plataformas, ou "tribunas", "nem metade dos espectadores conseguiu se aproximar o suficiente para ouvir uma única palavra". Dessa vez, foi dirigido um "protesto" ao rei — "Por que razão, em meio à evidente abundância, somos então obrigados a morrer de fome? Por que, se trabalhamos e nos esgotamos incessantemente, devemos definhar em miséria e privações? [...] A *Corrupção Parlamentar* [...] como um redemoinho espumante, suga o fruto de todos os nossos esforços". "Prevaleceram a maior harmonia, regularidade e ordem", declara o historiador anônimo das Duas Leis: "foi um dia *sagrado para a liberdade*."[84]

---

[82] *Tribune*, 29, 23 de setembro de 1795.

[83] Place, geralmente pronto a esvaziar informações retóricas, e que escrevia (em 1824) a partir de uma experiência de agitação política, diria apenas que 150 mil "pode ser um exagero".

[84] L.C.S., *Account of the Proceedings of a Meeting...28 October 1795*, Ms. Ad. 27808; J. Thelwall, *An Appeal to Popular Opinion against Kidnapping and Murder*. 1796, p. 8; Thelwall, *Life*, p. 379 ss.; *The History of Two Acts*, p. 97 ss.

Três dias depois, veio o dia que — se não sagrado para a liberdade — certamente mais atemorizou as autoridades. O rei, indo oficialmente abrir a sessão do Parlamento, foi vaiado, apupado e sua carruagem apedrejada: "Abaixo Pitt!", "Não à guerra!", "Não ao Rei!", "Não a Pitt!", "Paz!". Entupiam as ruas talvez 200 mil londrinos. Alguns brandiam pãezinhos na ponta de varas, enfeitados de crepe negro. Um mascate na multidão que vendia "Os *Direitos do Homem* por um *penny*" foi detido, resgatado e carregado em triunfo. A janela da carruagem do rei foi quebrada, provavelmente por um pedregulho, mas diz-se que ele murmurou entrecortadamente, ao chegar à Câmara dos Lordes: "Meu Deus, a-, a-, atiraram em mim!".[85] No dia seguinte, tendo o rei insistido em ir ao teatro, as ruas foram evacuadas e ele foi escoltado por cem soldados a pé, duzentos a cavalo e quinhentos policiais.

A Sociedade Londrina de Correspondência recusou qualquer responsabilidade. Mas ela pode muito bem ter pretendido tal tipo de manifestação, e, de qualquer forma, não podia esperar ter controle sobre o ódio de seus seguidores. (Numa taberna, na noite após os motins, um membro da sociedade se gabava a John Binns de se ter lançado sobre a carruagem e tentado atacar o rei.) Em todo caso, a reação das autoridades foi imediata. Foi publicado um decreto contra reuniões sediciosas, e Pitt lançou simultaneamente as Duas Leis. Segundo a primeira, tornava-se delito de traição incitar o povo, oralmente ou por escrito, ao ódio ou desprezo ao rei, à Constituição ou ao governo. Pela segunda lei, não podiam ocorrer encontros com mais de cinquenta pessoas sem notificação a um magistrado, que tinha amplos poderes para interromper discursos, prender os oradores e dispersar as reuniões. Mas se acrescentou ao código legal mais um delito capital: o desrespeito às ordens do magistrado era passível de pena de morte. Uma cláusula especial,

[85] Anôn., *Truth and Treason! or a Narrative of the Royal Procession*. 1795.

dirigida em particular a Thelwall, autorizava o fechamento de salas de conferências como "casas de desordem".

O intervalo entre a apresentação dessa lei (10 de novembro de 1795) e a obtenção da Aprovação Real (18 de dezembro) foi o último e maior período de agitação popular. A pequena oposição foxista impugnou cada artigo da lei em sua discussão parlamentar, e, pela primeira e única vez, fez campanhas pelo país ao lado das sociedades populares. A SLC convocou uma manifestação de emergência em 12 de novembro (anunciados desta vez 200 mil manifestantes),[86] em Copenhagen Fields: "o encontro, tal como é habitual nessas ocasiões", lembrava Place, "foi assistido por homens, mulheres e crianças". Mas nem a ocasião do encontro, nem a prática de se levarem crianças eram "habituais"; e esta última é uma indicação das intenções pacíficas que se tornaram tradicionais no movimento operário posterior. Em dezembro, em Marylebone Fields, a sociedade organizou uma grande manifestação final, que foi relatada no diário de Joseph Farington. Os oradores nas várias "tribunas" incluíam William Frend, Thelwall e John Gale Jones. Jones, o cirurgião "pobre e decoroso", que tinha alguma "afecção paralítica" com uma "contração convulsiva quase constante em sua cabeça, ombros & braços", tinha entretanto, "uma voz excelente; forte, clara e distinta [...]". Seu discurso incluía uma ameaça, a de que Pitt devia ser levado à "execução pública":

> Não ocorreu nenhum tumulto: nem houve nenhum insulto aos que não levantavam as mãos ou não se juntavam aos aplausos.[87]

No restante do país, houve grandes manifestações, basicamente todas em oposição às leis. "Minha cabeça seria cortada em seis meses se eu renunciasse", disse Pitt. O principal revés ocorreu

---

86 De fato, um *Account* publicado pela SLC anunciava "acima de 300 mil" britônicos!

87 J. Greig (org.), *The Farington Diary*. 1922, pp. 118-9.

em Yorkshire. Wilberforce, um dos membros do distrito, trabalhara privadamente com Pitt na "Carta de Sedição — alterou-a para muito melhor, ampliando-a". (Foi cuidadoso em manter sua reputação de "independente", opondo-se a uma cláusula na Câmara.) Enquanto isso, em Yorkshire, Christopher Wyvill, fiel aos seus princípios moderados, requisitou um encontro distrital de protesto e lançou uma convocação, com aviso de quatro dias de antecedência — uma sexta-feira —, a todos os proprietários plenos de West Riding, para estarem em York na terça-feira seguinte: "Venham dos seus teares, vocês, honestos e industriosos têxteis; abandonem os trabalhos de seus campos por um dia, vocês, agricultores fortes e independentes: venham, em nome dos seus ancestrais [...]." Wilberforce, no seu caminho para a igreja, em Londres ("Deixem-me lembrar o caráter particular de um cristão; gravidade na Câmara, cordialidade, bondade e tolerância, com uma reserva íntima e seriedade oculta", anotara ele em seu diário, poucos dias antes), foi interceptado por uma mensagem expressa de Yorkshire. Vencendo sem dificuldades seus escrúpulos em viajar aos sábados, dirigiu-se para ver Pitt. Pitt disse-lhe que devia comparecer ao encontro distrital. Mas a carruagem de Wilberforce não estava em condições. "A minha", disse Pitt, "está; vá nela". ("Se eles descobrirem de quem é a carruagem que você usou", disse alguém no grupo, "você correrá o risco de ser assassinado".) Na carruagem emprestada de Pitt, ele fez sua "marcha forçada" até o norte. Todo o distrito parecia estar escoando para York, e os têxteis, ou "Billy-men", seguiam em seus cavalos de carga. A reunião, já iniciada, dirigia-se fortemente contra o governo quando Wilberforce entrou em York. Ele discursou para "a maior assembleia de fidalgos e proprietários plenos já havida em Yorkshire" com uma eloquência "jamais superada", instilando "energia e vigor nas almas abatidas dos legalistas tímidos". A grande fama de Wilberforce como independente e filantropo cristão conquistou os agricultores e têxteis de West Riding. A assembleia se dividiu, com a ampla maioria dos 4 mil proprietários plenos apoiando o discurso de Wilberforce a favor do rei e da Constituição, ao passo que "aquele sujeito louco coronel Thornton levantou-se em seu uniforme", e discursou para a "gentalha de York [...] a favor dos jacobinos. [...] Ele lhes disse que muitos soldados estavam prontos para se reunir a eles tão logo se sublevassem". Thornton concluiu o discurso "atirando o casaco do seu uniforme para a gentalha", que o carregou em triunfo até a prefeitura.[88]

Este é um daqueles momentos na história que parecem revelar uma crise entre duas épocas. Excetuando-se as eleições, o próximo encontro massivo de West Riding a ocorrer em York seria a "peregrinagem" dos escravos das fábricas, organizada por Oastler (1832). Assim como a reunião de York se cindiu entre proprietários legalistas e não eleitores sediciosos, da mesma forma a sociedade do século XIX se dividiria nas plataformas eleitorais, até 1850, entre os eleitores e os trabalhadores. E isso simboliza uma outra divisão. "Yorkshire e Middlesex, entre elas, constituem toda a Inglaterra", disse Fox. A consciência não conformista de Yorkshire mostrara-se vulnerável: onde a Igreja e o rei falhassem, Wilberforce e os metodistas podiam vencer. Mas, em Middlesex, a dissidência tradicional de comerciantes e artesãos agora se inclinava mais decididamente para o livre-pensamento. E isso também foi consequência das Duas Leis e das declarações de "lealdade" feitas por líderes da Igreja e também das capelas.

Já se afirmou que as Duas Leis mais latiam do que mordiam. A pena de morte nunca foi aplicada em suas disposições. Embora se mantivesse a suspensão do *habeas corpus* por oito anos, parece que foram poucos os detidos sem julgamento.[89] Foi, é

---

[88] Wilberforce, op. cit., v. 2, pp. 112-33; Wyvill, *Political Papers*, v. 5, passim.

[89] Entre os manuscritos de Place, encontra-se uma *"Narrative of John Oxlade"*, um membro da SLC, detido em maio de 1798, onde se calculava que, durante os anos de auge (1798-1800), cerca de quarenta membros da SLC e 35 Ingleses Unidos foram confinados sem julgamento. Ver também "Lists of Suspects", P. C. A.158.

claro, o latido desejado por Pitt: temor, espiões, magistrados vigilantes com poderes indefinidos, exemplos ocasionais. Entre o latido e a mordida das Duas Leis, havia, em todo caso, a barreira de um júri inglês; e é questionável o juízo de Place (em 1842) de que "a massa de lojistas e trabalhadores, pode-se dizer, aprovou-as [as Leis], sem entendê-las".[90]

As leis, de qualquer forma, tiveram êxito. A SLC inicialmente arriscou uma política de desafio: foram enviados delegados para as províncias, na esperança de reconstruir uma organização nacional. John Binns foi enviado a Portsmouth, o principal centro naval, mas foi chamado de volta quando o comitê londrino soube que ele estava sendo seguido e exposto à prisão. John Gale Jones viajou pelas cidades de Kent — Rochester, Chatham, Maidstone, Gillingham, Gravesend; em Rochester, encontrou uma sociedade forte o suficiente para contar com nove ou dez seções; em Chatham, quando alguém na audiência perguntou se a reunião não ultrapassava os cinquenta permitidos por lei, "alguém lhe sugeriu raivosamente que deixasse a sala e contribuísse com sua ausência para diminuir o número de presentes". Soube que os doqueiros de Chatham haviam se recusado a assinar uma mensagem ao rei em apoio às Leis e, em vez disso, assinaram uma petição de protesto. A atenção da sociedade a esses centros navais torna duvidosa a veemente negativa de Place (muitos anos depois) quanto à simpatia de alguns membros pela "formação de uma república com a ajuda da França". Essas visitas às zonas portuárias podem ser um dos laços que ligam os jacobinos aos amotinados navais de Spithead e Nore em 1797.[91]

Jones e Binns seguiram então como delegados para Birmingham, onde foram presos quando discursavam numa reunião em

[90] Wallas, op. cit., p. 25.

[91] John Binns, op. cit., pp. 63-4; J.G. Jones, *Sketch of a Political Tour through Rochester, Catham, Maidstone, Gravesend.* 1796, pp. 27, 81; Wallas, op. cit., pp. 27-8.

11 de março de 1796. Foram julgados em separado; Jones foi encarcerado em 1797, mas Binns conseguiu absolvição. (Dr. Samuel Parr, o velho mestre de Gerrald, contribuiu materialmente para o veredito, sentando-se diretamente em frente ao júri, durante todo o julgamento, fazendo carrancas ferozes e com ares de incredulidade a cada evidência apresentada pela acusação, e concordando placidamente com cada ponto levantado pela defesa.) Nesse ínterim, Thelwall, após continuar com suas palestras sob o disfarce de "História Romana", perdeu sua sala de conferências e foi obrigado a encerrar a publicação de *A Tribuna*. Viajou pela East Anglia, apresentando uma série de 22 palestras em Norwich; mas, em Yarmouth, ele e sua audiência foram brutalmente atacados por noventa marinheiros, armados com cutelos e cacetes, enviados para esse fim por uma fragata de guerra ancorada no porto. A sociedade de Londres, com seus líderes presos ou ausentes, e uma correspondência apenas superficial com as províncias, voltou-se sobre si mesma e entrou numa fase de dissensão interna e desintegração.[92]

A dissensão não foi estéril. Surgiu, em parte, de questões religiosas — ou antirreligiosas. Esses homens tinham se oposto ao Estado: agora, muitos deles estavam ansiosos em se contrapor à religião de Estado. Place ajudou na publicação de uma edição barata d'*A Idade da Razão*. O apoio a ela dado pela maioria dos membros do comitê resultou na cisão dos religiosos.[93] Um "renegado" jacobino, William Hamilton Reid, publicou

[92] Binns, op. cit., passim; Thelwall, *Narrative of the Late Atrocious Proceedings at Yarmouth*. 1796; C. Cestre, *John Thelwall*. 1906, pp. 127-9.

[93] James Powell, outro espião que conseguiu se eleger para o Comitê Geral (e, numa ocasião, para o Executivo) em 1795-1796, relatou que, em 24 de setembro de 1795, "foi lida uma carta de uma numerosa reunião de metodistas, pertencente à Sociedade, que requeria a expulsão de ateístas e deístas da Sociedade". Ao ser rejeitada, eles se separaram para formar "Os Amigos da Liberdade Civil e Religiosa". Powell julgava que os acompanharam seis seções inteiras e várias centenas de membros individuais. P. C. A.38.

uma descrição da sociedade nesses anos, que apresenta marcas de autenticidade. Ao escolher delegados das seções para o Comitê Geral, tornou-se comum recomendá-los como "um bom democrata e deísta" ou "Ele não é cristão". Os clubes e grupos de leitura tinham existência fugidia, perseguidos de taberna em taberna. Uma sociedade de debates surgiu no "Dragão Verde", em Cripplegate, em 1795, e transferiu-se sucessivamente para Finsbury Square, Fetter Lane, "Scouts Arms" em Little Britain, daí para duas estalagens em Moorfields e, finalmente, em 1798, para Hoxton, "fora dos limites dos agentes da cidade": até seus últimos dias, as reuniões ficavam lotadas. Uma aventura mais ambiciosa foi a inauguração de um Templo da Razão, na primavera de 1796, na Nichol's Sale Room, em Whitecross Street. Não foi à frente, mas estava preparando o solo por onde, uma geração depois, irromperia o owenismo.[94]

Antes de concluirmos a narrativa, podemos parar para fazer um levantamento das sociedades e examinar o tipo de entidades que elas eram. Podemos tomar como exemplos as sociedades de Sheffield e Londres, visto serem as mais fortes e mais conhecidas.

A Sociedade de Sheffield se originou, como a SLC, de um grupo de "cinco ou seis artífices mecânicos [...] conversando sobre o altíssimo preço dos alimentos". Cresceu tão rapidamente que, em janeiro de 1792, compreendia oito sociedades, "que se reúnem, cada uma delas, em suas diferentes casas, todas na mesma noite". "Ninguém era admitido sem uma cédula [...] e mantinha-se uma boa ordem perfeita e constante." As sociedades se reuniam quinzenalmente, e a reunião geral, "às quais comparecem algumas centenas", era mensal. Houve 1.400 subscrições para uma edição em panfleto (a seis *pennies*) da Primeira Parte dos *Direitos do Homem*, que era "lido com avidez em muitas das oficinas de Sheffield". Em março de 1792, após quatro meses de

94 W. H. Reid, *The Rise and Dissolution of the Infidel Societies of this Metropolis*. 1800, pp. 5, 9-12, 22-3.

existência, a sociedade anunciava ter cerca de 2 mil membros. Em maio, adotou-se um novo método de organização:

> *videlicet* dividindo-os em pequenas entidades ou reuniões de dez pessoas cada uma, e esses dez indicam um delegado: Dez desses delegados formam outra reunião, e assim por diante [...] até finalmente se reduzirem a um número adequado para constituir o Comitê ou Grande Conselho.

Essas divisões eram chamadas, à maneira saxã, de "dízimas". Desde o começo, a pequena nobreza local ficou alarmada com uma sociedade composta por "pessoas do mais baixo escalão", mas as notícias de pessoas de fora da sociedade, com disposição a aceitar uma reforma moderada, naqueles primeiros meses, ressaltavam o comportamento sóbrio e ordeiro dos membros. Um correspondente tentou tranquilizar Wyvill, em maio de 1792, escrevendo-lhe que ela era composta de "pessoas de bom caráter [...] homens de entendimento sólido, com mentes abertas à informação". Entre os membros, havia uns poucos quacres (embora não reconhecidos pela entidade) e "uma quantidade de metodistas":

> Uma das reuniões, a que estava acidentalmente presente uma certa pessoa, foi conduzida com ordem e regularidade, começou com a leitura das atas pela presidência [...] e a seguir vários membros, um após o outro, leram passagens escolhidas [...] para a instrução da reunião, todas a favor da liberdade e de reformas pacíficas [...][95]

---

95 *Fitzwilliam Papers* (*Sheffield Reference Library*), f. 44 (a); Wyvill, *Political Papers*, v. 5, pp. 43-50; H. McLachlan, *Letters of Theophilus Lindsay*, 1920, p. 132; *A Complete Refutation of the Malevolent Charges Exhibited against the Friends of Reform on and about Sheffield*. Sheffield: 1793; *Report of the Committee of Secrecy*. 1794, pp. 85, 116, 119; W. A. L. Seaman, "Reform Politics at Sheffield". *Trans. Hunter Arch. Soc.*, 7, p. 215 ss.

De todas as sociedades nos anos 1792-1794, a de Sheffield foi a mais empenhada e pronta em sua correspondência. (Visto que era tecnicamente ilegal a formação de uma sociedade nacional, a correspondência — junto com a admissão formal de membros honorários entre as sociedades — era o meio de se manter uma associação nacional.) Embora, como vimos, os membros tivessem uma certa preferência pelo talento teatral na tribuna — M.C. Brown e Henry Yorke —, seus próprios dirigentes eram todos oficiais ou artesãos nas indústrias de Sheffield. Essa era uma cidade de pequenos mestres e artesãos altamente qualificados — e relativamente bem pagos —, e (como se queixava o lugar-tenente do Exército) "sem nenhum poder civil". Em 1792, os dois magistrados viviam fora da cidade, um a uma distância de 20 quilômetros, e o outro, "tendo feito alguns esforços, durante os motins do ano anterior, relativos a alguns fechamentos de terras comunais, tivera sua propriedade parcialmente incendiada pelo populacho, e desde então tem estado muito pouco na região".[96] Era, portanto, um centro ideal para a agitação jacobina, com pouca influência aristocrática, muitos trabalhadores letrados e qualificados e uma tradição de independência democrática. Entre os poucos profissionais, havia vários com uma excelente disposição: um "médico quacre" figurava entre os primeiros membros da sociedade, e dois ministros dissidentes apresentaram evidências para a defesa no julgamento de Yorke, enquanto alguns importantes mestres cuteleiros eram reformadores. Notáveis em matéria de organização, os cuteleiros de Sheffield parecem não ter encontrado nenhum orador destacado em suas fileiras. Mas as testemunhas nos julgamentos de Hardy e Yorke, escolhidas entre o seu comitê, são impressionantes em sua solidariedade e recusa em se deixarem intimidar ou enganar no reexame, pela acusação, de suas declarações. Uma testemunha no julgamento de Hardy definiu o objetivo da sociedade:

---

96 Aspinall, op. cit., pp. 4-5.

> Esclarecer o povo, mostrar ao povo a razão, o motivo de todos os seus sofrimentos; quando um homem trabalha duro treze ou catorze horas por dia, durante toda a semana, e não é capaz de manter sua família, mostrar ao povo a razão disso, por que não eram capazes de mantê-la, foi isso o que entendi.

"Não vim aqui para dar uma aula, mas para dizer a verdade", reclamou outra testemunha quando foi reexaminada no julgamento de Yorke. É possível que alguns deles pensassem numa revolta armada durante a depressão (e repressão) de 1793-1794. Eram certamente inflexíveis em sua oposição à guerra e foram os primeiros a vir em apoio de Palmer e Muir.

Sheffield tinha uma vantagem considerável: um competente diretor e editor, Joseph Gales, de um jornal semanal, *Sheffield Register*, que apoiava a sociedade. (Durante um tempo, foi também publicado um jornal mais intelectual, *O Patriota*.) Fundado em 1787, atingiu uma grande circulação para a época, com 2 mil exemplares semanais em 1794. O espírito "democrático" de então afetava tanto a política como as maneiras: os "democratas" modificavam os trajes, pelos campos perambulavam a pé, em vez de passearem a cavalo, dispensavam todos os títulos formais, incluindo *Mister* ou *Esquire*, e — se eram jacobinos — usavam o cabelo cortado muito curto. Da mesma forma, os jornais democráticos nas províncias — *Sheffield Register*, *Manchester Herald*, *Cambridge Intelligencer* (editado por Benjamin Flower, um reformador unitarista) e *Leicester Herald* — fundaram novos padrões no jornalismo provincial, abandonando a técnica de copiar, com cola e tesouras, a imprensa londrina, e apresentando artigos e editoriais originais. A política inaugurada por Gales vinha expressa também no primeiro número do *Manchester Herald* (31 de março de 1792):

> Dedicaremos pouco espaço a artigos sobre temas *elegantes* — para notícias sobre os Trajes da Corte ou as Intrigas da Corte — sobre

Caçadas, Coquetéis ou Festas Sociais — que interessam apenas às Borboletas da Sociedade [...]

O jornal, livraria e editora de panfletos de Gales participavam integralmente do movimento de Sheffield.[97]

A sociedade de Sheffield, desde o começo, baseava-se na "categoria inferior de manufatureiros & trabalhadores" na indústria cuteleira.[98] (Embora haja menções a propagandas realizadas nas aldeias vizinhas, nenhum mineiro ou trabalhador rural parece figurar em cargos de comitê.) O conjunto de membros da sociedade londrina era, evidentemente, muito mais diversificado. Ela extraía seus membros de várias outras sociedades, na tradição de Coachmaker's Hall e da "Sociedade para o Debate Livre" (onde Thelwall recebeu seu aprendizado) ou das sociedades posteriores de "infiéis", descritas por Reid. A SLC era, de longe, a mais forte delas, mas muitos grupos sempre continuaram a existir em sua periferia.

A sociedade era organizada em "seções", cada uma com trinta membros, que, ao atingir 45 ou sessenta membros, formava uma nova seção. O Comitê Geral semanal era composto por um delegado de cada seção (bem como de um subdelegado sem direito a voto); as seções podiam chamar de volta o seu delegado e tinham o direito de ser consultadas em questões de princípio. O livro de atas, bem conservado, revela um intercâmbio ativo entre o comitê e as seções, e os membros, que observavam com um ciumento cuidado os poderes do comitê, continuavam tirando resoluções e encaminhando-as a ele. Por outro lado, o receio de espiões, após 1794, levou à delegação de poderes consideráveis a um comitê executivo,

97 Ver Donald Read, *Press and People*. 1861, pp. 69-73; ver também F. Knight, op. cit., p. 72, e J. Taylor, "The Sheffield Constitutional Society". *Trans. Hunter Arch. Soc.*, 5, 1939.

98 *Fitzwilliam Papers*, F. 44 (a).

ou comitê de correspondência do Comitê Geral, composto de cinco membros.[99]

É muitíssimo difícil apresentar uma estimativa precisa dos membros da sociedade. Ela atingiu seu pico no outono de 1792, na primavera de 1794 e (provavelmente o maior de todos) nos seis últimos meses de 1795. A sociedade anunciava grandes cifras, por vezes na casa dos milhares, ao passo que os historiadores citam cifras excessivamente modestas. (Muitas vezes se sugere que os membros nunca ultrapassaram a casa dos 2 mil, o que, há boas razões para se supor, foi superado tanto em Sheffield como em Norwich.) A situação não se torna mais fácil com o fato de que dois membros dirigentes do comitê em 1795-1796 se contradigam redondamente em suas reminiscências. Francis Place, que foi presidente ocasional do Comitê Geral, dizia que, no verão de 1795, havia setenta seções e 2 mil que realmente *se reuniam* semanalmente. John Binns dá mais detalhes. A renda da sociedade (segundo seu relato) foi, por algum tempo, de cinquenta libras semanais: a um *penny* por semana, isso suporia "o comparecimento regular de 12 mil membros". Visto que muitos membros raramente contribuíam, ou compareciam apenas ocasionalmente, ele sugere uma média geral de assistentes entre 18 mil e 20 mil, "a grande massa [...] lojistas, artesãos, artífices e diaristas". Quando ele era presidente ocasional do Comitê Geral (em 1795-1796), o comparecimento médio de delegados e subdelegados seccionais, na sala de conferências de Thelwall em Beaufort's Buildings, era de 160 a 180.

Ambos os relatos foram escritos algumas décadas após os acontecimentos. O relato de Place é mais confiável, mas vem permeado pelo seu desejo de subestimar o papel dos "agitadores" na

---

[99] Para uma descrição mais completa, ver H. Collins, op. cit., p. 110, e para um exame completo dos procedimentos, ver a tese inédita de dr. Seaman. As regras foram modificadas várias vezes, e a descrição acima se baseia amplamente sobre impressões obtidas nos livros de ata dos primeiros dois ou três anos.

sociedade. O viés de Binns passava por lançar uma cor romântica sobre sua juventude jacobina. Um dos problemas está em calcular os números de cada seção. A regra de que as seções deveriam se dividir, quando atingissem 45 membros, não foi cumprida nos primeiros anos. Registros remanescentes de seções de 1792-1794 mostram dois extremos, um mínimo de dezessete e um máximo de 170 membros, ao passo que Hardy, em suas respostas sóbrias e reservadas ao Conselho Privado (1794), declarou que sua própria seção contava com seiscentos membros. Mas apenas cinquenta ou sessenta realmente *se encontravam* todas as semanas — uma proporção nada incomum de membros não assistentes num movimento popular. Margarot anunciou, na Convenção Britânica (dezembro de 1793), 12 mil a 13 mil membros — quase certamente um exagero. Em maio de 1794, um espião bem informado (provavelmente o "Cidadão Groves") registrou: "Eles próprios dizem que sobem a 18 mil [...] mas isso parece totalmente inacreditável." Nessa época (informou ele), a renda de 280 libras trimestrais da sociedade indicaria (a treze xelins trimestrais por membro) cerca de 5.500 membros contribuintes. No outono de 1795, um outro espião (Powell) registrou regularmente os balanços seccionais semanais de novos membros e dos reunidos nas seções. Eles mostram que, embora o cálculo de Place de menos de 2 mil assistentes semanais regulares seja preciso, deviam constar dos livros da sociedade números muitíssimo mais altos. No final de 1795 (relatou Powell), "fez-se um balanço geral da sociedade a partir dos livros seccionais, e parece que atualmente há mais de 10 mil registrados". Mas ele considerava isso como uma "falsa avaliação", pois incluía muitos que haviam sumido desde 1794 e "muitos que dão seus nomes, pagam os treze xelins e nunca mais voltam à Sociedade". Assim Place e Binns se aproximam um pouco. Pitt podia ser o que fosse, mas não era tolo; dificilmente teria autorizado julgamentos impopulares por traição e apresentado as Duas Leis, por medo a uma entidade com menos de 2 mil pessoas. Para o início de 1794 e final de 1795, parecem críveis pelo menos 2 mil membros ativos, 5 mil membros contribuintes e 10 mil membros registrados.[100]

Os negócios e as finanças da sociedade eram conduzidos com grande minuciosidade e atenção estrita ao princípio democrático. No fatal encontro de outubro que indicou Margarot e Gerrald para assistirem à Convenção Britânica (1793), levantaram-se objeções a um delegado que se apresentou voluntariamente para ir *sem vencimento* (isto é, às suas próprias expensas), como "contrário aos princípios da nossa Sociedade". Isso — num período em que a sociedade dispunha de poucos fundos — acentuava o princípio de remuneração pelos serviços prestados, para impedir que a condução dos negócios fosse assumida por homens com recursos ou tempo ocioso. Por outro lado, lembrava Binns, "enquanto fui seu delegado, viajando pelos seus negócios, pagaram liberalmente minhas despesas".[101]

Há vários relatos sobre o trabalho das seções. Place, que estava mais interessado em traçar uma sóbria linhagem constitucionalista, dava maior ênfase às atividades educativas: sua SLC não era, de forma alguma, a de Pitt, mas sim uma precoce Associação Educacional dos Trabalhadores. Sua seção se reunia numa casa particular: "Eu me reunia com muitos homens inteligentes, vivos, inquiridores. [...] Fazíamos subscrições para livros. [...] Tínhamos saraus nas tardes de domingo [...] leituras, conversas e discussões."

> O modo habitual de procedimento nessas reuniões semanais era o seguinte. O presidente (cada homem era presidente por rodízio) lia algum livro [...] e as pessoas presentes eram convidadas a

[100] Registros seccionais e relatórios de Powell em P. C. A. 38: "Examinations before the Privy Council", T. S. 11.3509; Grove em T. S. 11.3510 (A); relato de Place, Ms. Ad. 27808; Binns, *Recollections*. pp. 45-6; Um membro, *Account of the British Convention*. p. 40; *Correspondence of the L. C. S.* 1795, p. 29, 35. Entre junho e novembro de 1795, filiaram-se 2.600 novos membros.

[101] Atas da SLC, Ms. Ad. 27812; Binns, op. cit., p. 36.

fazer observações sobre o lido, todas as que quisessem, mas sem se levantar. Então se lia mais um outro trecho e havia uma segunda rodada. Então lia-se o restante e fazia-se um terceiro convite, quando se esperava que os que não tinham falado antes dissessem algo. Então havia uma discussão geral.

"Os efeitos morais da Sociedade eram realmente muito grandes. Induzia os homens a lerem livros, em vez de gastarem seu tempo nas tabernas. Ensinava-os a pensar, a se respeitarem e a desejar educar seus filhos. Elevava-os em suas próprias opiniões."[102]

Tudo isso está muito bem: é uma magnífica descrição dos primeiros estágios da autoeducação política de uma classe e, contendo uma parcela importante de verdade, é parcialmente verdadeira. Mas não podemos esquecer que Place também estava posando para James Mill, para seu retrato, como o Tio Tom do Homem Branco. Os relatórios contemporâneos dos espiões têm um toque de animação que falta a Place. "Quase todo mundo fala", disse um carregador londrino, "e há sempre uma enorme barulheira, até que o delegado se levanta. As pessoas vão ficando muito violentas e não querem esperar, então o delegado se levanta e tenta acalmá-las". Além disso, sabemos que as seções nem *sempre* se encontravam aos domingos em casas particulares: muitas seções, nos bairros mais pobres, eram expulsas de taberna para taberna. E o relato de W. H. Reid sobre as reuniões do clube no final dos anos 1790 — com "canções onde o clero era tema constante de insultos", "cachimbos e tabaco", "as mesas forradas com publicações de um, dois, três *pennies*" — parece tão plausível quanto (e não incompatível com) o relato de Place.[103]

---

102 Ms. Ad. 27808; G. Wallas, op. cit., p. 22; R. Birley, *The English Jacobins*. 1924, Apêndice 2, p. 5.

103 P. A. Brown, op. cit., p. 73; Reid, op. cit., p. 8. O relato de Place pode descrever artesãos e comerciantes no Centro de Londres, e o outro, seções no leste e no sul da cidade.

Quanto à composição social da sociedade, não cabem muitas dúvidas. Era, sobretudo, uma sociedade de artesãos. Registros seccionais remanescentes mostram tecelãos de seda, relojoeiros, sapateiros, marceneiros, carpinteiros, alfaiates. O registro de uma seção, com 98 membros, mostra nove relojoeiros, oito tecelãos, oito alfaiates, seis marceneiros, cinco sapateiros, quatro curtidores de couro, três carpinteiros, tintureiros, peruqueiros, dois comerciantes, ataviadores de fitas e galões, açougueiros, negociantes de meias e malhas, entalhadores, pedreiros, cortadores de armações em madeira, calceiros, montadores de estrados e enxergões e porcelaneiros, e um papeleiro, chapeleiro, padeiro, estofador, serralheiro, aramista, músico, cirurgião, fundidor, vidraceiro, estanhador, laqueador, livreiro, gravador, negociante de tecidos, encarregado de armazém e camponês, além dos restantes não classificados.[104] Se vários dos propagandistas mais ativos da sociedade, como Gale Jones e Thelwall, eram médicos e jornalistas, a maioria do comitê era composta de artesãos ou comerciantes: Ashley, sapateiro; Baxter, oficial de ourivesaria em prata; Binns, encanador; John Bone, livreiro de Holborn; Alexander Galloway, mecânico (posteriormente o importante patrão da indústria mecânica de Londres); Thomas Evans, um colorista de gravuras e (depois) fabricante de ganchos patenteados; Richard Hodgson, mestre chapeleiro; John Lovett, peruqueiro; Luffman, ourives em ouro; Oxlade, mestre encadernador; enquanto outros podem ser identificados como sapateiros, padeiros, torneiros, livreiros e alfaiates. Em junho de 1794, "Cidadão Groves" fez a seus patrões um relato revelador da composição social da sociedade:

> Há alguns com aparência decente de comerciantes, que possuem faculdades sólidas, mas não desenvolvidas, e, no entanto, corajo-

[104] P. C. A.38.

> sos, ainda que prudentes. Os delegados desse tipo são poucos. Há outros de evidente categoria inferior — sem dúvida, oficiais que, embora pareçam não possuir nenhuma habilidade e não digam nada, no entanto parecem resolutos [...] e votam regularmente em todas as moções que implicam uma certa audácia. Este último tipo [...] e que é o mais numeroso, consiste da ordem mais baixa da sociedade — poucos têm sequer uma aparência decente, alguns são imundos e maltrapilhos, e outros parecem uns tais patifes miseráveis que é preciso um certo autodomínio sobre aquele orgulho inato, que todo homem bem-educado deve necessariamente possuir, para conseguir até mesmo se sentar na companhia deles; e vi numa audiência em Old Bailey gente muito mais decente ser liberada ao final da sessão, por falta de provas. Esses parecem muito violentos & prontos a adotar qualquer coisa que tenda [a] confusão & anarquia.[105]

Esses jacobinos ingleses eram mais numerosos e mais semelhantes ao *menu peuple* responsável pela Revolução Francesa do que se tem reconhecido. Na verdade, parecem-se menos com os jacobinos e mais com os *sans-culottes* das "seções" de Paris, cujo cioso igualitarismo sustentou a ditadura revolucionária de guerra de Robespierre em 1793-1794.[106] Seus bastiões não se encontravam ainda nas novas cidades industriais, mas entre os artífices urbanos com tradições intelectuais mais remotas: na velha cidade industrial de Norwich, que ainda não perdera para West Riding seu predomínio na indústria de tecidos de lã; em Spitalfields, onde a indústria da seda, com seus aprendizes notoriamente turbulentos, vinha sofrendo a concorrência do algodão de Lancashire; e em Sheffield, onde muitos oficiais

[105] T.S. 11.3510 A (3).

[106] Cf. A. Soboul, *Les sans-culottes parisiens en l'an II*. Paris, 1958, Livro 2. E a discussão preciosa sobre a base social dos *sectionnaires* em R. Cobb, "The People in the French Revolution". *Past and Present*, 15, abril de 1959.

cuteleiros estavam em vias de se tornar pequenos mestres. Exatamente como em Paris, no ano II, os sapateiros sempre foram predominantes. Esses artesãos levavam as doutrinas de Paine ao seu limite: democracia absoluta, oposição total e radical à monarquia e aristocracia, ao Estado e aos impostos. Em épocas de entusiasmo, constituíam o núcleo central de um movimento que atraía o apoio de milhares de pequenos lojistas, impressores e livreiros, médicos, mestres-escolas, gravadores, pequenos mestres e clero dissidente, de um lado; e, de outro, carregadores, carvoeiros, diaristas, soldados e marinheiros.

O movimento produziu apenas dois teóricos consideráveis, que revelam suas tensões internas. John Thelwall, filho de um negociante de sedas, era o mais importante — tinha um pé no mundo de Wordsworth e Coleridge, e outro no mundo dos tecelãos de Spitalfields. Após o declínio do movimento, tornou-se habitual desmerecer "o pobre Thelwall": no início do século XIX, era uma figura patética — vaidoso, acossado por um sentimento, não injustificável, de perseguição, ganhando a vida como professor de oratória. Teve também o infortúnio de ser um poeta medíocre — um crime que, embora diariamente perpetrado entre nós, os historiadores e críticos não perdoam. De Quincey, criado "num horror desvairado ao jacobinismo [...] e na veneração do nome de Pitt", ao se referir aos "pobres tímpanos surdos de homens como Thelwall", apenas expressava a opinião corrente entre a geração seguinte de intelectuais radicais. A opinião o segue até hoje.

Mas era preciso mais que um tímpano surdo para seguir adiante, depois dos julgamentos de Gerrald e Margarot, como o líder destacado dos jacobinos, para enfrentar o julgamento por alta traição e para prosseguir (coisa que Tooke e Hardy não fizeram) até — e além — a época das Duas Leis. Agir assim talvez exigisse uma pitada teatral em seu temperamento; o vício dos jacobinos ingleses (com exceção de Hardy) era a autodramatização, e em suas posturas teatrais eles às vezes parecem ridículos. Mas era um período de retórica, e a retórica de um *parvenu* é necessariamente menos elaborada que a retórica de um Burke. Os floreios dos Tribunos da Liberdade (que eram efetivamente tribunos de uma liberdade real) se serviram para dar-lhes coragem, podem certamente ser perdoados. Além disso, na imprensa política engajada, entre 1793 e 1795, Thelwall foi corajoso e sensato. Ao longo de 1793, empreendeu uma luta contra as autoridades londrinas, para assegurar o direito de palestras e debates: levado de sala em sala, finalmente conseguiu (com o auxílio de um comitê de patronos) os locais em Beaufort Buildings que serviram tanto de centro para suas palestras, como para as atividades gerais da sociedade em 1794 e 1795.[107] Com a prisão de Hardy, ele imediatamente reagrupou a sociedade. Quando espiões assistiam a suas palestras, ele virava o jogo e discorria sobre o sistema de espionagem; quando havia alguma tentativa de provocar um motim, ele conduzia tranquilamente o auditório para fora da sala. Modificava resoluções imoderadas e era cuidadoso quanto a provocações. Seu domínio sobre as multidões era grande, e quando, na última manifestação contra as Duas Leis, subiu o grito de "Soldados, soldados!", diz-se que ele transformou uma onda de pânico numa onda de solidariedade, pregando a doutrina da sociedade sobre a confraternização com as tropas.

Em 1795 e 1796, suas palestras e escritos têm uma profundidade e consistência que ultrapassam em muito as de qualquer outro jacobino ativo. Ele definiu claramente uma avaliação inglesa dos acontecimentos na França:

> O que eu louvo, na Revolução Francesa, é isso: Que, como princípio dessa Revolução, sustentou-se e propagou-se que antigos abu-

[107] Ver C. Cestre, op. cit., p. 74 ss.

sos não se convertem, pela sua antiguidade, em virtudes [...] que o homem tem direitos que não podem ser anulados por nenhum estatuto ou costume [...] que o pensamento deve ser livre [...] que seres intelectuais estão capacitados para o uso dos seus intelectos [...] que uma ordem da sociedade, por mais tempo que seja culpada de pilhagem, não tem o direito de esmagar e oprimir as outras partes da comunidade. [...] Estes são os princípios que admiro e que me fazem, apesar de todos os seus excessos, exultar com a Revolução Francesa.

Ele se ergueu durante o Terror de Robespierre para declarar que "os excessos e violências na França não resultaram das novas doutrinas da Revolução; mas do velho fermento da vingança, corrupção e suspeita gerado pelas crueldades sistemáticas do velho despotismo". Ele não se identificava com a gironda ineficiente nem com a montanha, e criticava "a imbecilidade do partido filosófico, e a ferocidade do partido ativista". Mas, por ocasião da morte de Robespierre, imediatamente proferiu uma palestra "sobre um paralelo entre os caracteres de Pitt e de Robespierre":

> *Robespierre* oprimiu injustamente os ricos, para poder sustentar sua popularidade entre os pobres. *Pitt* negligenciou e, com suas guerras e subsequentes impostos, oprimiu os pobres, para garantir sua popularidade entre os ricos. [...] *Robespierre* estabeleceu uma Constituição livre, e se tornou tirano em oposição direta a ela. *Pitt* louva uma outra constituição *livre*, e esmaga aos pés todas as suas cláusulas.[108]

Isso também exigia coragem.

Suas palestras bissemanais, publicadas n'*A Tribuna*, conjugam educação política com comentários sobre os aconte-

[108] *Tribune*, 25 de abril e 23 de maio de 1795; C. Cestre, op. cit., p. 173.

cimentos, num estilo que antecipa Cobbett. Expressou um espírito generoso de internacionalismo, emocionando sua audiência com relatos sobre a supressão da luta pela independência nacional na Polônia sob Kosciuszco. Seu radicalismo se manteve, de modo geral, confinado dentro dos limites definidos por Paine; mas sua ênfase, muito mais que a de Paine, recaía sobre questões econômicas e sociais. Ele exprimia a reivindicação dos artesãos por um meio de subsistência independente com trabalho moderado; denunciava a legislação que incriminava "os pobres oficiais que se associam [...] ao passo que os industriais ricos, os contratantes, os monopolistas [...] podem se associar à vontade".[109] Rejeitou noções "niveladoras" e criticou como "especulativos" e remotos os projetos de nacionalização agrária, ou Pantisocracia. Defendeu o industrial independente, capaz de subir pelo "suor do próprio rosto". Mas "a produção seria uma fraude se não viesse acompanhada de uma justa distribuição. [...] Se a propriedade fosse bem distribuída, bastaria pouco trabalho para suprir as necessidades e os confortos da vida". Os inimigos de uma distribuição justa eram o cercamento e o "monopólio das terras", e a "acumulação do capital". Ele estendeu os *Direitos do Homem* a *Os Direitos da Natureza*:

> Afirmo que *cada* homem, e *cada* mulher, e *cada* criança deve obter algo mais, na distribuição geral dos frutos do trabalho, além de alimento, farrapos e uma miserável rede com uma manta pobre a cobri-la: e isso, sem ter de trabalhar doze ou quatorze horas por dia [...] dos seis aos sessenta anos. — Eles têm uma reivindicação, uma sagrada e inviolável reivindicação [...] por um pouco de comodidade e divertimento [...] por algum tempo livre

[109] Embora a Lei de Associação não fosse aprovada até 1799, ela apenas fortaleceu a legislação *existente* contra os sindicatos.

razoável para essas discussões, e por alguns meios ou informações que possam levá-los à compreensão dos seus *direitos* [...]

Esses "direitos" incluíam "um direito à parcela do produto proporcional aos lucros do patrão" e o direito à educação, pela qual o filho do trabalhador poderia ascender ao "nível mais elevado da sociedade". E, entre uma série de outras ideias e propostas que se uniram à corrente da política operária do século XIX (pois *A Tribuna* e *Os Direitos da Natureza* ainda eram encontrados na biblioteca dos radicais do século XIX), Thelwall tentou delinear, como "norma" tradicional para o trabalhador, aquilo que seria um ancestral da jornada de trabalho de oito horas.

Podemos dizer que Thelwall ofereceu ao artesão uma ideologia consistente. Sua investigação mais extensa, em *Os Direitos da Natureza*, dedicava-se à análise da "Origem e Distribuição da Propriedade" e do "Sistema Feudal". Embora, como Paine, não avançasse na crítica à acumulação privada de capital *per se*, tentou limitar o funcionamento do "monopólio" e da exploração "comercial", esboçando uma sociedade ideal de pequenos proprietários, pequenos comerciantes, artesãos e diaristas cujas condições e horas de trabalho, saúde e velhice, recebessem proteção.[110]

Thelwall levou o jacobinismo às margens do socialismo; levou-o também às margens do revolucionarismo. Aqui, o dilema não reside em suas ideias, mas em sua situação: foi o dilema de todos os reformadores radicais até a época, e mesmo além, do cartismo. Como os não representados, cujas organizações enfrentavam perseguição e repressão, deveriam realizar seus objetivos? Como disseram os cartistas, pela força "física" ou "moral"? Thelwall rejeitava a política de gradualismo educativo de Place, como instrumento auxiliar da classe média. Acei-

110 *Tribune*, 3 v., passim; Cestre, op. cit., p. 175 ss; J. Thelwall, *The Rights of Nature*. 1796, Cartas 1 e 2.

tava uma agitação ilimitada, mas rejeitava o curso extremado da organização revolucionária clandestina. Foi essa situação embaraçosa que se apresentou a ele (e posteriores reformadores), com a escolha entre retórica desafiadora ou capitulação. Esse dilema reapareceria incessantemente entre 1792 e 1848. O jacobino ou o cartista, que trazia em si a ameaça de números esmagadores, mas recuava diante de uma verdadeira preparação revolucionária, sempre ficou exposto, nos momentos críticos, tanto à perda de confiança dos seus adeptos, como ao ridículo perante seus oponentes.

É evidente que alguns membros da SLC tinham condições de avançar. É desnecessário dizer que sempre haverá muitas coisas obscuras acerca de grupos engajados em atividades ilegais, que tiveram o cuidado de deixar poucos traços registrados. Mas os revolucionistas na SLC estão, de alguma forma, permanentemente ligados ao nome de Thomas Spence. Spence, um pobre mestre-escola de Newcastle (onde, já em 1775, desenvolvera suas teorias sobre a nacionalização agrária), veio a Londres em dezembro de 1792. Foi preso quase imediatamente por vender *Direitos do Homem*, mas recebeu absolvição. Publicava e vendia ensaios, inicialmente numa loja em Chancery Lane, a seguir em Little Turnstile, nº 8, mais tarde em Oxford Street, nº 9, e finalmente num carrinho de mão que vendia também vitamina quente de açafrão (*saloop*). Place recordava: ele "não [tinha] mais que 1,50 m de altura, era muito honesto, simples, sincero, amava a humanidade e acreditava firmemente que chegaria o tempo em que os homens seriam virtuosos, sábios e felizes. Nas coisas do mundo, era uma pessoa nada prática, a um ponto dificilmente imaginável". Ao longo dos anos 1790, ele constituía um manancial de panfletos, notícias pichadas, cartazes e de um periódico, *Carne de Porco* (1793-1796). Entre maio e dezembro de 1794, foi preso com suspensão de *habeas corpus*. Entre 1795 e 1797, suplementou sua venda de ensaios com a cunhagem de moedas jacobinas simbólicas. Foi novamente preso em 1801. Com sua liberação, a pequena sociedade spenceana continuou a ser um centro de agitação até, e depois de, sua morte em 1814.

É fácil ver Spence, com suas panaceias tópicas e seu alfabeto fonético (que utilizou na publicação de um relato de seu próprio julgamento em 1801), como pouco mais que um excêntrico. Mas existem algumas evidências superficiais, apresentadas nos julgamentos por traição de 1794, de que sua loja estava ligada a armamento e treinamento bélico; nas últimas fases da SLC, vários dos seus membros dirigentes, incluindo Thomas Evans e Alexander Galloway, eram spenceanos convictos. Spence tomou os argumentos de Paine contra a aristocracia hereditária e levou-os à sua conclusão lógica: "precisamos destruir não só a nobreza pessoal e hereditária, mas a sua causa, que é a propriedade privada da terra":

> Estando a mente pública adequadamente preparada pela leitura de meus pequenos ensaios [...] umas poucas paróquias quaisquer têm apenas de declarar que a terra é sua e formar uma convenção de delegados paroquiais. Outras paróquias vizinhas [...] seguirão o exemplo e também enviarão seus delegados, e assim instantaneamente surgirá em plena força uma bela e poderosa Nova República. O poder e os recursos para a guerra dessa forma passando imediatamente para as mãos do povo [...] seus tiranos se tornariam fracos e inofensivos. [...] E sendo [...] despojados de suas rendas e das terras que as produzem, seu poder nunca mais aumentaria para lhes permitir derrubar nosso templo da liberdade.

Não é certo que o próprio Spence estivesse diretamente implicado em conspirações insurrecionais (enquanto diversas de um incitamento genérico). Mas certamente acreditava nos métodos da clandestinidade — a imprensa secreta, o panfleto anônimo, o pavimento riscado com carvão, o clube de taberna, talvez os motins por alimentos. Em seu julgamento, ele se descreveu como "o advogado gratuito da progênie deserdada de Adão". Era muito improvável que sua propaganda conseguisse qualquer adesão massiva nos centros urbanos, e parece nunca ter atingido nenhum distrito rural. Mas foi um dos seus seguidores, Thomas Evans, o primeiro a dar ao socialismo agrário de Spence uma aplicação mais geral. Em seu *Estado Cristão — a Salvação do Império*, publicado ao término das guerras, ele reivindicava:

> Toda a terra, as águas, as minas, as casas, e toda propriedade feudal permanente, devem retornar ao povo e ser administradas comunitariamente, como a igreja.

A ênfase ainda recai sobre a riqueza "feudal", oposta à comercial ou industrial. Mas sua definição de classe é mais clara do que qualquer outra oferecida por Paine:

> Primeiramente estabelecer a propriedade, os domínios nacionais do povo, sobre bases justas e equitativas, e este único estabelecimento servirá para todos [...] e produzirá uma reforma radical real em tudo; todas as tentativas de reforma que não tragam isso *são apenas muitas vias de acesso a uma efetiva ruína* [...] que não alterarão as classes concernentes da sociedade.

Os textos de Evans realmente pertencem aos anos pós-guerra. Mas ele foi um dos últimos secretários da SLC, e isso nos lembra a importância dos spenceanos como o único agrupamento jacobino inglês que conseguiu manter uma continuidade ininterrupta durante as guerras. E há uma outra tradição particularmente vinculada a esse grupo. Os *Direitos das Mulheres* e a causa da libertação sexual eram defendidos principalmente numa pequena roda intelectual — Mary Wollstonecraft, Godwin, Blake (e, mais tarde, Shelley). Spence foi um dos únicos propagandistas jacobinos a dirigir seus textos às próprias trabalhadoras. *Os Direitos das Crianças; ou o* DIREITO *Imprescritível das* MÃES *ao acesso suficiente aos Rudimentos que lhes capacitem amamentar e criar seu Filho* é o título de uma crítica a *Justiça Agrária*, de Paine, publicada em forma de um diálogo entre uma mulher e um aristocrata. Visto que as mulheres consideraram seus maridos "lastimavelmente negligentes e carentes quanto aos seus próprios direitos", a mulher é levada a dizer: "nós, mulheres, pensamos assumir a questão por nós mesmas." E, num panfleto posterior, Spence defendia o direito do povo simples ao divórcio:

> Este assunto é tão profundamente sentido neste país que é de se supor que as Cadeias do Himeneu deveriam estar entre as primeiras a serem rompidas [...] no caso de uma revolução, e deixar a questão vital da família a Cupido que, embora possa ser um pouco caprichoso, não é uma divindade tão cruel e aprisionadora.

"O que significa Reforma do Governo ou Correção das Injustiças Públicas, se o povo não pode corrigir suas injustiças domésticas?"[111]

Após as Duas Leis, "alguns acharam perigoso, outros inútil reunirmo-nos novamente", escreveu Place. "Toda a questão decaiu rapidamente. [...] As tarefas da Sociedade aumentaram depois que seus membros se retiraram." Delegações do Comitê Geral tinham de visitar seções inativas ou indolentes: "Lembro

[111] Materiais sobre a vida de Spence em *Place Collection*, Ms. Ad. 27808; O. D. Rudkin, *Thomas Spence and his Connections*, 1927; A. W. Waters, *Trial of Spence in 1801, &c.* Leamington Spa, 1917; A. Davenport, *The Life, Writings and Principles of Thomas Spence*, 1836; T. Spence, *Pig's Meat: The Right of Infants*, 1797; *The Restorer of Society to its Natural State*, 1801; Cole e Filson, op. cit., pp. 124-8; T. Evans, *Christian Polity the Salvation of the Empire*. 1816, pp. 14, 33. E *Life of Spence*. Manchester: 1821.

de ter que atender dessa forma a três seções numa noite, e repreendê-las pela sua negligência. A correspondência com o país também era muito volumosa".[112]

A sociedade se sentia rodeada de espiões: se Thelwall ia a um restaurante de frutos do mar ou de carnes *à la mode* (dizia Binns), "ele imaginaria que metade dos reservados da sala estava ocupada por espiões do governo". "Nenhuma novidade", escreveu George Cumberland, o amigo de Blake e também gravador, "exceto que a *Grã-Bretanha* está enforcando os irlandeses, caçando os negros, alimentando a vendeia e montando o comércio de carne humana". Bastava entrar numa cafeteria e pedir o desjejum, e "algum estranho, mas bem-vestido, se sentaria do outro lado do meu reservado".[113] Thelwall, depois de ser atacado pelos marinheiros em Yarmouth, continuou sua viagem de palestras. Foi novamente atacado "por marinheiros, companheiros armados e dragões de Innis Killing" (e foi-lhe negada proteção pelos magistrados) em reuniões em Lynn, Wisbech, Derby, Stock-Port e Ashby-de-la-Zouch. Por uma quinzena, foi editor do *Correio de Derby*, mas foi afastado do cargo.

Ele finalmente chegara ao seu ponto-limite. Os "artesãos, lojistas, ministros dissidentes, mestres-escolas" que o recebiam em sua viagem pela East Anglia e pelo norte sofreram intimidações por todos os lados. Em 1797, crescia o medo de uma invasão e formaram-se associações legalistas armadas e corpos de voluntários, tanto contra a conspiração interna,

---

[112] Ms. Ad. 27808. No verão de 1796, Place renunciou ao Executivo, em março de 1797 ao Comitê Geral, e em junho de 1797 à sociedade. Os relatórios de Powell (P. C. A. 38) mostram que a entrada de novos membros quase cessou após a aprovação das Duas Leis: dezesseis seções deixaram de se reunir em janeiro de 1796; 1.094 membros ainda se reuniam regularmente nas suas seções em fevereiro; 826 em março, 626 em maio; 459 em junho; e apenas 209 em novembro. Em dezembro de 1796, Place ainda foi citado como secretário assistente.

[113] Binns, op. cit., p. 44; D.V. Erdman, op. cit., p. 272.

como contra a França.[114] Thelwall, em 1796, começara a se corresponder com o jovem Coleridge, que vinha editando o *Observador* em Bristol e apreciara *Os Direitos da Natureza*. "Ele é intrépido, eloquente e honesto", escrevia Coleridge a um amigo em 1797, e "Se chegar o dia da escuridão e da tempestade, o mais provável é que a influência de Thelwall sobre as classes baixas venha a ser grande". Mas, no verão de 1797, o vigor de Thelwall diminuíra; ele visitou Coleridge em Stowey, em julho, passeou com ele e Wordsworth pelos campos e invejou sua tranquilidade:

> ...seria doce
> Com amistosa troca de ajuda mútua
> Escavar nossos pequenos jardins, e
> Suave conversa fluiria, levantando o braço
> E semienterrada a pá, e ansioso um propõe
> E outro ouve, sopesando cada prenhe palavra,
> E ponderando resposta própria [...]

Foi o ano da germinação das *Baladas Líricas*, e os próprios poetas eram objeto de atenção de um espião do governo, que registrou sua conversa animada com o jacobino — "um homenzinho rijo, com cabelo negro à escovinha e usava um chapéu branco". Thelwall decidiu renunciar à vida pública:

> Ah! deixa-me ir, pois, longe das cenas conflituosas
> Da vida pública (onde a voz prudente da Razão
> Não é mais ouvida, e a trombeta da Verdade
> Soa mas soergue a Quadrilha Infame do Poder
> Para proezas da mais louca anarquia e sangue).

---

114 Em fevereiro de 1797, os franceses realmente realizaram um pequeno desembarque perto de Fishguard, na costa de Pembrokeshire: ver E. H. S. Jones. *The Last Invasion of Britain*. Cardiff: 1950.

Ah! Deixa-me ir, em algum valezinho afastado,
Construir minha baixa cabana; mais feliz seria,
Meu Samuel! próxima à tua, e eu poderia sempre
Partilhar da tua conversa suave, amigo o mais amado!

Mas Coleridge estava se cansando da "trombeta da Verdade" e vinha arpejando sua própria "trombeta rangente da sedição". Sua resposta a Thelwall foi amistosa mas firme: "no presente, vejo que da sua permanência aqui resultaria muito dano e pouco bem."[115]

Enquanto isso, a SLC, com Binns e Jones à espera de julgamento, recusava-se a desistir. Na Eleição Geral de 1796, deu-se uma aliança informal entre liberais e radicais, em Westminster, onde Fox declarou em campanha: "Um [governo] mais detestável jamais existiu na história britânica. [...] Este governo destruiu mais seres humanos em suas guerras estrangeiras do que Luís XIV; e atentou internamente contra as vidas de mais homens inocentes do que Henrique VIII." E, por toda a década seguinte, a oposição foxista (tão incompreensível para os historiadores da Escola de Namier) representou, junto com o sistema de júri, a última defesa das liberdades inglesas. O próprio Fox venceu sem dificuldade em Westminster; e um daqueles que Burke chamava de "assassinos", Horne Tooke, reuniu cerca de 3 mil votos.[116] Em Norwich, o nobre quacre Bartlett Gurney fez frente, com o apoio da Sociedade Patriótica, ao ministro da Guerra, Windham. Como em Westminster, lá havia amplo direito de voto e ele conseguiu maioria entre os homens livres residentes, mas se afundou com os eleitores de fora, trazidos de Londres. Na opinião de Thelwall, os "homens livres trabalhadores" teriam vencido se Gurney não tivesse sido um candidato absenteísta

---

115 J. Thelwall, *Poems Chiefly Written in Retirement*. Hereford: 1801, pp. xxx, 129; Cestre, op. cit., p. 142, ss; H. O. 42-41; E. Blunden (org.), *Coleridge Studies*. 1934.

116 C. J. Fox, 5160, sir A. Gardner, 4814 (eleito), John Horne Tooke, 2819 (não eleito).

e ineficiente, que nem sequer comparecia às campanhas eleitorais. Em Nottingham, dr. Crompton, com o apoio jacobino, obteve uma votação considerável.[117]

O colapso ocorreu no final de 1796. No outono desse ano, a sociedade ainda era forte o bastante para publicar um opulento *Magazine Político e Moral*, embora Place prudentemente advertisse que isso sugaria suas finanças, e a revista parece ter recorrido largamente aos recursos intelectuais de Thelwall. Em janeiro de 1797, ainda contribuíam dezoito seções da sociedade, embora, no mesmo mês, o novo secretário, John Bone (que voltara da Sociedade de Reforma), enviasse uma circular impressa para todos os membros, censurando-os pelo não comparecimento. No verão, a sociedade inaugurou a longa tradição da propaganda política ao ar livre, seguindo o exemplo dos pregadores itinerantes dissidentes e metodistas: todos os domingos, eles discursavam perto da Estrada de Londres, em Islington, Hoxton, Hackney, Hornsey, Bethnal Green, mesclando propaganda jacobina e defesa do deísmo e ateísmo. Eles também iniciaram (diz Reid) a penetração sistemática em sociedades beneficentes — um desenvolvimento de grande importância para a história do sindicalismo nos anos de clandestinidade. Em julho de 1797, tentaram desafiar as Duas Leis, convocando uma manifestação pública em St. Pancras: compareceu uma multidão considerável, que foi dispersada pelos magistrados, e foram presos seis membros da plataforma (incluindo Binns). A correspondência provincial ainda se mantinha, e a Sociedade Patriótica de Norwich escreveu em julho: "Continuamos firmes em nosso posto [...] preparados antes para vir a público do que para desistir [...]." Mas era mais difícil encaminhar as cartas: foram dados cinco novos endereços de lojistas, de cuja correspondência dificilmente se desconfiaria,

---

[117] Thelwall, *The Rights of Nature*. Carta 1, pp. 25-9. Norwich: Hon. H. Hobart, 1622, W. Windham, 1159 (eleito), Bartlett Gurney, 1076 (não eleito). Nottingham: lorde Carrington, 1211, D. P. Coke, 1070 (eleito), dr. Crompton, 560 (não eleito).

e "pensamos que seria bom às vezes mudar o endereço entre estes acima". Após as prisões de julho, Thomas Evans, o spenceano, tornou-se o secretário; uma reunião do Comitê Geral, em novembro, lançou uma declaração denunciando "as pessoas de espírito fraco" que propagandeavam a ideia de que as associações populares eram infrutíferas: ela defendia a manutenção da SLC até o último fim, mas foi assinada apenas por sete pessoas.[118]

Há, porém, algumas evidências de que agora existiam pelo menos duas tendências na SLC, uma lutando por uma existência semilegal (e ainda publicava abertamente suas atividades), a outra empenhada na organização ilegal. Algumas pessoas — John Binns, seu irmão Benjamin e John Bone — possivelmente se filiavam a ambas. Historiadores escarneceram das evidências de atividade clandestina; no entanto, nas circunstâncias de 1796-1801, seria mais surpreendente que não tivesse ocorrido tal desenvolvimento. Os operários, afinal, não eram estranhos a essas formas de atividade, e eram regulares os correios sobre assuntos sindicais ilegais entre todas as regiões da Inglaterra. E, embora as autoridades alterassem os documentos e os apresentassem de forma seletiva e sensacionalista, não há nenhuma evidência que sugira que documentos, tais como os apresentados no *Relatório da Comissão de Assuntos Confidenciais* de 1799, fossem simples falsificações.

A "clandestinidade" jacobina nos levaria à colônia de *émigrés* ingleses em Paris, à insurreição dos tecelãos escoceses (em Tranent, 1797) e à maioria de todas as ligações entre os jacobinos ingleses e os Irlandeses Unidos, cuja revolta latente eclodiu em guerra aberta em 1798. Mas os maiores presságios revolucionários, na Inglaterra, foram os motins navais em Spithead e Nore em abril e maio de 1797. Não há dúvida que condições terríveis de alimentação, pagamento e disciplina precipitaram os motins, mas há também algumas evidências de instigação jacobina direta.

---

118 *Moral and Political Magazine of the L. C. S.*, novembro de 1796; P. C. A.38; H.O. 65.1; Livro de cartas da SLC, Ms. Ad. 27815; Reid, op. cit., pp. 17-20.

Havia membros da Sociedade de Correspondência entre os amotinados; o próprio Richard Parker, o "Almirante", mau grado seu, da "República Flutuante" do Nore, exemplifica o papel dos "recrutas" educados que trouxeram para a frota a linguagem dos *Direitos do Homem* e alguma experiência em organização de comitês. A presença de 11.500 marinheiros irlandeses e 4 mil fuzileiros irlandeses acrescentou um outro ingrediente revolucionário. "Que eu fique cego se entendo sua algaravia e longas declarações", escreveu um amotinado ao "Lorde Comissário do Almirantado",

> mas em resumo dê-nos nosso Devido Já e pronto, até irmos atrás dos Velhacos os Inimigos do nosso País.

Essa pode ter sido a linguagem da maioria. Mas durante toda uma semana crítica, com o Tâmisa bloqueado, falava-se entre os amotinados de removerem a frota para a França (onde na verdade vários navios, em desespero, finalmente ancoraram). O que é notável na conduta dos marinheiros não é sua "lealdade fundamental" nem seu jacobinismo, mas a "natureza selvagem e extravagante" das suas alterações de ânimo. Foi contra essa volubilidade que Richard Parker, em seu testamento de morte, advertiu seus amigos:

> Lembrem-se, nunca se unam ao corpo agitado das classes baixas, pois elas são covardes, egoístas e ingratas; qualquer ninharia os intimidará, e aquele que uma vez alçaram como seu Demagogo, na próxima vez não terão escrúpulos em alçar na forca. Reconheço que é com dor que faço tal observação a vocês, mas [...] Experimentei isso pessoalmente, e logo vão fazer de mim o exemplo disso.

Mas, no mesmo suspiro, declarou que morria como "um mártir pela causa da humanidade".[119]

---

[119] G. E. Manwaring e B. Dobrée, *The Floating Republic*. Penguin, em esp., pp. 200, 246, 265-8. Essa análise subestima as evidências quanto à influência jacobina

Esses grandes motins e a rebelião irlandesa do ano seguinte foram, na verdade, acontecimentos de significado mundial, e mostram quão precário era o apoio do *Ancien Régime* inglês. Pois o fato de a frota britânica — o instrumento mais importante da expansão europeia, e o único escudo entre a França revolucionária e sua maior rival — proclamar que "a Idade da Razão finalmente chegara" era uma ameaça de subversão a todo o edifício do poder mundial. É tolo afirmar que, visto que a maioria dos marinheiros tinha poucas noções políticas claras, tratou-se de um problema limitado de rações e pagamentos atrasados, e não de um movimento revolucionário. Mostra um equívoco quanto à natureza das crises revolucionárias populares, que surgem exatamente desse tipo de conjunção entre as injustiças sofridas pela maioria e as aspirações articuladas pela minoria politicamente consciente. Mas, ao mesmo tempo, a atitude adotada pela SLC diante dos motins se mantém problemática. Há evidências de que marinheiros assistiam a reuniões jacobinas em Chatham e Portsmouth, e membros individuais da SLC tiveram contato com os delegados dos navios e até mesmo conversaram com grupos de amotinados. Diz-se que um indistinto "cavalheiro vestido de negro" esteve em contato com Parker e seus companheiros, e pode ter sido dr. Watson, que nessa época certamente trabalhava por uma invasão francesa, mas (segundo uma declaração posterior) fora desautorizado pela SLC.[120]

Os motins apresentaram, da forma mais aguda possível, o conflito entre as simpatias republicanas e as lealdades nacionais

---

na frota, que são examinadas muito mais exaustivamente em C. Gill, *The Naval Mutinies of 1797*. 1913.

120 C. Gill, op. cit., pp. 301, 319, 327, 339 ss, e Apêndice A; e, sobre Watson, depoimento de Henry Hastings in P. C. A.152, e entrada em *D.N.B.* Em relação à Inglaterra, parecem ser infundadas as histórias sensacionalistas de uma conspiração secreta em toda a Europa dos iluministas e maçães jacobinos, embora possam ter alguma influência nos acontecimentos irlandeses: ver Abbé Barruel, *Memoirs Illustrating the History of Jacobinism*, v. 4, traduzido e comentado pelo Hon. R. Clifford, 1798, p. 529 ss.

dos membros da SLC. É por essa época que se pode distinguir um partido pró-gaulês e revolucionário (que incluía muitos imigrantes irlandeses) entre os reformadores mais constitucionalistas, muitos dos quais (como Place) agora vinham desaparecendo de cena. Em junho de 1797, logo após o motim, foi apreendido em Maidstone um certo Henry Fellowes, que distribuía panfletos às tropas. Era um emissário da sociedade londrina, e uma carta dirigida a John Bone em Londres registrava a atividade de duas seções da sociedade de Maidstone (com sessenta participantes), e encomendava mais panfletos (principalmente para os soldados irlandeses), bem como cópias do "Discurso de Bonaparte" e *Justiça Agrária* de Paine. Na sequência desses acontecimentos, foram aprovadas mais duas leis, que dispunham a pena de morte para juramentos ilegais e tentativas de aliciar as forças armadas contra seu dever.[121] Imediatamente a seguir, um certo Richard Fuller foi preso e condenado à morte, por lançar um discurso inflamado a um membro das Guardas de Coldstream.

A própria sociedade londrina adotara uma nova Constituição, melhor adaptada à organização clandestina e à prevenção contra a penetração de espiões. A par disso, um comitê secreto vinha se reunindo no Porão da Hospedagem de Furnival, em Holborn. Era, muitíssimo provavelmente, um centro dos Ingleses Unidos, uma organização basicamente auxiliar dos Irlandeses Unidos — na verdade, ambas, na Inglaterra, são praticamente indiscerníveis entre si. Comunicavam-se oralmente ou por códigos; seus emissários tinham que apresentar senhas e sinais:

> [...] você estendia sua mão esquerda para cumprimentar a mão esquerda do outro, então pressionava com seu polegar a primeira junta do dedo indicador dele, e, se ele pressionasse da mesma for-

[121] Essa lei contra os juramentos ilegais foi a utilizada contra os luddistas e os "Mártires de Tolpuddle".

ma, era um sinal seguro — um dizia unidade, o outro respondia verdade — um dizia liberdade, o outro dizia morte [...]

Em Londres, entre os iniciados estavam John Binns, Benjamin Binns e coronel Despard. Um informante relatou que uma das seções, que se encontrava no "Galo e Netuno", em Well Close Square, era "principalmente composta por carvoeiros". Se aqui sua força residia entre os trabalhadores irlandeses no Tâmisa, afirmava-se também que contavam com nada menos que cinquenta seções em Liverpool e Manchester, com outras seções nas aldeias tecelãs no sudeste de Lancashire.[122] Em Manchester, tiveram um certo sucesso em penetrar no Exército, onde membros dos Dragões Ligeiros prestaram juramento:

> Em plena presença de Deus, eu, homem capacitado, juro não obedecer ao coronel, mas ao [...] povo. Não aos oficiais, mas ao Comitê dos Ingleses Unidos [...] e ajudar com armas o quanto estiver em meu poder a estabelecer um governo republicano neste país e outros, e auxiliar os franceses em seu desembarque para libertar este país.

(A ritmada cadência irlandesa é traída até pela ortografia.)* Mas, embora a organização secreta indubitavelmente se estendesse para além das fileiras dos irlandeses, parece que, na

122 Um prisioneiro interrogado em maio de 1798 declarou que a Sociedade de Manchester "decaíra muito" em 1796, "devido a uma briga entre os Fidalgos que pertenciam a ela & os Artífices da Sociedade". Parece que os artífices mecânicos atuavam no sentido de formar ramificações dos Ingleses Unidos, dos quais foram registradas 29 seções, num outro depoimento, em H.O. 42.45.

* No original: "In a ful Presence of God. I a.b. doo swear not to abey the Cornall but the [...] Peapell. Not the officers but the Committey of United lnglashmen [...] and to assist with arms as fare as lise in my power to astablish a Republican Government in this Country and others and to asist the french on ther Landing to free this Contray."

primavera de 1798, havia diferenças de perspectiva entre os conspiradores. De um lado, os jacobinos nativos parecem ter continuado suas atividades sob vários disfarces. Os "Amigos da Liberdade" em Rochdale e Royton (verão de 1797) parecem estar vinculados a um centro em Manchester, que se autodenominava "Instituto para a Promulgação do Conhecimento entre o Povo Trabalhador de Manchester e suas Vizinhanças". Em Bolton (fevereiro de 1798), um espião conseguiu ser admitido (por um juramento) entre os Ingleses Unidos; o líder local "recomendou um Clube do Livro como útil para fazer adeptos". Em Thornley, em fevereiro de 1798, um padre irlandês foi abordado por um indivíduo camponês e franco-maçom (um "Cavaleiro Templário"), que se gabou, da existência de 20 mil Ingleses Unidos em Manchester: "como eu era um *Santo Padre*" (escreveu ele às autoridades), o homem achou que poderia confiar-lhe seus segredos em segurança. "Parece", escreveu um clérigo de Bolton para o duque de Portland, no mesmo mês, "que eles não stão totalmente de acordo quanto à intervenção francesa — Alguns dizem que podem conduzir seus próprios assuntos sozinhos [...]".[123]

No inverno de 1797-1798, um padre irlandês, O'Coigly, passou por Lancashire, Irlanda e França, sob o nome de "capitão Jones". No começo de 1798, veio a Londres, e John Binns estava tentando encontrar um navio contrabandista em um dos portos de Kent que pudesse levar O'Coigly e Arthur O'Connor para a França, quando os três homens foram presos. Com O'Coigly encontrou-se um documento em que se discutia a possível recepção que teriam os franceses na Inglaterra, em caso de invasão. Embora os ingleses sofressem muitas injustiças, também temiam que os franceses reduzissem a Inglaterra a uma província sua. Portanto, os franceses foram avisados que, ao desembarcarem, deviam lan-

[123] *Report of Committee of Secrecy*. 1799, passim; várias fontes em T.S. 11.333 e 4406; P. C. A. 152, A.161; H.O. 42.43/6.

çar uma proclamação: 1. Que as Ilhas Britânicas formariam "repúblicas distintas"; 2. Que cada uma escolheria sua própria forma de governo; 3. Que todos os que se unissem aos invasores deveriam receber armas; 4. Que não se imporia nenhum tributo além do necessário para cobrir os custos da invasão; 5. Que a França limitaria suas aquisições aos seus navios e possessões ultramarinas dela tomados pelos aliados. O'Coigly, que, com grande heroísmo, recusou-se a revelar seus companheiros, foi executado. Binns, que tinha como que uma proteção mágica, foi absolvido da acusação de alta traição e — antes que preferissem uma acusação mais leve — refugiou-se sob pseudônimo nos "distritos de Derby e Nottingham, onde eu tinha muitos amigos".[124]

A simpatia em relação à revolta irlandesa certamente não se limitava aos irlandeses como Binns. A SLC publicou, em 30 de janeiro de 1798, uma Declaração à Nação Irlandesa, assinada por R. T. Crossfield, presidente, e Thomas Evans, secretário:

> BRAVA E GENEROSA NAÇÃO
> Possa a presente Declaração convencê-los de quão verdadeiramente nós simpatizamos com todos os seus sofrimentos. [...] Possam as nações [...] aprender que "as circunstâncias existentes" têm sido o Lema do Despotismo em todas as Épocas e em todos os Países; e que, quando um Povo permite por uma vez que o Governo viole os autênticos Princípios da Liberdade, sobre a Transgressão se implantará a Transgressão; o Mal crescerá sobre o Mal; a Violação seguirá a Violação, e o Poder engendrará o Poder, até que as Liberdades de TODOS caiam sob um comando despótico [...]

É uma declaração comovente, que redime os ingleses da acusação de total cumplicidade com a repressão irlandesa, e que in-

[124] *Committee of Secrecy*. 1799, passim; T.S. 11.333; P. C. A.152; Binns, op. cit., cap. 4-6.

cluía um apelo aos soldados ingleses na Irlanda, no sentido de se recusarem a agir como "Agentes da escravização da Irlanda". E honrou a "vinda ao público" da sociedade. Evans e os membros sobreviventes do comitê da SLC foram detidos em abril de 1798, no curso de uma discussão acalorada acerca da atitude que tomariam no caso de uma invasão francesa. Thomas Evans sustentava a opinião de que o governo francês traíra a causa revolucionária, e parecia estar "mais desejoso de estabelecer um despotismo militar generalizado, do que de propagar princípios republicanos". Portanto, propunha que os membros da sociedade se unissem aos voluntários. Dr. Crossfield concordava com suas críticas, mas declarou que a SLC não podia defender o mau contra o pior. Os agentes da Bow Street encerraram os argumentos.[125]

No dia anterior, o coronel Despard e três membros dos Ingleses Unidos haviam sido presos. As notícias alarmistas quanto à força dessa organização, apresentadas pela Comissão de Assuntos Confidenciais de 1799, certamente podem sofrer alguns descontos:

> A maioria das sociedades pela Inglaterra, que costumavam se corresponder com a Sociedade Londrina de Correspondência, tinham [...] adotado o mesmo plano de formar sociedades de Ingleses Unidos [...] e a influência dos princípios destrutivos dos quais elas derivavam, ampliou-se ainda mais com o estabelecimento de clubes entre as classes mais baixas da comunidade [...] onde se cantavam canções, faziam-se brindes e usava-se uma linguagem da natureza mais sediciosa.

Mas, ao mesmo tempo, não há nenhuma razão para que os historiadores tenham aceitado sem hesitações o relato de Place,

[125] Ver H. Collins, op. cit., p. 132; R. Hodgson, *Proceedings of General Committee of L. C. S.* Newgate: 1798; *Committee of Secrecy.* 1799, Apêndice, pp. 70-3: H. C. Davis, op. cit., pp. 92-3.

segundo o qual os Ingleses Unidos eram uma entidade ainda em gestação e que nunca contara com mais que uma dúzia de membros.[126] Place por longo tempo se opusera, não só à organização ilegal, mas a qualquer forma de agitação aberta, e favorecera uma política de quietismo educacional. Afastara-se da sociedade em 1797, e certamente não gozaria da confiança dos conspiradores. São fortes as evidências de sua existência em Lancashire; e existem relatórios de informantes entre os documentos do Ministério da Fazenda e do Conselho Privado, acerca das atividades de várias seções londrinas. Dois espiões diziam participar de um Comitê Geral, com delegados de várias ramificações em Shoreditch, Hoxton, Bethnal Green; os delegados receberam treinamento militar na Floresta de Epping (setembro de 1798); havia um corpo de combate conhecido corno "Filhos da Liberdade".[127] "Felizmente, não temos nenhum líder", afirmava a "Declaração do Comitê Secreto da Inglaterra para o Diretório Executivo na França", encontrada em poder de O'Coigly:

> Alguns ricos na verdade se declararam, por Palavras, Amigos da Democracia, mas não agiram, e se consideraram diferentes do Povo, e o Povo, por sua vez, considerará as Declarações a seu Favor como injustas e frívolas [...]
> Agora apenas esperamos com Impaciência ver o Herói da Itália e os bravos Veteranos da grande Nação. Milhares saudarão sua Chegada com Gritos de Alegria [...][128]

A verdade parece ser complexa. De um lado, os "milhares", tão distantes de assumirem a posição anunciada pelo "Comitê Se-

126 Ms. Ad. 35142, fls. 62-6. Possivelmente o relato de Place encontrou aceitação porque uma organização clandestina, por sua própria natureza, quase não deixa documentos atrás de si e, portanto, para o historiador, não tem uma existência real.

127 Relatórios de John Tunbridge e Gent, P. C. A. 144.

128 *Report of Committee of Secrecy*. 1799, p. 74.

creto da Inglaterra", foram apanhados, em 1798, pela onda de sentimento patriótico despertado pela expectativa de uma invasão francesa. Na realidade, o Movimento de Voluntários nesses anos pode não ter alarmado os franceses, mas foi uma poderosíssima força auxiliar aos outros recursos da Igreja e do Estado na sua repressão aos jacobinos nacionais.[129] Place provavelmente tinha razão quanto ao fato de que, nos círculos londrinos extremistas, havia agora alguns conspiradores de nascença, que viviam num mundo taberneiro de fantasias paranoicas, com poucos contatos reais, e cujas declarações (se é que receberam crédito na França) teriam sido totalmente enganadoras. Uma dessas pessoas (ao que parece) era dr. Richard Watson, antigo membro da SLC, que já citamos como associado de alguma forma aos motins navais. Em 1797, ele foi preso por contrabandear informações para a França, através de Hamburgo. Libertado em 1799, "*le Citoyen* Watson" dirigiu um memorial ao Diretório francês, apresentando-se como "Presidente do Comitê Executivo da Sociedade Londrina de Correspondência, Membro da União Britânica e Representante das Associações de Bath, Bristol, &c.". Ao escapar para a França, passou a se dirigir à nação britânica no mesmo tom grandiloquente.[130]

Mas outros conspiradores eram mais sérios, como provaria o coronel Despard na forca, em 1803. Em 1797, é evidente que alguns dos jacobinos extremados chegaram a desesperar da agitação constitucionalista. Dessa época em diante, por mais de vinte anos, houve um pequeno grupo de democratas londrinos (spenceanos ou republicanos) que não viam nenhuma esperança, a não ser um *coup d'état*, talvez auxiliado por armas

[129] Ver J. R. Western, "The Volunteer Movement as an Anti-Revolutionary Force, 1793-1801". *English Hist. Rev.*, 1956, p. 603; e, sobre as deficiências dos Voluntários, *The Town Labourer*, pp. 87-9.

[130] Vários documentos em P. C. A.152; Meikle, op. cit., p. 171, 191-2; *Clef du Cabinet des Souverains*, 2 Frumário, ano 7; D.N.B.

francesas, onde algumas ações violentas encorajariam a "turba" londrina a se levantar em seu apoio. Foi essa a tradição herdada por Arthur Thistlewood e por um outro dr. Watson em 1816. Vários do grupo, incluindo Richard Hodgson e John Ashley (sapateiro e antigo secretário da SLC), refugiaram-se na França no final dos anos 1790, e lá ainda permaneciam em 1817. Na verdade, o retorno de dois membros desse grupo a Londres, nesse ano, foi o suficiente para suscitar um relato alarmista ao próprio lorde Sidmouth.[131]

Portanto, os conspiradores jacobinos existiram. E tinham uma disposição suficiente para arriscar suas vidas e enfrentar a prisão e o exílio. Mas seu tipo de conspiração tinha uma certa estridência e ciosidade republicana abstrata que não condiziam com os tempos. Ademais, com a execução de O'Coigly, a derrota da rebelião irlandesa e a prisão dos líderes em Londres e Manchester, a conspiração deixou de ter existência nacional. Nas províncias onde existia uma organização clandestina, ela ou definhou no isolamento ou lançou novas raízes entre seu próprio contexto industrial. Em 1799, introduziu-se uma legislação específica, "suprimindo e proibindo totalmente" expressamente a SLC e os Ingleses Unidos. Mesmo o incansável conspirador John Binns sentiu que não havia esperanças para uma outra organização nacional e tentou estabelecer um pacto de não agressão com o Conselho Privado, embora isso tivesse resultado apenas em cumprir uma sentença, como seu convidado, na prisão de Gloucester. Quando foi preso, encontraram consigo uma cédula que talvez fosse uma das últimas "máscaras" da velha SLC: "Admitido para o Atual Curso da Escola de Oratória".[132]

Em 1799, praticamente todos os antigos líderes estavam presos ou exilados: entre os prisioneiros encontravam-se Evans, Hodgson, Bone, Binns, Galloway, Despard, John Baxter. Sua estada na

---

131 G. Sangster para Sidmouth, 13 de abril de 1817, H.O. 42.163.

132 P. C. A.152; Binns, op. cit., pp. 140-1.

prisão, comparada com a de Wilkes trinta anos antes, deixava muitíssimo a desejar. Thomas Evans, segundo seu relato pessoal,

> foi levado à prisão, e lá confinado durante muitos meses numa cela, tendo como acomodação um monte enlameado de palha, um lençol e manta; proibidos os livros, caneta, tinta, papel, vela, e boa parte do tempo sem luz.

Sua casa foi confiscada pelos magistrados da Bow Street, e sua esposa e bebê presos. Ele ficou encarcerado por dois anos e onze meses. O tratamento dispensado aos prisioneiros pelo governador Aris em Coldbath Fields provocou um escândalo, cuja divulgação foi liderada por sir Francis Burdett. A disposição libertária da multidão londrina se manifesta pelo fato de que a campanha de Burdett a favor dos prisioneiros resultou numa popularidade só comparável àquela antigamente desfrutada por Wilkes. Durante anos, o *slogan* mais popular de Londres foi "Burdett e não a Prisão!". Um dos prisioneiros cuja liberação em grande parte se deveu a ele foi o coronel Edmund Despard. A história do radicalismo do século XIX começa com esses dois homens.[133]

> Qual é o preço da Experiência? os homens compram-na por
> [uma canção?
> Ou a sabedoria por uma dança na rua? Não, ela é comprada ao
> [preço
> De tudo que possui um homem, sua casa, sua mulher, seus filhos.
> A sabedoria é vendida no mercado desolado onde ninguém
> [aparece,
> E no campo ressecado, onde o lavrador ara inutilmente pelo pão.

133 T. Evans, *Christian Polity*. p. iv; *Reasoner*, 26 de março de 1808; "Narrative of John Oxlade". Ms. Ad. 27809; P. C. A.161.

Assim escrevia William Blake, em *Vala, or the Four Zoas*, em 1796-1797. Assim como a corrente jacobina corria por canais subterrâneos cada vez mais ocultos, da mesma forma suas profecias se tornavam mais misteriosas e fechadas. Ao longo dos anos, a prisão recaiu sobre: Kyd Wake, um encadernador de Gosport, condenado no final de 1796 a cinco anos de trabalho forçado e ao pelourinho, por dizer "Não a Jorge, não à guerra" (em 1803, o próprio Blake escaparia por um fio de tal acusação); Johnson, o livreiro amigo de Godwin, encarcerado; processos por sedição em Lancashire e Lincolnshire; um cesteiro de Somerset, encarcerado por dizer "Desejo sucesso aos franceses".[134] O duque de Portland, no Ministério de Interior, enviava pessoalmente instruções para fechar sociedades de taberna e para enviar ao reformatório as criancinhas que vendiam folhetos de Spence a meio *penny*.[135] Em Hackney, o excêntrico estudioso clássico Gilbert Wakefield olhou para fora dos seus livros e emitiu a opinião de que as classes trabalhadoras pouco tinham a perder com uma invasão francesa: "No raio de três milhas em torno de casa, onde estou escrevendo estas páginas, há um número muito maior de seres humanos miseráveis a morrerem de fome [...] do que em qualquer porção igual de terra em todo o globo habitável".[136] A amizade de Fox e sua erudição pessoal não o salvaram da prisão. "A Besta e a Prostituta governam desenfreadamente", observou Blake na folha de rosto da Apologia da Bíblia, do bispo Watson: "Defender a Bíblia neste ano de 1798 custaria ao homem a sua vida." Kyd Wake realmente morreu na prisão, e Wakefield foi libertado apenas a tempo de morrer.

A perseguição separou violentamente os intelectuais jacobinos dos artesãos e diaristas. Na França, como parecia a Wordsworth,

---

134 T.S. 11.5390.

135 H.O. 119.1; H.O. 65.1.

136 G. Wakefield, *Reply to the Bishop of Llandaff*. 1798, p. 36.

[...] tudo fora silenciado por cadeias de ferro
Do império militar. As intenções inovadoras,
As funções variadas e elevados atributos
Da ação civil, renderam-se a um poder
Formal e odioso e desprezível.
— Na Inglaterra imperava um horror pânico à mudança;
Os fracos foram exaltados, recompensados e promovidos;
E, pelo impulso de um justo desdém,
Mais uma vez me recolhi em mim mesmo.

Aí começou, para toda uma geração intelectual, aquele modelo de desilusão revolucionária que antecipa suas imitações baratas no nosso século. Desapontados com suas fantasias pantissocráticas, os penitentes acusavam os jacobinos de suas próprias loucuras intelectuais. Passeando com Thelwall por Quantocks, no verão de 1797, os poetas chegaram a um belo valezinho recôndito. "Cidadão John", disse Coleridge, "este é um bom lugar para se falar de traição". "Não, Cidadão Samuel", replicou Thelwall, "é antes um lugar para fazer esquecer a um homem que existe a necessidade de traição". O episódio prenuncia o declínio dos primeiros românticos para a "apostasia" política — mais abjeta em Southey, mais complexa em Coleridge, mais sofrida e autoquestionadora em Wordsworth. "Gostaria que você escrevesse um poema em versos brancos", escreveu Coleridge a Wordsworth, em 1799, "dirigido aos que, em consequência do fracasso total da Revolução Francesa, abandonaram todas as esperanças de melhoria da humanidade, e estão naufragando num egoísmo quase epicúreo, mascarando-o sob os suaves nomes de apego doméstico e desdém por *philosophes* visionários [...]" Nessa época, Thelwall havia se retirado para uma chácara isolada na Gales do Sul. (Ao chegar lá, ficou perplexo ao se descobrir seguido por um espião. Ou era apenas mania de perseguição?) Foi aí que Wordsworth lhe fez uma última visita; e era um lugar tão isolado como os que ele descreveria para situar o Solitário em *A Excursão*, meditando sobre as ilusões daqueles anos milenaristas.[137]

No outro extremo, temos os trabalhadores desorganizados e perseguidos, sem liderança nacional, lutando para manter algum tipo de organização ilegal. Sua situação embaraçosa vem bem expressa numa carta de uma sociedade de Leeds dirigida à SLC, escrita em nome de uma centena de membros em outubro de 1797:

> Somos principalmente Trabalhadores de Ofícios pois aqueles comerciantes aqui que são amigos de nossa causa poucos deles têm Virtude suficiente para se apresentar Publicamente visto que a influência Aristocrática é tão grande que tomou sob suas mãos todo o comércio de modo que tem Poder para atormentar qualquer comerciante que expõe a Vilania de um Sistema Corrupto. Havia uma Sociedade muito boa aqui há três anos, mas as atividades arbitrárias de nossas Justiças operaram de forma tão aterrorizadora sobre nossos Amigos em geral que seus espíritos naufragaram sob o Padrão da Moderação & a chama Sagrada que ardera em seus Peitos se extinguiu quase completamente [...]

Nenhum taberneiro ousa deixá-los entrar, e eles estão "totalmente carentes" de cédulas de membros, "visto que não há nenhum impressor na cidade que se atreva a fazer algo por nós".[138]

---

[137] Thelwall, ao contrário do Solitário, permaneceu na política radical. Sobrevivendo durante as Guerras como professor de oratória, reapareceu num comício eleitoral radical em Westminster, em novembro de 1818, "para o não pequeno espanto da Companhia", observou *Gorgon*, "como um homem vindo do mundo dos mortos" (21 de novembro de 1818). A seguir, passou a editar Champion, foi molestado pelas sociedades de perseguição, e participou da agitação pela Carta da Reforma em 1831-1832. Mas encontrava-se defasado do novo movimento, e seu trabalho não tinha a originalidade e audácia anteriores.

[138] Livro de cartas da SLC, Ms. Ad. 27815.

É errôneo ver isso como o fim, pois foi também um começo. Nos anos 1790, ocorreu algo como uma "Revolução Inglesa", de profunda importância para moldar a consciência do operariado pós-guerra. É verdade que o impulso revolucionário foi reprimido nos seus primórdios, e a primeira consequência foi a amargura e o desespero. O pânico contrarrevolucionário das classes dirigentes se expressava em todas as facetas da vida social: nas atitudes diante do sindicalismo, da educação do povo em suas maneiras e diversões, das suas publicações e sociedades, e dos seus direitos políticos. E pode-se ver o reflexo do desespero entre o povo comum, durante os anos de guerra, no quiliasmo invertido dos southcottianos e no novo revivalismo metodista. Nas décadas após 1795, houve uma profunda separação entre as classes na Inglaterra, e os trabalhadores foram lançados a um estado de *apartheid* cujos efeitos — nos detalhes da discriminação social e educacional — podem ser sentidos até hoje. É nisso que a Inglaterra diferia de outras nações europeias: o fluxo de sentimentos e disciplinas contrarrevolucionários coincidiu com o fluxo da Revolução Industrial; na medida em que avançavam novas técnicas e formas de organização industrial, recuavam os direitos sociais e políticos. A aliança "natural" entre uma burguesia industrial impaciente, com ideias radicais, e um proletariado em formação rompeu-se tão logo chegou a se formar. A fermentação entre os industrialistas e comerciantes ricos dissidentes de Birmingham e as cidades industriais do norte pertence principalmente aos anos de 1791 e 1792; o auge da "inimizade" entre artesãos e assalariados em Londres, Norwich e Sheffield — causada seja pela fome, seja pela agitação jacobina — pertence a 1795. Esses dois momentos só coincidem por uns poucos meses em 1792; depois dos massacres de setembro, todos os industriais manufatureiros, com exceção de uma pequena minoria, se amedrontaram com a causa da reforma. Se não houve uma revolução na Inglaterra nos anos 1790, não foi devido ao metodismo, mas à desintegração da única aliança suficientemente forte para realizá-la; depois de 1792, não havia girondinos para abrir as portas por onde poderiam passar os jacobinos. Se homens como Wedgwood, Boulton e Wilkinson tivessem atuado com homens como Hardy, Place e Binns — e se a pequena nobreza de Wyvill agisse com eles —, Pitt (ou Fox) teriam sido obrigados a conceder uma grande parte da reforma. Mas a Revolução Francesa consolidou a velha corrupção, unindo num pânico comum os proprietários de terra e os industriais manufatureiros; e as sociedades populares eram frágeis demais e por demais inexperientes para executar, por elas mesmas, seja a reforma ou a revolução.[139]

Thelwall sentiu algo disso, ao visitar Sheffield em 1796. Alegrou-se com a inteligência e a consciência política da "*Sanscullotterie*" de Sheffield. "Mas é um corpo sem cabeça. Infelizmente não têm um líder." Embora várias pessoas "de propriedades e influência consideráveis [...] *pensem* com eles", ninguém tinha a coragem de assumir seu partido:

> Se três ou quatro pessoas quaisquer com bens e importância financeira nesse lugar simplesmente assumissem publicamente esses manufatureiros honestos e inteligentes e a sua causa (como pessoas dessa categoria [...] fizeram em Norwich), em Sheffield, assim como em Norwich, a mesquinha tirania da perseguição provincial teria um fim [...][140]

Tampouco isso era um sintoma de apostasia jacobina por parte de Thelwall. Ele, em 1796, defrontava-se com um dilema

[139] Para estudos sobre as ligações entre reformadores e interesses industriais no início dos anos 1790, ver E. Robinson, "An English Jacobin: James Watt". *Camb. Hist. Journal*, 11, 1953-1955, p. 351; W.H. Chaloner, "Dr. Joseph Priestley, John Wilkinson, and the French Revolution". *Trans. Royal Hist. Soc.*, 5ª Série, 8, 1958, p. 25.

[140] Thelwall, *The Rights of Nature*. Carta 1, p. 20.

real: de um lado, o paternalismo reformista que lhe desagradou quando o conheceu na prática — como o caso de Gurney em Norwich —; de outro, os reformadores plebeus expostos a uma vitimação em escala tal que destruía o movimento ou orientava-o para a clandestinidade.

Além disso, o movimento tinha grande necessidade dos recursos intelectuais dos homens da classe média educada, alguns dos quais foram os mais afetados pela desilusão revolucionária. O movimento perdeu muito cedo, pela emigração voluntária ou forçada, dois dos seus mais capazes organizadores e propagandistas, Gerrald e Cooper.[141] Não conseguiria sobreviver para sempre com os *Direitos do Homem* e a imitação de formas francesas, com togas romanas ou batas saxãs. Mas, em seu auge, em 1795, o movimento mal contava com quatro anos de crescimento; seu pensamento teve de se elaborar sob a premência da organização, entre alarmes e acusações de traição, com a omissão dos seus defensores e com Robespierre a pontuar as frases floreadas dos seus discursos com a guilhotina mais sombria. As palestras de Thelwall eram feitas às pressas, para uma audiência que sempre incluía um informante de Sua Majestade. Sua melhor obra (significativamente) só veio a se realizar no ano relativamente calmo de 1796, quando o movimento começou a se desfazer. Não é surpreendente que os jacobinos ingleses fossem imaturos e sofressem com sua inexperiência, e que a maioria dos seus porta-vozes se fazia parecer tola com suas posturas exageradas.

Portanto, pode parecer que esse é um registro de frustrações e fracassos. Mas a experiência apresenta um outro lado muito mais positivo. Não apenas uma, mas muitas tradições

[141] Dois dos panfletos mais convincentes do seu lado foram Gerrald, *A Convention the Only Means of Saving Us from Ruin*, 1793, e T. Cooper, *Reply to Mr Burke's Invective against Mr Cooper and Mr Watt*. Manchester: 1792. Sobre a emigração de Cooper para a América, ver D. Malone, *The Public Life of Thomas Cooper*. New Haven: 1926.

se originam desses anos. Há a tradição intelectual de Godwin e Mary Wollstonecraft, como confirmaria Shelley. Há a tradição do deísmo e do livre pensamento; as guerras mal haviam terminado quando Richard Carlile iniciou a reedição das obras completas de Paine. Há a tradição dos unitaristas avançados e "cristãos livres-pensadores", conduzida por homens como Benjamin Flower e William Frend, até o *Monthly Depository* de W. J. Fox.[142] Há a tradição de Place e dos comerciantes e artesãos sóbrios, com orientação constitucionalista (alguns dos quais, como Hardy, Galloway e o próprio Place, mais tarde prosperaram como pequenos ou grandes patrões), que ressurgiram na Eleição de Westminster de 1807, em apoio a sir Francis Burdett, discípulo de Tooke, e que desde então permaneceram associados e ativos.

Essas tradições estão encarnadas não só em ideias, mas em pessoas. Enquanto alguns jacobinos se retiraram e outros — John Gale, Thomas Cooper, "Cidadão Lee", John Binns, Daniel Isaac Eaton e muitos mais — emigraram para a América,[143] outros se mantiveram atentos a todas as oportunidades para recomeçar a propaganda. John Gale Jones e John Frost foram membros de clubes londrinos de debate durante as guerras, e lá influenciaram uma geração radical mais jovem; Jones se manteve como figura proeminente nos círculos radicais de Londres até a década de 1820.[144] E pode-se constatar a mesma continuidade em muitos centros provinciais. Poucos centros

142 Ver F. E. Mineka, *The Dissidence of Dissent*. 1944.

143 Eaton foi o único destes a voltar. Havia também uma pequena colônia de jacobinos ingleses *émigrés* em Paris, incluindo Sampson Perry, Ashley, Goldsmith, dr. Maxwell e John Stones, que publicavam o periódico anti-Pitt *Argus*; a maioria deles se desencantou profundamente com o bonapartismo. Ver S. Perry, *Argus*. 1796, p. 257; J.G. Alger, *Englishmen in the French Revolution*, 1889.

144 Entre os influenciados por Gale Jones e John Frost estava um homônimo de Frost, o antigo prefeito de Newport, que liderou a insurreição cartista de 1839 na Gales: ver D. Williams, *John Frost*. Cardiff: 1939, pp. 13-4.

podem se vangloriar de um registro tão extenso como o de George Bown, de Leicester, que foi secretário da Sociedade Constitucional da cidade em 1792, foi preso em 1794, e que, em 1848, ainda escrevia como defensor do cartismo da "força física".[145] Mas, em muitas cidades, comerciantes e artesãos com posições semelhantes e que se opunham às Guerras continuaram a se reunir. O grande gravador Thomas Bewick lembra o "conjunto de defensores fiéis das liberdades da humanidade" que se reunia em Newcastle, no Sino Azul, no Unicórnio e na Sala das Novidades. Eram "homens sensatos e consequentes", "comerciantes do tipo simples", "empregados de bancos, artesãos e vendedores". Os companheiros particulares de Bewick incluíam um sapateiro, um mestre de obras, um fundidor, um ourives em alpaca, um editor, um instrutor de esgrima, um fidalgo radical e vários atores. Todos se uniam contra a guerra e suas consequências sociais:

> Os interesses das frotas mercantes nadavam em riqueza; a pequena nobreza rodopiava com pompa aristocrática, esqueciam sua conduta costumeira e comportamento bom e afável para com aqueles em níveis inferiores de vida; e agora pareciam muitíssimas vezes olhá-los como imundície. O caráter dos fazendeiros também mudara. Imitavam muito desajeitadamente os fidalgos, e nesses tempos não bebiam nada além de vinho. [...] Quando esses cavalheiros novos-ricos saíam do mercado, estavam prontos a arrebatar tudo o que encontravam [...] pelo caminho; mas isso não era nada em comparação com o orgulho e o desatino que se apossavam de suas cabeças vazias ou enfumaçadas, quando se vestiam de escarlate [...] e eram chamados

[145] A. T. Patterson, op. cit., pp. 70, 74; J. F. C. Harrison, "Chartism in Leicester", in A. Briggs (org.), *Chartist Studies*. 1959, p. 132; G. Bown, *Physical Force*. Leicester: 1848.

> de "cavalaria burguesa rural". [...] Não era o que acontecia com o camponês laborioso. Suas privações eram imensas [...][146]

Se muitos entre os pequenos mestres, escreventes e comerciantes sentiam hostilidade em relação à pequena nobreza rural, aos capitalistas e grandes fazendeiros, e simpatia em relação ao "camponês laborioso" (e essa é uma característica extremamente importante da consciência radical, durante cinquenta anos a partir de 1795), contudo ficavam, como os comerciantes de Leeds, intimidados com a "influência aristocrática". Mesmo Bewick, com seu zelo puritano, durante as guerras teve o cuidado de se associar apenas àqueles que poderiam "dar o exemplo de uma conduta adequada àqueles com um feitio mental mais violento", e cuja indignação com "as monstruosidades políticas dos tempos" se mantinha "dentro dos limites". Portanto, os jacobinos plebeus foram isolados e voltaram-se sobre si mesmos, obrigados a descobrir meios de organização independente semilegal ou clandestina. (Na Newcastle de Bewick, formaram-se durante as guerras várias sociedades amistosas de tabernas, muitas das quais indubitavelmente serviam de cobertura para atividades sindicais, onde antigos jacobinos contribuíam para o "debate aceso e a linguagem violenta" dos encontros.) Isolados de outras classes, os artífices, artesãos e diaristas radicais tiveram obrigatoriamente de alimentar tradições e formas de organização por sua própria conta. Assim, embora os anos de 1791-1795 proporcionassem o impulso democrático, é nos anos de repressão que podemos falar de um amadurecimento de uma "consciência operária" diferenciada.

Mesmo nos anos mais negros da guerra, o impulso democrático ainda pode ser sentido sob a superfície. Contribuiu para a afirmação dos direitos, para um relance de um milênio plebeu, que nunca se extinguiram. As Leis de Associação (1799-1800)

---

146 T. Bewick, *A Memoir*. Cresset Press, 1961, pp. 146-8, 153.

serviram apenas para unir ainda mais as correntes sindicalista e jacobina clandestina. Mesmo sob a febre dos anos da "invasão", continuam a fermentar novas ideias e novas formas de organização. Há uma alteração radical nas atitudes subpolíticas do povo, para a qual contribuíram as experiências de dezenas de milhares de soldados relutantes. Em 1811, podemos testemunhar a emergência simultânea de um novo radicalismo popular e de um sindicalismo recém-militante. Em parte, era o produto de novas experiências e, em parte, a resposta inevitável aos anos de reação: "*Não esqueci o Reinado Inglês do Terror*, lá vocês encontram a fonte de minhas tendências políticas", escreveu Ebenezer Elliot, o "Poeta das Leis do Trigo", cujo pai era um jacobino empregado numa fundição perto de Sheffield, com quem "a pequena burguesia rural costumava periodicamente se divertir, fazendo seus cavalos escoicearem suas janelas".[147]

A história da agitação reformadora entre 1792 e 1796 foi (em termos gerais) a história simultânea da derrota dos reformadores de classe média e a rápida orientação "para a esquerda" dos radicais plebeus. A experiência marcou a consciência popular por cinquenta anos, e, durante todo esse tempo, a dinâmica do radicalismo proveio, não da classe média, mas dos artesãos e diaristas. Os homens das sociedades populares são corretamente chamados de jacobinos. Vários dos seus líderes, incluindo Thelwall, dispunham-se a aceitar o termo:

> Aceito o termo *Jacobinismo* sem hesitações — 1. Porque ele é afixado sobre nós pelos nossos inimigos, como um estigma. [...] 2. Porque, embora eu abomine a ferocidade sanguinária dos últimos jacobinos na França, seus princípios porém [...] são os mais consoantes que já encontrei com as minhas ideias sobre a razão e a

[147] Citado em *Poor Man's Guardian*, 17 de novembro de 1832, que acrescenta (em memória do Terror) que "isso acontece em milhares de casos além do de sr. Elliott".

natureza do homem. [...] Uso o termo jacobinismo simplesmente para indicar *um sistema amplo e abrangente de reforma, que não professa a sua construção sobre as autoridades e princípios dos costumes góticos.*[148]

A qualidade específica do seu jacobinismo pode ser sentida na sua ênfase sobre a *égalité*. "Igualdade" é um termo muito negativo (nas suas conotações inglesas habituais) para as doutrinas fortes e positivas quanto à erradicação de todas as diferenças de *status* que moldavam suas atividades. O movimento operário dos últimos anos continuaria e enriqueceria as tradições da fraternidade e da liberdade. Mas a própria existência de suas organizações e a salvaguarda dos seus fundos exigiam a implementação de um quadro de funcionários experientes, bem como certa submissão ou lealdade excessiva para com sua liderança, que vieram a se mostrar uma fonte de formas e controles burocráticos. Os jacobinos ingleses dos anos 1790 inauguraram tradições completamente diferentes. Havia um tom picante na *égalité*, para escândalo das formas do século XVIII, quando, por exemplo, o jacobino lorde Daer se sentava com artesãos e tecelões, como o simples "Cidadão Daer". Mas a crença de que "um homem é um homem, apesar de tudo" expressou-se em outras formas que ainda podem ser lembradas para a crítica das práticas dos nossos tempos atuais. Esperava-se que todo cidadão num comitê desempenhasse alguma tarefa, a presidência dos comitês geralmente era ocupada por rodízio; mantinham-se sob observação as pretensões dos líderes, os procedimentos se baseavam na crença deliberada de que todo homem era capaz de raciocinar e de aumentar suas capacidades, e que a submissão e diferenças de *status* eram um insulto à dignidade humana. Esses pontos fortes dos jacobinos, que muito contribuíram para o cartismo, declinaram no mo-

---

148 J. Thelwall, *Rights of Nature*, v. 2. 1796, p. 32.

vimento do final do século XIX, quando o novo socialismo deslocou a ênfase sobre os direitos políticos para os econômicos. O peso das diferenças de classe e *status* na Inglaterra do século XX é, em parte, resultante da ausência de virtudes jacobinas no movimento trabalhista desse século.

É desnecessário ressaltar a importância evidente de outros aspectos da tradição jacobina; a tradição do autodidatismo e da crítica racional às instituições políticas e religiosas; a tradição do republicanismo consciente; sobretudo, a tradição do internacionalismo. É extraordinário como uma agitação tão breve difundiu suas ideias em tantos lugares da Inglaterra.[149] Talvez a consequência mais profunda, embora a menos fácil de se definir, tenha sido a derrubada dos tabus sobre a agitação entre "um número ilimitado de membros". Onde quer que persistissem ideias jacobinas, e onde quer que houvesse cópias cuidadosamente escondidas dos *Direitos do Homem*, os homens não mais se dispunham a esperar o exemplo de um Wilkes ou um Wyvill para iniciarem uma agitação democrática. Ao longo dos anos da guerra, houve Thomas Hardys em todas as cidades e em muitas aldeias pela Inglaterra, com um cofre ou uma estante cheia de livros radicais, soltando uma palavra aqui e ali, na taberna, na capela, na oficina do ferreiro ou na loja do sapateiro, à espera de que revivesse o movimento. E o movimento pelo qual esperavam não pertencia aos fidalgos, industriais ou contribuintes com renda; pertencia a eles mesmos.

Muito depois, em 1849, um humorista sagaz de Yorkshire publicou uma sátira, com sabor de autenticidade, de um desses "Políticos de Aldeia". É, caracteristicamente, um sapateiro remendão idoso e o sábio de sua vila industrial:

---

[149] W. A. L. Seaman, op. cit., p. 20, registra evidências de sociedades em cerca de cem lugares na Inglaterra e na Escócia.

> Ele tem uma biblioteca da qual se orgulha. É uma coleção estranha. [...] Há aí a "Pérola de Alto Preço" e "Asneiras a Dois *Pennies* de Cobbett", o "Progresso do Peregrino" [...] e "O Jornal Avante", "Os Males do Trabalho" e "Os Direitos do Homem". "A História da Revolução Francesa" e a "Guerra Santa" de Bunvan "A Idade da Razão" e uma velhíssima Bíblia.

Ele é, "evidentemente, um grande admirador de Bonaparte". "Seu coração se aquece como com um caneco de cerveja, ao ouvir sobre os êxitos de uma revolução — um trono derrubado, reis voando e príncipes espalhados por aí afora. Ele julga que os sonhos de sua juventude estão prestes a se realizar". Ele se delicia com metáforas grandiloquentes sobre o "sol da liberdade" que surge sobre "a atmosfera do horizonte", e professa o conhecimento dos assuntos russos.

> Ele lembra o dia em que mal se atrevia a andar pelas ruas. Ele agora pode contar como era vaiado, apedrejado e desdenhado [...] e o povo lhe dizia que devia se sentir agradecido por não ser queimado vivo numa noite qualquer, junto com uma efígie de Tom Paine. [...] Os mais jovens ficam espantados quando ele lhes conta de um tempo em que não havia *habeas corpus* [...] e o procurador-geral percorria o país de cima a baixo como um leão raivoso. [...] Ele conta de um homem que dizia [...] que o rei nascera sem camisa, e foi por causa disso deportado por sedição [...][150]

A Revolução que ele sonhara nunca se realizou, mas pelo menos houve uma espécie de revolução. Foram os legalistas, lamentava o jovem James Watt em 1793, que — voltando a turba contra os reformadores — "se intrometeram" na "categoria baixa do povo":

---

150 E. Sloane, *Essays, Tales and Sketches*. 1849, p. 61 ss.

> Eles pouco pensam sobre o perigo que há em deixar o povo conhecer o seu poder e que chegará o dia em que eles maldirão o grito insensato de Igreja & Rei. & sentirão suas armas voltadas contra eles mesmos.[151]

Após o ano, quase de fome, de 1795, pode-se sentir a mudança numa série de lugares. Em Nottingham, onde os jacobinos foram humilhados em 1794, mostraram-se suficientemente fortes para enfrentar e derrotar os seus adversários em combate aberto, na eleição de 1796.[152] "Na maioria das entradas dessa cidade", escreveu um legalista escandalizado em 1798, "há um poste com uma placa onde está escrito 'Todos os vagabundos serão apreendidos e punidos segundo a lei'." Agora, sobre a palavra "vagabundos" foi colada a palavra "tiranos", e ninguém se incomodou em tirá-la.[153] "Por longo tempo estivemos tentando nos considerar homens", declararam os amotinados da frota em 1797: "Agora nos consideramos. Seremos tratados como tais."[154]

Em 1812, vendo-se desanimado diante da força do sindicalismo escocês e do luddismo na Inglaterra, Scott escreveu a Southey: "O país está minado sob nossos pés." Foi Pitt quem levou os "minadores" para o subterrâneo da ilegalidade. Nas aldeias de 1789, dificilmente se encontrariam homens como o "Político de Aldeia". As ideias jacobinas levadas para as vilas têxteis, as lojas dos tecelãos de malhas de Nottingham e dos cardadores de Yorkshire, para as fábricas de fio de algodão de Lancashire, propagavam-se a cada período de aumento dos preços e dificuldades econômicas. Quem teve a última palavra não foi Pitt, mas Thelwall. "Necessariamente crescerá uma es-

151 Ver E. Robinson, op. cit., p. 355.

152 J. F. Sutton, *Date-Book of Nottingham*. 1880, p. 212.

153 W. Cartwright ao Duque de Portland, 19 de junho de 1798, H. O. 42.43.

154 C. Gill, *The Naval Mutinies of 1797*, p. 300.

pécie de espírito socrático, onde quer que se reúnam grandes conjuntos de homens":

> [...] O monopólio e a odiosa acumulação de capital em poucas mãos [...] trarão com sua monstruosidade as sementes da cura. [...] O que quer que leve os homens a se unirem [...] embora isso possa gerar alguns vícios, é favorável à difusão do conhecimento e, em última instância, promove a liberdade humana. Portanto, toda grande oficina e grande fábrica são uma espécie de sociedade política, que nenhuma lei do parlamento pode silenciar e nenhum magistrado dispersar.[155]

155 Thelwall, *Rights of Nature*, v. 1. pp. 21, 24.

# Índice remissivo

D



E



F

S

Este livro foi composto na tipografia Dante MT Std, em corpo 12/15, e impresso em papel off-set no Sistema Digital Instant Duplex da Divisão Gráfica da Distribuidora Record.